辽宁省社会科学规划基金项目青年项目（项目编号：L16CZX003）

德国古典哲学
在中国的传统与发展

——以推进马克思主义哲学中国化为视角

杨赫姣◎著

天津出版传媒集团

天津人民出版社

图书在版编目(ＣＩＰ)数据

德国古典哲学在中国的传统与发展：以推进马克思主义哲学中国化为视角 / 杨赫姣著. -- 天津：天津人民出版社, 2021.5

ISBN 978-7-201-17280-4

Ⅰ.①德… Ⅱ.①杨… Ⅲ.①德国古典哲学—发展—研究—中国 Ⅳ.①B516.3

中国版本图书馆 CIP 数据核字(2021)第 083045 号

德国古典哲学在中国的传统与发展

DEGUO GUDIAN ZHEXUE ZAI ZHONGGUO DE CHUANTONG YU FAZHAN

出　　版	天津人民出版社	
出 版 人	刘　庆	
地　　址	天津市和平区西康路35号康岳大厦	
邮政编码	300051	
邮购电话	（022)23332469	
电子信箱	reader@tjrmcbs.com	

策划编辑	佐　拉
责任编辑	郑　玥
特约编辑	佐　拉
封面设计	明轩文化·李晶晶

印　　刷	天津新华印务有限公司
经　　销	新华书店
开　　本	710毫米×1000毫米 1/16
印　　张	15.25
插　　页	2
字　　数	200千字
版次印次	2021年5月第1版　2021年5月第1次印刷
定　　价	78.00元

目　录

导　论

　　德国古典哲学作为经典的西方哲学板块，在西方哲学史中具有特殊地位，在中国受到极高重视，有着良好的发展及研究传统。新时期，作为重要的思想理论资源，德国古典哲学在中国热度未减，其当代价值与发展意义期待得到更好地挖掘。时至今日，德国古典哲学面临着一方面越来越具有现代化重要特征的哲学研究转变；另一方面，应站在不断凸显时代需要，回应中国问题的视角上，加强理论与实践的黏合度。

　　德国古典哲学在中国是否仍然具有充分的研究意义？德国古典哲学需要何种研究？实际上在我们充分了解了德国古典哲学作为人类哲学思想史上具有浓墨重彩篇章的精神实质与内在逻辑，充分知晓德国古典哲学对于中国实行哲学理论研究的转变与发展的重要意义之后，不难做出肯定的回答——德国古典哲学的研究仍然具有丰富的当代价值。关键问题在于今后的德国古典哲学的研究应该如何凸显当代价值，即如何凸显理论研究的中国语境、发展研究的中国问题、创新研究的中国气韵。

一、一个现实考虑

改革开放四十余年，相对于深挖德国古典哲学的思想实质与理论体系来说，德国古典哲学的发展面临另一个难题：如何以中国人的视角，在德国古典哲学的理论研究中凸显对"中国问题"的回应。可以说，对"中国问题"的回应是当代中国人研究与发展德国古典哲学的致思方向和价值追寻。正如我国潜心研究德国古典哲学的著名学者王南湜指出：

> 任何真正的哲学都是其所在时代精神的体现者和引领者。能够充分体现当下中国社会发展趋势的哲学潮流，便是今日中国之哲学精神。这样一种哲学精神的构建，无疑是中国文化现代塑造过程中的核心内容。这一构建要解决的关键问题，乃是减缓现实生活与传统文化之间的张力……问题的解决便并非只是在理论上提出一种新颖的观念，而是必然要充分顾及其在现实生活中的可能性、可行性。[①]

德国古典哲学在中国的发展也在逐渐突出一个核心问题，即中国学者在自觉耕耘、主动建构德国古典哲学中国发展形态的过程中凸显对"中国问题"进行的当代解读，并在德国古典哲学的研究目标中进一步明确哲学理论中国语境的探索路径及现实意义：一方面坚持走出德国古典哲学西方母版的研究禁锢，以中国人的视角自觉建构；另一方面持续走入中国文化传统，在传统与现实的张力中面向"中国问题"。

中国社会的发展在改革开放的几十年间不断产生了需要哲学做出回应

---

① 王南湜：《当代中国的哲学精神构建的前提反思》，《中国社会科学》，2015年第10期。

的问题，甚至在一段时期内中国有无哲学的问题也成为一个时代性的课题，而这种追问的核心并不是"有"或"无"，而是"如何"，即如何彰显中国人自己的精神家园，因此出现过几种不同的针对文化发展形态的提倡，围绕着"中、西、马"展开的侧重理解。然而中国人对于自身存在、自由，道德乃至审美的期许并不是具有普遍性原则的，任何一种文化都能够成为滋养本土文化生长的重要支点。我们研究德国古典哲学也恰恰是因为，德国古典哲学能够成为我们对现代性社会中现代性问题进一步思考的天井之梯。而关键问题是我们有没有一种能力，能够恰当地吸收异质文化的滋养，发展自己的哲学理论。

对于我们如何练就这种能力，德国古典哲学给出了许多能够借鉴的思路，在康德、黑格尔、费希特、谢林的哲学表达中都存在着一个重要的认识论指向，即探索人类主体能力对于认识世界的重要作用。康德的先验认识论，确立了人的主体能力，为自然立法，将认识论转向为探索主体自身的理性能力，他一再强调的主体能动的给予性不依靠客体之真的探讨，但"这个'材料'的世界本身不是'来自''主体'，而是独立自在的，没有这个独立自在的'材料—质料—感觉'世界，'主体'的'能动性—能规定—能制约'的'功能'就'无用武之地'"[①]。费希特也将自我与非我能动在"同一性"的动态原则之中，更不用说黑格尔将绝对精神对于人类社会、历史发展的主体能力发挥到了极致。德国古典哲学在中国的研究正是这些内在精神与逻辑的外化。虽然德国古典哲学在中国的发展中是一种感性的材料，但并不阻碍我们运用现代的眼光和问题对其重新审视，并且这种审视具有重要的意义。

我们发现德国古典哲学在批判精神、革命精神、创新精神和发展精神方面都是能够推进马克思主义哲学中国化以及塑造现代性中国哲学建构的基

---

① 叶秀山：《德国古典哲学的基本观念及其发展路线——在这种视野中关于"存在"的一些理解》，《世界哲学》，2013年第1期。

本精神；我们发现德国古典哲学的研究开启了我们与世界对话的窗口，德国古典哲学至今在世界哲学的发展中起着至关重要的作用，存在主义、现象学、解释学、西方马克思主义等具有代表性的哲学理论都与德国古典哲学的深入诠释密切相关。德国古典哲学使主体能力得到了前所未有的适当的肯定，这种肯定以自由、道德、审美等方式多角度展开，并且始终镶嵌着人性的宝石。对人的直面研究、全面研究、理性研究是中国所缺少的，高清海先生也曾经强调："'人是哲学的奥秘'；'哲学是人的自我意识理论'。这是我的基本看法。人作为宇宙精华的结晶，可以说是一个'缩微的大全'，怎样去理解人、把握人的本性，因此便成为一切难题中的最大难题。……在这方面，我觉得德国古典哲学是最具典型性的。"①德国古典哲学对于人的思考的确最具代表性，它突破了传统人性观念，并不是追求"绝对本性"的人，或者人的自由、存在，它扭转了思维习性，运用自为的人作为认识世界及人本身的关键力量。德国古典哲学的自我更新并不是一种表征意义，而是以一种全新的理解方式不仅成为马克思主义哲学变革的理论先导，而且对于人类性的思想理论的发展具有现实意义。在走进德国古典哲学原义的基础上，德国古典哲学的自我更新更是我们反思哲学的思想范式，建构中国哲学的重要途径之一。

德国古典哲学在中国首先从理论内部形成了中西文化的互动交流，体现在这种研究以超越文本的、学术史的方式，体现了中国人对于思维方式与理论特质的反思。在这个意义上，德国古典哲学在中国的传统就是自我思想文化发展的传统之一，其发展从来不是脱离中国语境、问题语境而独立存在的，而是以哲学的主流进路展开理论内在逻辑的演变。中国学者在进行德国古典哲学研究时也始终思考着哲学是什么、哲学解决什么、哲学期待什么的问题，以此为出发点解答中国思想领域的诸多现象，回应文化发展中的自

---

① 高清海：《重提德国古典哲学的人性理论》，《学术月刊》，2000年第10期。

觉、自信的问题。

二、两重价值意蕴

德国古典哲学的当代价值需要我们正视其研究传统，明晰其发展方式，认真思考德国古典哲学的当代语境与理论目标。从传统的意义上来说，我们开始对德国古典哲学热衷来自哲学的自我使命与精神的内在需求，每个时代哲学都是对现实境遇拷问的伟大结晶。德国古典哲学传入中国后，使得中国人具有了深刻的哲学认识的提升，也出现了不同哲学场域中的问题转换，正如马克思指出："德国的国家哲学和法哲学在黑格尔的著作中得到了最系统、最丰富和最终的表达；对这种哲学的批判既是对现代国家以及同它想联系的现实所做出的批判性分析，又是对迄今为止的德国政治意识和法意识的整个形式的坚决否定，而这种意识的最主要、最普遍、上升为科学的表现正是思辨的法哲学本身。"[1]马克思看重德国古典哲学关于时代性的思考，因为德国古典哲学是第一次最集中、最系统的将哲学上升为世界历史领域的观照，这种观照摆脱了自私的理性与个人，而将人的主体、自由、历史等等与人的现实弥合成为一种中心问题，虽然在形成这一中心问题的方式具有最知性的形式和最抽象的范畴，但它却是对彼岸世界的最后冲击，从此我们无法回头成为纯粹唯我的人和迷茫的世界，从此马克思探索实践的真谛，也从此德国古典哲学仍然是我们现代理解人的生存状态和社会生活的重要范本和思想资源。从这个理解路向上来说，德国古典哲学凸显的哲学话语、哲学精神作为一种学术性传统影响着当代哲学的发展。

马克思曾说："真理的彼岸世界消逝以后，历史的任务就是确立此岸世

---

① 《马克思恩格斯文集》（第一卷），人民出版社，2009年，第10页。

界的真理。人的自我异化的神圣形象被揭穿以后,揭露具有非神圣形象的自我异化,就成了为历史服务的哲学的迫切任务。"①如果说德国古典哲学中国研究的传统是为哲学的理论何以成为理论的现实提供重要前提,那么德国古典哲学的发展就应该坚持从彼岸世界走向此岸世界,实现此岸世界的"化繁为简"。实际上德国古典哲学在中国的研究与发展已经逐渐走向了新的发展形态,即在自觉的建构中形成了"中国式"的形态。

德国古典哲学对于推动中国哲学的自觉建构起到了实质性的作用,德国古典哲学在中国的研究首先面临的问题就是语言,哲学语言的调试过程也是哲学话语自我建构的过程,在对德国古典哲学大量著作的译介过程中,也形成了有针对性、相对聚焦的研究方向或领域,国内学者普遍在这些领域中深耕挖掘德国古典哲学理论资源的当代价值。比如提出"德国古典哲学中,对现代思维范式创生提供最大支撑的莫过于黑格尔"②。德国古典哲学集大成者黑格尔、关键人物康德的专门研究撑起了这一领域研究的半边天,同时其他主要人物、主要命题的研究也成为德国古典哲学不可或缺的组成部分。在哲学话语的建构过程中,中国学者表现出了必要的"成见",也就是在承认德国古典哲学在中国哲学发展中的积极作用基础上进一步使这种"创生的思维范式"成为具有与中国人的思维范式有效对接的见解。而所谓"成见"恰恰是理性的融合德国古典哲学内在精神与现实价值的重要途径。

德国古典哲学中国研究的自觉建构需要建立一种合理的"成见",因为"在成见不可摆脱的情况下仍然肯定理解的可能性,关键在于重新评价成见的作用。……成见实际上来源于传统,而传统则是本文在流传过程中形成的

---

① 《马克思恩格斯文集》(第一卷),人民出版社,2009年,第4页。
② 赵天成:《德国古典哲学与现代思维范式的逻辑关联——论黑格尔的独到贡献》,《求是学刊》,2003年第3期。

'效果历史'。因此,正是通过成见,理解者实现了与传统的联系……"①关键问题在于我们已经在漫长的探索过程中形成的德国古典哲学研究的内容和方式需要进行重新的历史效果,这种历史效果不是基于一种约定俗成的盖棺定论,也不是在老问题中打转,而是我们需要探索德国古典哲学的新课题。这并不是认为德国古典哲学在中国的研究不需要关注传统,而恰恰是在传统的"成见"中,在传统与现实的关联中寻找新课题。我们看到德国古典哲学中那些引发了我们进行哲学理论创新的思考,并不一定是直接性地成为这种理论创新本身,而是一种思维方式、问题视角抑或是逻辑体系等。

在这一方面我国学者也做出了尝试,比如贺来在《哲学理论创新的基本要素——以德国古典哲学研究为个案》一文,以德国古典哲学为例,提出了一个重要的问题:为什么在 18 世纪到 19 世纪短短的几十年间,德国古典哲学能够以理论创新的姿态成为具有世界影响力的思想理论? 德国古典哲学恰恰给予了我们理论创新的许多重要的要素指导:"第一,要真正实现哲学理论创新,一个重要条件和要素在于是否能以哲学的力量切中并穿透'当代问题之所在的问题的中心';第二,要真正实现哲学理论创新,另一个重要条件和要素是能否在深厚的哲学底蕴积累的基础上,切中并穿透哲学进一步发展需要解决的深层理论矛盾和困境;第三,要真正实现哲学理论创新,还有一个重要条件和要素是能否形成一种真正健康的有利于理论创新的学术生态。哲学思想家面向'思想的实情'的'思想自我'的张扬与'和实生物,同则不继'的开放、多元,相互竞争和激荡的思想气氛,是孕育和滋养哲学理论创新的必要'支援意识'。"②还有的学者探讨了德国古典哲学在中国的研究与发展恰恰是因为它自身的精神气质与中国传统文化具有相通之处,并且

---

① 周国平:《伽达默尔:作为世界经验的理解和语言》,《哲学研究》,1995年第8期。

② 贺来:《哲学理论创新的基本要素——以德国古典哲学研究为个案》,《江海学刊》,2014年第1期。

它的思维范式常常出现了以整体性的思维把握世界，贴合了中国人对于思想构建的想象，在某种程度上也是马克思主义在中国的传播的一个重要的内在推动力。

实际上这些都说明了我们在探索德国古典哲学中国研究的发展模式时，需要理解德国古典哲学在中国的研究与发展绝不是在德国古典哲学自身中再发展出新的哲学观念、概念，而是透过德国古典哲学对于传统与现实的关联架构，反思中国哲学的发展前景与基础。反过来，更为重要的是思考我们如何更加坚实地打牢这一哲学基础，不断推进哲学传统与现实关系的追问。

可以说德国古典哲学在中国的传统与发展是一面无形之镜，它的研究核心是德国古典哲学作为一种文化思潮其哲学理论的本身意蕴如何成为当代哲学的价值资源的问题，这一问题一定是在积极思考哲学如何面对的现实问题的基础上进行的回答。因此无论我们如何研究德国古典哲学，都应该关注理论发展意义，即德国古典哲学中国研究不能脱离自我与他者关系、传统与现实关系、本质与价值关系的表达意义的思考。

三、三点重大问题

中国人在研究及发展德国古典哲学方面也并没有脱离马克思所强调的注重德国古典哲学内部之精神，但是有所不同的是，作为西学思潮的德国古典哲学却在其不断地用他者身份加以诠释的过程中展现了哲学的综合效应，即学术理想与现实情景的重合。在中国，德国古典哲学的大量涌现开始于新文化运动前后，却持续于我们对中国文化的当代建构之中，而这其中德国古典哲学比较特殊，它在中国的研究无论从时间长度还是在地位认同上都具有不争的重要性，因为我们始终关注到了德国古典哲学为我们提供的不仅仅是重要的哲学概念、思想体系,更多的是嵌入理论深处的视角和问题意识。

冯友兰曾在 20 世纪 60 年代指出过关于中国哲学继承发展的几大问题:"第一,什么是继承,就是关于继承底意义底问题;第二,怎样继承,就是关于继承底方法底问题;第三,继承什么,就是关于继承底内容和选择标准底问题。"①第一个问题的研究很重要,中国哲学发展需要继承的必定是关于"意义"的承续。德国古典哲学在中国的意义充分蕴含着其思想本身的旨趣以及对于现实问题思考意义的揭示。1848 年欧洲大革命促进了西方国家开始酝酿社会制度的转型,即由封建主义社会转向资本主义社会,此时的德国也出现了这种社会变革的倾向,然而"软弱的德国资产阶级在很长一段时期内在行动上不敢发动革命,但他们在思想上已开始向往革命。18 世纪末和 19 世纪上半期出现的德国古典哲学正是从哲学理论上体现了德国资产阶级的革命要求,是法国革命的德国的理论形态"②。德国古典哲学从一开始便是深刻地根植于对社会现实问题的反思当中,只不过相对于法国大革命的惨烈,德国哲学家试图通过发挥思想力的方式实现革命,因此不得不说,德国古典哲学也具有一种现实性和革命性,只不过这种思想的接受是如此的隐晦难懂,以至于一经马克思批判,这种革命的性质就成了实践的武器。而对于中国学者而言,德国古典哲学的许多观念也恰恰是因为哲学性与现实性的隐晦交织,既成为哲学理论发展的重要资源,也透过理论表达时代看法、问题意识。理论与现实的对立往往正是以中国研究的方式逐渐消融的。

第二个问题"怎样继承"在今天看来也至关重要。这就关系到德国古典

---

① 冯友兰:《再论中国哲学遗产底继承问题》,《哲学研究》,1957年第5期。
② 刘放桐:《马克思主义哲学与现代西方哲学研究》,北京师范大学出版社,2012年,第40页。

哲学中国研究的方法问题，更深层的就是德国古典哲学的内在精神能够通过何种方法将他者意识凸显为主体自觉，凸显主体自觉更加是民族自觉、时代自觉、人的自觉。在一定意义上，德国古典哲学在中国研究开始于译介的综合，并表现为哲学史中的重要段落；20世纪五六十年代以来，德国古典哲学的研究方式出现了转变，分析的方式逐渐形成，而作为哲学史或者文化思想的综合研究成为具有参考价值的重要资源。更为突出的是，德国古典哲学在与马克思主义在中国的发展过程中相互交织体现了以分析的德国古典哲学研究推动马克思主义哲学发展的内在力量。反思德国古典哲学中国研究的几个阶段可以看到，作为一种哲学的研究，德国古典哲学的研究更加需要从形式化、范化的综合思路中跳脱，真正进入以分析方法补充中国哲学的恰当路径。实际上，德国古典哲学在中国的发展过程中已经出现了许多有效地尝试。比如牟宗三的"援西入儒"，在自由与理智的考察中创新中国哲学的现代发展；张世英提出的"从对康德黑格尔理论体系的概念分析转换到人的主体性精神分析"[1]；李泽厚也曾指出："为批判而批判是没有意义的，回顾哲学史不是发思古之幽情。应该注意活的康德（康德在哲学史上，特别在现代的影响），而不要沉溺在死的康德（康德学的大量文献）中。"[2]以综合的方法研究德国古典哲学在意义表达方面并没有起到很好的效果，综合的杂多往往是知识型的架构，而没有将哲学的研究引入文化内涵的根本生长点上。而分析的方法更容易衍生意义，在一些问题的回答上我们不得不回到德国古典哲学的分析研究当中，比如马克思主义哲学理论来源，人的存在、自由、主体意识的问题，当代中国语境中德国古典哲学研究的价值与诉求，等等。

实际上我们是通过理性的方式自觉地总结了德国古典哲学研究方法的

---

① 杨河、邓安庆：《康德黑格尔哲学在中国》，首都师范大学出版社，2002年，第260页。

② 李泽厚：《批判哲学的批判——康德述评》，人民出版社，1979年，第49页。

转变及其必要性:作为西方哲学史中的黄金段落的德国古典哲学,在中国获得了从最早的翻译介绍工作,到"哲学就是哲学史"的展开研究;从形成与马克思主义哲学的横向比较研究到全景式纵深进入现代哲学理论的开拓探索,德国古典哲学在中国不仅经历了学术史的示范,同时不断地补给马克思主义哲学中国化的发展内力。而这种形式或者说范式方面的变化,其中无疑贯穿的是我们看待、研究德国古典哲学的方法问题。而所谓的综合的方法与分析的方法用我们惯常区分西方哲学与中国哲学的方式来看,德国古典哲学当以逻辑理性的方式加以研究,它是综合出来的西方哲学,但是缺少了在中国生长的价值;而以中国化的方式、分析的方法来研究,一种凝聚了民族对于塑造先进文化的直觉方式进行加工,德国古典哲学就又产生了新的亟待我们进一步探索的问题内核,这一内核与任何西方哲学在中国的发展一致:"西方哲学自身从单纯的'否定式'发展向有统一问题意识的否定式否定发展的转化。"①然而又没有一种哲学能够代替德国古典哲学所表征的隐晦衔接的思想与现实之间的革命性,从而产生了批判的、否定之否定的、原则性的、前实践性的重大理论贡献,德国古典哲学的成熟恰恰是我们需要研究的,并且通过不断转换方法持续研究的重大课题。

德国古典哲学的中国研究没有脱离意义表达,而是对意义表达过程中的方法进行了长时间的探索。德国古典哲学的研究意义与方法是在传统意义上进行理论内容及标准探索的关键问题,这恰恰回答了第三个问题:对于德国古典哲学的中国研究我们能够、需要关注哪些内容及其标准问题。例如,谈到德国古典哲学对于哲学方法的影响首先就是"辩证法",辩证法解决了我们的思想方法困惑问题。贺麟先生是我国较早研究德国古典哲学的学

① 韩秋红:《"西方哲学在中国"与"西方哲学中国化"——西方哲学研究的理论与实践自觉》,《社会科学家》,2014年第12期。

者,他曾指出辩证法就是"导淮入海",把辩证法理解为是指向"丰富性"的方法,"黑格尔的辩证法集中体现在绝对精神的发展过程中,例如在《精神现象学》一书中,黑格尔考察了人类意识从简单意识发展到绝对知识的辩证过程,辩证法的一切丰富性和深刻性在这过程中都得到充分展现。因此,辩证发展的过程就如'导淮入海'的过程,海就是大海、全体,入海之后不是风平浪静,也还有惊涛骇浪。因为辩证的过程愈发展,内容愈丰富、愈提高。就意识形态来说,由低级的个人意识到社会意识,如时代精神、民族精神、客观精神直至绝对精神;就概念的辩证法来说,从存在到本质、从本质到概念,最后直至最高、最具体的绝对理念,这一切都是导淮入海的发展过程"①。姜丕之在《学习〈论持久战〉中一分为二的辩证方法》中也强调辩证法是对于事物单一性、绝对性认识的批判,针对中国革命现实指出毛泽东强调运用辩证法,将人、物、环境等丰富性因素辩证化解为革命发展理论。真理是建立在可靠的基础上形成的分析问题、解决问题的整体化、全体化的认识。这个基础不是诡辩论赤裸裸的相对主义,而是对立发展出的统一全体,等等。我国对于辩证法的研究众多,也十分重要,而辩证法无疑在德国古典哲学那里集中地展现了它的力量,虽然我们接受辩证法并不是全部直接来自德国古典哲学的原始论点,但是马克思、恩格斯、列宁、斯大林等在辩证法来源问题上都没有脱离德国古典哲学,我们发现这一来源也从未放弃对德国古典哲学中辩证法的追问,可以说中国的德国古典哲学在辩证法研究这一意义上切中了一个中国问题——哲学方法论的现实运用。

---

① 贺麟:《辩证法和哲学的理想性》,《社会科学战线》,1988年第1期。

第一章
德国古典哲学在中国的"传统与现代"

德国古典哲学在中国的传统与现代不能仅仅简单地以时间来断代,更需要通过中国人吸收、创建优秀世界文化思想内容,进行研究方式转变等实质问题进行划分。

一、基于"质性"的内涵区分

德国古典哲学在中国的"传统与现代"有一定的时间轴线:随着西学东渐的开展,德国古典哲学的中国研究初露端倪。19世纪末开始,随着中国社会的现实激荡、传统思想同西方文明的碰撞,出现了德国古典哲学最早的传统形态,德国古典哲学中国研究强化了中国人对于科学与理性的深度思考,为哲学的发展奠定了科学理性的基础。20世纪二三十年代,在新文化运动重塑中国文化、重思文化价值的主要背景下,德国古典哲学作为重要的西方文化资源的代表,受到了国人的积极引介,学术化形态开始显露。与此同时,中国社会也正面临着前所未有的变革,从中国共产党的成立到新中国的诞生,中国的文化传统又一次面临着去向何处的问题,然而这一问题的回答必然在现实的实践需求中加以澄明，也必然在不断地实现中国文化的发展转型中加以明确，但这其中无疑应该重视的是马克思主义的传播对中国传统文化的重大影响，马克思主义不仅成为中国社会革命的鲜明指引，同时也成为塑造新的文化发展方向的关键地标。德国古典哲学也因与马克思主义哲学的千丝万缕成为中国学者积极诠释的对象。而这样的现象并没有按照学术化的形态继续开展，而是形成了另一种传统的发展方式，即评价性的形态。

大致从新中国成立前后到改革开放之前，中国人对于德国古典哲学的研究还不能完全脱离评价性的发展要求，也就还不能产生作为思想理论独立发展与自觉发声的主流趋势。也正是大体到改革开放之前，德国古典哲学的中国研究仍然没有显露出明显的、集中的自我特色，因此才把以上三个时期统称为"传统"，而与之相对的"现代"，在时间上主要指改革开放之后的研究与发展，因为这一时期德国古典哲学在中国的研究显然具有了独立的发展特征以及符合思想文化现代性要求的重要方面。更重要的是德国古典哲学在中国的"现代"意味着超越回到传统文本本身或回到传统的设定语境，是超越传统解释学的创新发展。正如伽达默尔指出："理解是将自己置于传统的一个过程中，在这个过程中过去和现在不断融合。"[1]超越传统体现的现代在文化发展本身的内涵中加强了塑造文化的现代性维度。"现代"意味对传统解读不可能完全回到文本本身，而是视域融合、思想与时代问题的交融。同时"现代"强调"对原来生产品的再生产，一种对已认识的东西的再认识，一种以概念的富有生气的环节、以作为创作组织点的'原始决定'为出发点的重新构造"[2]。在这个意义上德国古典哲学的现代问题的探索更具有现实意义，也是我们不断回溯传统，立足传统与现代的融合视域，努力表达哲学理论当代价值的重要依据。

---

① ［德］伽达默尔：《诠释学：真理与方法》（第1辑），洪汉鼎译，商务印书馆，2010年，第433页。
② 同上，第270页。

在时间的意义上虽然有着渐进式的坐标轴，但德国古典哲学在中国的发展更需要从内容的实质交替中划分传统与现代，注重德国古典哲学的现代性表达意图和方式的认识，这对我们认识德国古典哲学在中国发展历程出现的具体问题及未来研究需要致力的主要方向做出判断。因此本书对德国古典哲学在中国发展的传统形态作了具体的区别，通过描述不同的传统发展类型进行划分，同时也注重在每一种时间意义的区别上力图凸显其实质内容的变化，并且强调内容变化是进一步认识德国古典哲学现代发展的基础。内容实质的变化是从思想理论内部理解传统与现代区分的一般性问题，在超越传统研究形态之后德国古典哲学的现代是否意味着回应了文化发展中的现代性问题，或者在多大程度上表达出尽如人意的理论创新？这些问题一方面深深地扎根于中国哲学发展的肌理之中，又深深地触动着中国哲学发展的敏感神经。西方哲学的发展在多大程度上代表了中国文化的现代性？这关乎文化自信、文化格局、文化道路。从德国古典哲学的微模式中试图对这一问题进行回答，从文化思潮视角进一步强调德国古典哲学在中国的传统与现代，能够更加清晰地得到相应的答案。

当然，对德国古典哲学在中国的研究进行这两个层面的划分并不试图割裂传统与现代的联系，而是要建立起系统化的视域，俯瞰德国古典哲学在中国发展的思潮效应，以及随之而来的经验启迪。

二、哲学启蒙中的传统与现代

从中国思想文化发展的整体历程来看，主要经历了两个重要的"启蒙"时期，即五四运动时期和20世纪80年代初"新启蒙"时期，这两个时期各自成为传统与现代的开端。

德国古典哲学也恰逢在这两个关键时期作为体现西方科学主义精神的

启蒙理论主体进入中国人的视野。中国哲学引进与发展呈现的"启蒙"意义具有独特立场,从明末清初到新中国成立之前,在中国境内发生的思想文化现象徜徉在"救亡"畅想之中,于是发生了关于中国哲学之追求为何的根本性思考。汤一介曾指出:"从中国百多年来的文化发展史上,'古今中西'之争常常表现为把'启蒙''救亡'与'学术'分割开来,或者认为由于'救亡'压倒了'启蒙'而妨碍了思想的启蒙;或者认为'启蒙''救亡'影响了'学术'的自由发展;或者认为'为学术而学术'对社会进步起着消极作用等等。"①中国的"启蒙"不容置疑地发生于多样性的文化碰撞之中,它被"救亡""革命"所需要,但"启蒙"内含激烈的思想冲突,也就是中国文化与西方文化之间的冲突,因此需要纠清启蒙真意,毋宁陷入非此即彼的争论。

启蒙真意实际上恰与中国哲学追求的目标一致,从"全盘西化"到中西文化的争论,再到布尔什维克革命的胜利催生的中国本土马克思列宁主义的全面盛行,启蒙在一定意义上实现了救亡的目标,特别是救亡的启蒙日益成为社会变革的重要思想依据,并在救亡运动中茁壮成长为无产阶级的纲领性指导。启蒙的真意与我们所追求的哲学都能从一个"要点"方式开始寻求,或者说哲学对于现实的指导意义在我们的现实选择中得到了确实验证,德国古典哲学就是这种验证的典型代表。在德国古典哲学进入中国的同时,关于哲学的甄别就从未停止,并且在这种甄别的同时不断挖掘文化思想之启蒙意义就成了哲学追求的现实意义,因此才能在现实条件与主观认知双重促动下形成哲学现代化的积极探索。

西方哲学在中国社会中所引发的文化变异和形成的"中国范式",并不是致力于将西方哲学"转化""变"成中国哲学,而对西方哲学在中国的理解应该侧重于对西方哲学在中国研究范式转变的认识,将哲学的现代化视为一

---

① 汤一介、黄见德:《20世纪西方哲学东渐史导论》,首都师范大学出版社,2007年,总序第40页。

种在强调以西学东渐为整体的历史前提为基础,形成"中国特色"的西方哲学研究形态的转变研究,由此才能实现我们研究德国古典哲学在中国发展的真正目标和现实意义。因此,德国古典哲学这一经典的西方哲学板块应该还原到西学东渐的历史背景之下,并立足中国哲学发展的当代思维和立场不断进行深化解读。

三、西学东渐中的传统与现代

"西学东渐"广泛地指代了从17世纪开始的,来自西方的人文知识、科学技术、宗教、艺术等在中国演进、发展的情况,是世界范围的两大文化系统(一是以中国为中心的东方文化系统,一是以欧洲为中心的西方文化系统)在相互交流、碰撞、论证、融汇的具体进程。西方哲学是"西学东渐"中的主要环节和内容,然而在"西学东渐"的具体研究中,德国古典哲学是一个较为特别的存在。一方面,作为一个典型的哲学文化思潮,其在西方文化系统中的影响力不言而喻,一经被认识就在中国成为极为重要的思想资源。另一方面,德国古典哲学进入中国大地,逐渐形成了具有中国特质的理论形态。德国古典哲学通过中国人鲜明的主体意识和主动精神不断地创生出中国研究形态的实现范式。哲学的研究应在坚持中国文化本身的立场上,坚定马克思主义的科学指导,合理地吸收异质文化的生命力和活力,展现中华文化独具的包容性和创造力。同时这种转变又是一种文化、哲学本身的发展沿革,更与马克思主义相互交织。这是德国古典哲学在中国研究发展的事实背景,也是我们能够持续的在德国古典哲学中加强文化自信的关键要素。因此,不得不特别关注"西学东渐"为背景的德国古典哲学在中国发展的这一客观事实,因为这一事实是我们能够进一步加强对德国古典哲学的自觉研学与生发的关键基础。

众所周知,实用主义哲学是20世纪美国最具影响力的哲学思潮,实用主义哲学在中国的传播曾成为既惊喜又争议的问题。"实用主义哲学极力倡导的实验科学方法论,着重阐发的实践、效用的真理观,以及实用主义大师杜威广为宣传的西方民主政治和民主主义教育等……实用主义一经传入,在我国就引起了强烈的反映,在思想文化教育领域反对封建,反盲从迷信,起着积极的启蒙作用。但与此同时,实用主义宣扬对旧世界实行一点一滴的改良主义的主张,又是同当时正在我国传播的马克思主义的理论相对抗的。"①实用主义展现了以"文化改良"作为西方哲学在中国发展的现实进路。实用主义在中国得到重视,在于其讲求"文化力度",突出文化立场作用于社会改良的重要作用。虽然实用主义在中国的发展始终激荡在冲突与批判声中,但正因为实用主义具有了可争议的历史作用,才成为西学东渐中的典型代表。

杜威的访华为中国学者研究实用主义搭建了桥梁。20世纪初,杜威的赴华讲学主要由当时中国的一些改良派学者直接促成,胡适、陶行知、张东荪、郭秉文、蒋梦麟、傅斯年等为推动实用主义在中国的发展做出了许多努力。"实用主义早在20世纪初就传入中国。1906年,张东荪和蓝公武等人在东京创办的《教育》杂志,就发表了一些介绍实用主义观点的文章。但是实用主义在中国产生较大影响却是在'五四'新文化运动时期。这一时期,胡适、陶行知、蒋梦麟、傅斯年等在美国接受了实用主义哲学家杜威的思想,回国后宣传和提倡实用主义。其中胡适是在中国宣传实用主义的主将。"②实用主义能够成为一种文化改良的强有力的思想武器,主要是由当时中国社会的经济及政治原因决定的,五四前后一大批知识分子致力于反对封建传统文化,建立一种新的世界观,这其中影响较大,后世病垢尤多是胡适主张的实验主义。瞿秋白曾指出:"中国五四运动前后,有实验主义的出现,实在不是偶然

---

① 杨寿堪、王成兵:《实用主义在中国》,首都师范大学出版社,2001年,第33页。

② 王元明:《实用主义在中国》,《哲学动态》,2000年第3期。

的。中国的宗法社会因受国际资本主义的侵蚀而动摇,要求一种新的宇宙观和人生观,才能适应中国所处的环境——实验主义的哲学,刚刚能用他的积极性来满足这种需求。"①

胡适引介实用主义基于实用主义在科学方法上以及哲学认识观上都能够为发生在中国本土的社会改良提供真正的科学指导的认识前提,胡适认为在实用主义中显现的科学方法是最为受用的、中国人最为缺少的一种哲学方法,即"大胆假设、小心求证",胡适称这种方法为"实验",认为掌握了"实验",不但可以解决中国文化发展中只顾发展目的,缺少正当方法的问题,还可以"用这个方法去解决我们自己的特别问题"②。一场围绕着实用主义科学方法的正名开展了,胡适于1919年4月15日在《新青年》(第6卷)第4号发行的题为"实验主义"③的讲稿,典型地代表了实用主义在中国的基本理解,曾有学者称:"胡适之等所提倡的实验主义……在五四运动后十年支配了整个中国思想界,尤其是当时青年的思想,直接间接都受此思潮的影响,而所谓新文化运动更是这个思想的高潮。"④

此外,在《新教育》杂志出版的"杜威专号"第3期中集中刊登了一批国内学者介绍杜威实用主义学说的文章,《晨报》《新潮》《觉悟》《新学报》《星期评论》《时事新报》《学灯》《学衡》《东方杂志》等报纸杂志也陆续刊登了一大批关于介绍杜威学说的文章。仅在杜威访华期间前后,这类文章就多达数十篇。

这场以实用主义为传播对象的文化改良历程表明了中国学者开始有目

---

① 瞿秋白:《实验主义与革命哲学》,复旦大学出版社,1989年,第196页。

② 胡适:《杜威先生与中国》,《觉悟》,1921年第7期。

③ 实验主义:"Pragmatism"一词在我国引进初期有不同的翻译方式,胡适译为实验主义,突出实验主义与科学的关系;陶行知译为试验主义,1912年他在《实验主义与新教育》一文中指出"既能塞陈旧之道,又能开常新之言,试验之用,岂不大哉?",试验主义即指实用主义。

④ 《资产阶级学术思想批判参考资料》(第4集),商务印书馆,1959年,第58页。

的性地、主动地向西方学习的自觉意识。艾思奇指出："在五四文化中,科学方法之被人重视,是谁也不能否认的。实验主义……仍是一种从科学借来的方法论。哲学上的思想方法之科学化,就历史意义来说,其他任务的研究介绍更重要。"①以实用主义最初在中国的发展来看,无论是引介实用主义的真理观、经验论、道德观,还是极力的肯定实用主义的科学方法,这种对西方文化的接纳或多或少地表达了中国人试图改良自身文化的意愿,但仍然不可否认的是我们的这种接受并没有实际创生属于中国自己的文化,正如胡适强调的对实用主义哲学中科学方法的运用,实用主义之于中国哲学方法的意义多于创生哲学本身的意义,然而这种状况并没有随着实用主义研究的深入得到改善。

五四以后,中国的马克思主义者和实用主义者之间的分歧越来越大。一系列明显地反对胡适实用主义主张的声音开始蔓延,李大钊、瞿秋白、陈独秀等人站在马克思主义的立场上对胡适进行了批判,历史上称之为"问题与主义"之争。这场争论聚焦在实用主义是真正的、彻底的科学主义还是不彻底的唯心主义的问题上,站在胡适对立面的学者大都通过对这一问题的阐述认为实用主义自称的与唯心主义之不同是"以五十步笑百步",它没有真正建立起能够在客观上超越唯心主义的权威,而只是提供了一个所谓方法的科学精神。因此与实用主义相比较,马克思主义的唯物史观更加具有科学性,坚持马克思主义能够挽救中国的一批学者们则极力主张马克思主义唯物史观作为认识基础的科学性与指导政治理念与实践的契合。在这样的分歧之下,实用主义在中国发展形成的实验方法在某种意义上成为中国思想变革史上的反面教材。

20世纪30年代后期,受苏联影响,中国的马克思主义者更加坚定地对实

---

① 《中国现代哲学原著选》,复旦大学出版社,1989年,第391页。

用主义采取了全盘否定的态度。50年代,这种全盘否定在政治批判领域展开了对实用主义全面的、自上而下的清算和批判。1954年12月2日,中国科学院院务会议和中国作家协会主席团举行联席会议,决定召开批判胡适思想的讨论会,此时胡适已经作为唯心论思想的代表被学者们定位为站在马克思主义对立面的批判对象。对胡适思想的全面批判其目的在于肃清唯心主义的不良思想立场,树立和巩固马克思主义的领导地位。1954年底到1955年3月,以北京为首的一批学者就哲学方面开展了8次讨论会,主题都是批判胡适的唯心主义,这场批判之风迅速刮向其他省市,许多地区也相继成立了同样性质的机构,组织开展了批判运动。据不完全统计,仅1955、1956两年在《哲学研究》杂志上就曾刊登过针对实用主义及中国实用主义的倡导先锋胡适思想的批判类文章多达13篇,金岳霖在《批判实用主义者杜威的世界观》一文中批判地指出:"杜威的世界观是主观唯心论的、庸俗进化论的,认识论上反理性论的,行动上盲目主义的。这个世界观和我们马克思列宁主义者的世界观是根本对立的。我们的世界观是辩证唯物主义的唯一正确的世界观。"①实际上,这一时期的中国学者立足于树立马克思主义世界观,并坚信马克思主义是唯一正确的世界观而忽视了对其他思想的深入探究。

与其说这场针对实用主义的批判是一个文化事件,不如说具有政治化的特征。政治化的批判能够引导正确的政治意识以及政治信仰的建立,但同时影响了对于文化思想本身的发展意义。有学者指出:"实用主义被简单地归结为帝国主义反动哲学,是彻头彻尾的主观唯心主义和形而上学,是不择手段地追逐个人或集团私利的市侩哲学,在方法论上则是与辩证法根本对立的十足的诡辩论。至于早期中国马克思主义者对杜威及其实用主义的某些肯定被简单地视为他们在理论上不成熟、不彻底。这场批判对确立和巩固

---

① 金岳霖:《批判实用主义者杜威的世界观》,《哲学研究》,1955年第2期。

马克思主义当时在中国的主导地位有重要成就，但由于简单化也造成了严重的消极后果。"①从这些针对实用主义的批判文章中能够看出，实用主义在与马克思主义的遭遇战中体现出的外来文化在具体、实际的经济社会发展需要中，在复杂的政治意识形态斗争中显现出的孱弱。这是实用主义在中国发展中遇到的真实问题，同时也是整个西方哲学在中国发展中遇到的普遍问题。如果说特殊的社会环境、政治环境造就了特殊的文化环境，那么实用主义以批判的形式终结中国的发展历程也就仅仅是在与马克思主义相对的实用主义的一种形态。然而我国学者们在认真地反思实用主义理论时，看到了其作为西方文化中的重要组成部分，对其进行合理反思以及甄别研究还是颇有裨益的。

　　另一个西方哲学的引入经历也提示着应该注重我们对哲学发展的现实意义的思考。罗素(1873—1970年)"在中国思想和政治发展的关键性时期来到中国"②。1920年罗素华访，开始了近9个月的讲演之路。与实用主义哲学的传入不同的是，罗素的访华并没有在第一时间引起更多的中国思想界重要人物的关注，他的哲学理念，也就是数学逻辑学也没有得到更多地认可。"在许多中国知识分子看来，罗素以其知识的力量和他对社会改造的研究将对中国现实问题有价值超凡的洞察力，这也是他们邀请罗素的初衷。"③中国知识分子寄希望于罗素能够运用他在世界范围内基奠的知识眼光去审视中国当时的社会问题，并提出社会改造的方案，这种几乎处于功利主义的预期弥漫在所有有志知识分子的心中，正如梁启超在讲学社欢迎会上的致辞所言："我们中国因为近来社会进步比较得慢，欧洲先进国走错的路，都看得出来了，它治病的药方，渐渐有了具体的成案了，我们像一块未有染过色的白纸，

① 刘放桐：《实用主义与中国现代的政治和文化冲突》，《学习与探索》，2004年第2期。
　　②③ 袁刚、孙家祥、任丙强编著：《中国到自由之路：罗素在华讲演集》，北京大学出版社，2004年，前言第8页。

要它往好的路走,比较的还不甚难。就这一点看来,我们的文化运动,不光是对于本国自己的责任,实在是对于世界人类负一种责任。"①而在这一点上,实用主义似乎更加准确地"迎合"当时中国对于文化引进的基本需求和目的,虽然罗素在华期间极力地想通过自己的有限观察解决中国知识分子的"发问",但他自己也承认:"一个外国人,在华时间不久,中国文语完全不懂,有如我的样子,要对中国的各种问题,个个发点议论,实在冒着闹笑话的极大危险。"②

因此罗素仅在中国之行行将结束之际,试着对中国知识分子对救世良方的极度渴望予以回应,罗素在临行之际以"中国到自由之路"为题作了最后一场演讲,就教育问题、经济政治问题、国际管理问题、爱国主义、国家社会主义观、伦理问题等都表达了相应的意见,在思考中国社会发展道路问题时,明确认为"以俄为师"是行得通的,"当我在俄国的时候,我就觉得俄国想把它的方法,引进西欧各国,是无效的尝试,因为西欧各国,已有开发的实业和受教育的人口,德谟克拉西必可保留。若在中国和俄国,这类条件,全都缺乏,人民没有教育,产业不发达,所以俄国式的手段实是最可能"③。罗素针对中国的特有环境进行的社会改造道路分析也使得他成为名噪一时的汉学家,在访华结束半年之后,罗素出版了《中国问题》一书,这也成为中国学者研究罗素思想对中国社会发展影响的重要参考资料。

反思罗素访华的初衷,如果不能接近罗素本人的真实意愿,至少在后世对此林林总总的意见之中,也不妨将罗素访华的目的和这一事件的成效进行一种有效地反思,即罗素究竟为中国带来了什么?我想那大概是社会主义

---

① 袁刚、孙家祥、任丙强编著:《中国到自由之路:罗素在华讲演集》,北京大学出版社,2004年,第28~29页。

② 同上,第300页。

③ 同上,第304页。

和哲学观的双重现代性反思以及双重现代化认识。罗素对于中国的影响路径基本上是"直线型"的,罗素没有一批如同杜威的实用主义在中国的代言人,这也就说明了人们对于他思想的认识还大都是直接获取的,以致我们看待罗素访华以及他对于后世的影响,也带有相对客观的评价。只是在一个问题上发生过争议,即社会主义论战。十月革命后,社会主义思潮高涨,中国的社会改造者寄希望于俄国革命的成功经验,十分重视有关俄国革命的相关言论。而罗素恰巧是在国际上具有影响力的批判资本主义和反思俄国革命的著名学者,加之又曾访问过俄国,对俄国的社会主义革命更具发言权。

罗素来华前刚在伦敦《国民周刊》发表他的游俄感想,对俄国革命多有批评,他认为俄国革命"渐失革命本意,几乎专于对外而不能顾到内部的整理。即此一例,可见无论改造创设何种基本的新制度,必须合世界共同经营之,不能由一国单独行之。不然,必先求毫无仰给他人之处,方始可以有作为。但完全脱离国际连带关系,绝非容易。此是极应注意的一点"①。罗素批判基尔特社会主义,主张"新俄观",在东西方引起了舆论的哗然。罗素的这种主张也很快引起了人们对中国问题的热议。罗素关于中国发展问题的思考与建议不同于他对俄国革命的否定态度,他认为,虽然俄国革命失败了,但是中国应该吸取俄国革命的经验,"以俄为师"开展科学社会主义道路。

从西方哲学在中国的曲折"故事"来看,在对外来文化的甄别与接纳过程中,如何既符合事实的认识外来文化又符合逻辑的将外来文化恰当地融入自我的文化是一个漫长、动态的过程。"在五四前后特定的语境下,西方反省现代性思潮对于中国的影响,更包含着'多重价值'与'丰富的可能性'。就名哲讲学而言,其反省现代性,就不仅产生了助益梁启超等人重新审视中西文化,进而促成了所谓'东方文化派'的兴起;更值得注意的是,同时还为新

---

① 《罗素在沪之讲演》,《晨报》,1920年10月17日。

文化运动的领导者李大钊、陈独秀诸人转向服膺马克思主义提供了必要的思想铺垫。"①

新中国成立以来,西方哲学在中国的发展经历了首个阶段,即知识论阶段更加明显地转向了以西方哲学为辅,铺垫、展开马克思主义哲学的中国化维度。1949年至1979年间的中国,思想文化的起初解放都在探索中逐渐倾向于政治立场的规约,无疑在这一时期思想文化的解放依赖于政治指导,也往往直接产生于政治的需要。政治上的"一边倒"影响了哲学简单地接受了日丹诺夫模式,以一种最直接的方式呈现了当时政治发展所需要的知识论原则及内容,注重探讨以唯物主义、唯心主义区分政治阵营,使得中国的哲学成为面对意识形态层面的教条式的政治宣讲。面对政治而非学术的哲学发展局面,西方哲学在中国并没有体现出以中国人为研究主体的独特方式,西方哲学在中国的成长在一段时期内缺乏全面的认识。这些都与当时哲学发展的时代特点相关。

然而政治的解放不能代替思想的解放,在思想领域中,马克思主义哲学无疑成为典范,成为首当全面释义与明确道义的哲学理论。马克思主义哲学最早也是最好的在中国实现了中国化的认同,而对其他范式的西方哲学的严厉批判和简单否定也正说明了西方哲学在中国受到政治性主导而具有鲜明的中国属性。对马克思主义哲学的全面接受为中国哲学带来了自信,但马克思主义哲学的植入形典型的表现为哲学的一元化特征,即马克思主义哲学因其以政治立场的凸显作为其存在的合理性依据具有了绝对的基础性地位,是作为中国哲学在一个时代中不可撼动的思想源泉。

而除马克思主义哲学之外的西方哲学以反叛的角色在与主流哲学的对抗中被定义为唯心主义不可知论的哲学形态。西方哲学在这一时期代表的

----

① 郑师渠:《五四前后外国名哲来华讲学与中国思想界的变动》,《近代史研究》,2012年第2期。

不可知论,即唯心主义的认识论所遭到的批评,与马克思主义唯物史观对于中国社会、思想的积极影响成正比例趋势发展。新中国成立后,许多学者看到了中国思想浪潮正涌向唯物史观的研究,纷纷开展了系统的学习和研读、翻译工作。1949年9月5日,艾思奇在《学习》创刊号发表《从头学起》一文,指出要以马克思主义、毛泽东思想为思想武器。此时,唯物史观已在中国开始了引进与传播,并具有自身的独特背景与特征,毛泽东在《论人民民主专政》中指出,"一边倒"向苏联社会主义是中国巩固胜利的基本道路。唯物史观在这样的传播背景之下,无可厚非地首先选择了以收集、整理、翻译、宣传苏联马克思主义研究成果为主要途径。

因此以俄文版译出的《斯大林全集》《列宁全集》《马克思恩格斯全集》等主要的马克思主义代表著作的首次面市都是在新中国成立之后30年间完成的,并成为这一时期研究西方哲学的最重要依据。而西方哲学的全面发展没有成为这一时期所关注的对象,反而是具有典型唯心主义色彩的哲学领域受到了马克思主义研究者们的热衷探讨。比如,以胡适为代表的实用主义,康德、休谟的不可知论都一度成为宣传马克思主义的反面教材。

然而这并不能真正代表西方哲学在这一时期发展的应然态势,我们应该更多地注意到这一时期西方哲学发展的某种不当因素,如果说这种不当的因素是我们急于建立中国社会发展的理论根据和合理基础,那么仅仅是马克思主义发展了,也不能使得中国哲学成为具有现代价值与意义的原因。正如邓小平指出的:"马克思主义理论从来不是教条,而是行动的指南。它要求人们根据它的基本原则和基本方法,不断结合变化着的实际,探索解决新问题的答案,从而也发展马克思主义理论本身。"①而就中国的理论发展现实而言,西方哲学在中国的发展需要被注入中国哲学的整体之中,与马克思主

---

① 《邓小平文选》(第三卷),人民出版社,1993年,第146页。

义相融合,创生出符合中国社会实际发展需要的新的哲学形态。"马克思主义哲学的中国化,同时也就是中国哲学的现代化。这个过程既包含着运用马克思主义哲学的基本理论改造、更新中国传统哲学的思想和理论,也体现着中国哲学的现代追寻。"①

因此只有在不断地修正之中透视西方哲学的重要经验,避免哲学发展走向僵化与教条,才能真正揭示具有中国特色的中国哲学的气质。正如高清海先生所言:

> 我们过去曾致力于哲学改革的思考,从哲学教科书体系的改革,到哲学理论内容和哲学观念的变革,从对马克思主义哲学的重新理解,到如何符合时代要求坚持和发展马克思主义哲学,在多年的思考中逐渐澄清了哲学改革的思路。我们今天的看法是,马克思主义哲学改革的实质是思维方式、说话方式和生活方式的变革,这既需要对传统形而上学的实体本体论进行消解和解构,非此即无法转向现实的生活世界,也需要面向生活的哲学治疗,不改变形而上学的说话方式。长期流行的假话、空话、大话和官话就不能真正根除,哲学也需要生活世界中的思考和建构,一种真正源于生活的统一性思想仍是国家强盛、人民幸福的精神条件,它将实际地参与生活世界的创造性发展和进步。②

四、德国古典哲学在中国的典型意义

德国古典哲学在中国的典型意义在于,以其理论自身的演进逻辑,展现

---

① 陈晏清、杨谦:《马克思主义哲学中国化的实践版本和理论版本》,《哲学研究》,2006年第2期。

② 高清海、孙利天:《论20世纪西方哲学变革的主题与当代中国哲学的走向——转向现实生活世界的哲学变革》,《江海学刊》,1994年第1期。

了成熟理论推动哲学内向发展的基本方式。德国古典哲学在中国的发展,区别于以文化引领社会变革的强烈实践目的,但却是在不断反思中国哲学合理性建构途径,体现了摒弃实用主义哲学方法大于哲学实质的偏离路线,呈现哲学发展的真实意义。透过德国古典哲学能够看到,西方哲学在中国逐渐以现代化的形象成为自我哲学生长的独特视角。我们着眼于"在中国"来探究德国古典哲学的发展意蕴,源于西方哲学的中国"再生",是以不断超越原有的哲学理性(救亡的、革命的传统),彰显新的哲学理性(自觉的、创新的、自由的发展)的范式,建构过程的合理洞见。德国古典哲学作为西方哲学的典型代表,贯穿于其中的启蒙内蕴,让我们有理由以此展开历史情境下的哲学在中国的意义诉说。

然而我们不是在强调西方哲学的文化优势,一方面,西方哲学的中国发展一定是建立在以推进中国哲学、立足于中国特有文化需求的前提下产生的,西方哲学之所以能够进行中国式的研究,正是由于它作为中国哲学发展的重要参照系凸显了中国文化本身的文化气质,正如张汝伦教授指出:"如果我们能始终记住西方哲学与中国哲学一样,只是人类的一种特殊哲学,因而有它自己特殊的传统和问题的话,那么我们也许就不会轻易去比附它,而是用它作为一个参照系来衬托出中国哲学的特质和特色;同时也能看到我们的不足,而不致什么都是我们古已有之。"①另一方面,西方哲学的独有形式也成了反思中国哲学文化,开创现代化哲学发展的独特出发点。现代中国学者研究的西方哲学正是经历着融入中国的西方哲学,它必须面对与发生在最早期启蒙运动的西方哲学不可同日而语的现代性问题,而西方哲学在认识现代性问题、把握现代性问题、解读现代性问题上做出的努力能够成为中国思想文化超越自身、走向传统与现代通融的反思基点。可以说,西方哲

---

① 张汝伦:《他者的镜像——西方哲学对现代中国哲学研究的影响》,《哲学研究》,2005年第2期。

学在中国不断为思想启蒙注入新的认识,同时也体现了启蒙思想、启蒙精神的新的性质与特征——彰显每个时代所具有的、不同的对自由与责任的理解。我们怎样才能在此基础上更合理地、更有意义地发展中国哲学? 这一问题既涉及我们需要站在什么样的立场上认识各种文化现象,同时也关乎我们采取什么样的方式创新文化实质的问题。在主动变革求新的发展哲学的现实历程中,曾经出现过曲折,也出现过不小的争议,正是在这样不凡的经历中,中国哲学的发展逐渐认清了目标,具有了凸显哲学发展现实意义的重要基础。德国古典哲学在中国的发展也恰恰具有这样的传统背景,从而更新了自我发展的现实需求,彰显了积极意义。

德国古典哲学在中国的传播几乎与马克思主义哲学在中国的早期传播同时, 然而中国社会变革的政治原因以及理论需求使得马克思主义哲学凸显为意识形态中的哲学, 马克思主义哲学在中国的繁盛发展甚至在一段时期之内切断了德国古典哲学在中国的恰当研究进程, 造成了德国古典哲学在中国继续深入研究的断裂。罗素曾指出:"康德、费希特和黑格尔发展了一种新哲学,想要它在18世纪末年的破坏性学说当中保卫知识和美德。在康德、更甚的是在费希特,把始于笛卡尔的主观主义倾向带到了一个新的极端;从这方面讲,最初并没有对休谟的反作用。关于主观主义,反作用是从黑格尔开始的,因为黑格尔通过他的逻辑,努力要确立一个脱开个人,进入世界的新方法。"①

总的来说, 德国古典哲学在西方哲学史上既开创了一个值得思索的方向,同时也带来了时代精神精华与时代现实问题之间的二律背反,而这种二律背反也许能够指引我们认识德国古典哲学与马克思主义哲学之间的本质差别。"德国的唯心论者有某些共同的特征……对认识的批判,作为达成哲

---

① [英]罗素:《西方哲学史》,商务印书馆,2005年,第246页。

学结论的手段，是康德所强调的、他的继承者所接受的。强调和物质相对立的精神，于是最后得出唯独精神存在的主张。……康德、费希特和黑格尔是大学教授，对着学术界的听众说教，他们都不是对业余爱好者讲演的有闲先生。虽然他们起的作用一部分是革命的，他们自己却不是故意要带颠覆性；费希特和黑格尔非常明确地尽心维护国家。"①德国古典哲学主要承袭了西方哲学中理性主义的思想传统，这种传统一方面来源于西方文明遗留下来的形而上学的唯心主义认识路径，另一方面德国古典哲学中所蕴含的理性主义容易被资产阶级以及封建贵族阶级所利用，成为佐证他们专制统治的工具。

因此德国古典哲学在自身理论发展的境遇中存在着二律背反，即在认识世界的理性主义原则与认识世界的非理性实践的两种目的中产生了悖论。也就是说，"在资产阶级准备和进行革命的时代，适应着他们反对封建专制及其意识形态的需要，他们的思想家往往竭力讴歌理性，并以理性为工具对以往的一切社会形式和国家形式、一切传统观念，都做了无情的批判，把它们'当作是不合理的东西而扔到垃圾堆里去了'。把他们看来，'一切都必须在理性的法庭面前为自己的存在作辩护或者放弃存在的权利。思维着的知性成了衡量一切的唯一尺度'"②。德国古典哲学在一定程度上存在着符合资产阶级统治期许的因素，那种蕴含着西方哲学认识论转向的理性哲学，以康德"哥白尼式革命"为起点展开的德国古典哲学近代发展路径，最终得出人为自然立法的基本原则以及在理性的权势之下走向"极端"的黑格尔"绝对精神"都成了具有政治色彩的资产阶级的思想统治工具。

德国古典哲学鲜明的唯心主义烙印在某种程度上并不是其哲学理念的全部内容，但在其传播过程中这一部分内容却被最早识别出来，而成了德国

---

① ［英］罗素：《西方哲学史》，商务印书馆，2005年，第246页。

② 刘放桐：《马克思主义哲学与现代西方哲学研究》，北京师范大学出版社，2012年，第42页。

古典哲学的标记。因此直到新文化运动时期，德国古典哲学交错地走进中国人的视野，对于德国古典哲学的初识也并没有能够打破这样一种朴素的印象，即德国古典哲学实在是"爱好"理性、科学等唯心主义因素。这对于中国社会的思想文化发展来说是"新鲜"的，但不一定是"有用"的，因此从五四运动之后，中国人乐于引进德国古典哲学，但对于意识形态理论的建构却坚定地选择了马克思主义哲学。因为马克思主义哲学恰恰在反抗理性主义的前提下主张了革命的实践意义。马克思主义哲学说到底是"一种关于人类解放的学说"，这基本上属于当代中国的马克思主义哲学研究的共识性认识。马克思主义哲学对于中国社会的意义无疑首先是"解放"，是冲破半封建半殖民地社会性质的革命性理论，是从社会变革中解放人类思想、精神，倡导自由的现实化理论。因此，在马克思主义传播的大背景下，马克思主义哲学的发展也逐渐凸显了以马克思主义唯物史观、唯物辩证法融合长期系统的社会实践维度的理论建构特征。因此有学者指出："联系经济学的研究和历史学的考察，从哲学上探讨人类解放的现实主体、现实条件和现实道路，就成为马克思的首要工作。这一工作的成果就是马克思主义哲学的创立。从根本上说，马克思主义哲学就是关于无产阶级和人类解放的学说，使哲学的理论主题发生了根本转换，即从'世界何以可能'转向'人类解放何以可能'。"①所谓的从"世界何以可能"的思考转向"人类解放何以可能"的实践既说出了西方哲学从德国古典哲学崇尚理性主义的传统合理的过渡到马克思主义哲学凸显非理性现实维度的内在逻辑，又是肯定了马克思主义哲学对于中国这个特殊国家实现的哲学发展思路的转型以及对于各种哲学问题、关系的认识和澄清。然而这种理解并不是在现代所特有的，实际上从20世纪20年代开始，马克思主义哲学在中国的研究就逐步形成了面向"人类解放"境遇的具

---

① 袁贵仁、杨耕主编，刘放桐：《马克思主义哲学与现代西方哲学研究》，北京师范大学出版社，2012年，总序第6页。

体方式。即在马克思主义哲学中国化的过程中,总是不断地凸显出马克思主义哲学的内涵主旨与中国社会现实的有机结合。毛泽东指出了马克思思想中所表明的实践的认识维度,是马克思主义哲学之所以能够用于中国革命,成为科学的理论指导的重要依据。"马克思主义者认为,只有人们的社会实践,才是人们对于外界世界认识的真理性的标准。实际的情形是这样的,只有在社会实践过程中(物质生产过程中,阶级斗争过程中,科学实验过程中),人们达到了思想中所预想的结果时,人们的认识才被证实了。"①

马克思主义理论在从认识方法上改变人们的固有思维具有真正的革命性质。毛泽东在《实践论》中典型的以中国人的视角剖析了马克思主义哲学,成了最具代表性的马克思主义哲学中国化成果,其中马克思主义哲学实践论在中国社会发展上的认识也启迪着中国的现实革命思路,中国社会变革也必然会经历一个如马克思所描绘地从"自在的阶段"到"自为的阶段"转变,毛泽东指出:"中国人民对于帝国主义的认识也是这样的。第一阶段是表面的感性的认识阶段,表现在太平天国运动和义和团运动等笼统的排外主义的斗争上。第二阶段才进到理性的认识阶段,看出了帝国主义内部和外部的各种矛盾,并看出了帝国主义联合中国买办阶级和封建阶级以压榨中国人民大众的实质,这种认识从一九一九年五四运动前后才开始的。"②中国共产党第一代领导人对于马克思主义的深入探索,正说明了马克思主义自身理论特征适应中国社会的发展需要。

马克思主义哲学与德国古典哲学的产生虽然具有相同的时代背景,但却在中国有着不同的生长环境,而二者在理论特征上的明显差异也使得中国人在选择时倾向于马克思主义哲学现实的、革命的、实践的理论诉求而将

---

① 《毛泽东选集》(第一卷),人民出版社,1991年,第284页。
② 同上,第289页。

德国古典哲学隐藏在了马克思主义哲学的背后，甚至在一段时期内放在了马克思主义哲学的对立面上进行批判。德国古典哲学的这种"秘而不言"的境况直到改革开放之后才明显发生了转变,德国古典哲学之"秘"才具有了其合理发展的空间。德国古典哲学在中国的演进历程及研究进程不可忽略这一大传统，这种大传统对于我们理解德国古典哲学在中国发展的整个历程有着重要的影响。但同时要注重挖掘德国古典哲学的小传统,小传统更多地表达了德国古典哲学这一个性议题的自我状态。

德国古典哲学在中国的传统与发展有典型的参考意义，这种意义不仅在于德国古典哲学作为一种典型的哲学理论遗产，在其自身所迸发的新观点、新价值、新精神中更加能够丰富中国哲学的现代认识,同时德国古典哲学在中国的发展及研究所蕴含的经验与教训也是我们反思中国哲学以及马克思主义哲学的重要参考。正如马克思本人所做的工作:"当马克思试图对这个新的自由问题做出解答的时候，他首先求助于黑格尔的阐述方式。我们知道,马克思尽管反对黑格尔将人理解为自我意识,但他还是高度赞扬了黑格尔将'人的自我产生看作一个过程,把对象化看作非对象化,看作外化和外化的扬弃'。马克思也试图在类似这样一个过程中来回答自由的可能性问题。"①马克思在哲学上的认识经过了来自德国古典哲学的"翻转",进而他在前提设定上超越了德国古典哲学，超越了德国古典哲学对于将自由作为一切认识事物可能性的前提，马克思恰恰在认为人类活动首先受到不自由限制中实现了对德国古典哲学"自由"的批判式继承。德国古典哲学需要成为对于哲学慎思过程中的重要尺度。正如贺麟不断在自我的深入研究中转变着合理的研究方式那样，他从德国古典哲学中得到了哲学研究应该始终持守的本真态度。从概念到方法、体系，贺麟践行着真实地面向学术的研究尺

---

① 谢永康:《自由观念:从康德、黑格尔到马克思》,《学海》,2009年第6期。

度。贺麟最早研究黑格尔，重视其对逻辑学的阐释和对一些概念进行独特的解读，比如当时黑格尔哲学的研究中流行的概念——"辩证法"，有的学者译为"对演法"，而贺麟则译为"矛盾法"，他认为这一译法最能够体现黑格尔所要表达的"自我否定"的逻辑内涵。但在一段时期内黑格尔的辩证法恰恰成了需要批判的唯心主义的强烈代表，与此同时，贺麟也注意到了，如果孤立的研究黑格尔哲学必然会带来不良的后果，因此贺麟先生虽然在早期的黑格尔哲学研究中侧重于逻辑学，而随着逐渐接触、研读、翻译马克思主义哲学研究的经典著作，开始试图以"一分为二"的方式研究德国古典哲学，这种"一分为二"并不是要将德国古典哲学与马克思主义哲学对立起来，而是需要"一分为二"的理解唯心主义。

对德国古典哲学中唯心主义的理解一方面需要尊重其哲学精神的事实，另一方面需要合理地以唯物主义立场融会唯心主义的积极方面。因此在坚持"一分为二"的原则下，以哲学研究的角度出发贺麟提出了研究黑格尔哲学的新的体系观，即以精神现象学作为导言；理则学也就是逻辑学作为第一部分；精神哲学（包括自然哲学）作为第二部分。取代了以往研究黑格尔的传统体系，即逻辑学、自然哲学和精神哲学。这样的转变在1959—1960年贺麟组织翻译了三卷本的黑格尔《哲学史讲演集》以及1962年《精神现象学》之后更加明显，此时，贺麟已将眼光逐渐从逻辑学转移到精神现象学等部分，更加深入、全面地挖掘黑格尔思想中的其他部分，进行拓展性的研究。贺麟认为，逻辑学是认识黑格尔哲学的重要线索，但是没有对精神现象学等其他部分的全面认知就不可能理解逻辑学中的重要概念。而在坚持马克思主义立场方面，贺麟也积极地开展了研究工作，比如关注马克思早期著作中与黑格尔哲学的内在关联，认真研读并出版了译作《马克思博士论文：黑格尔辩证法和哲学一般的批判》《博士论文：德谟克里特的自然哲学与伊壁鸠鲁的自然哲学的差别》等。

贺麟先生对于学术研究秉持的客观严谨的态度，说明了学术研究只有站在真正的"唯物主义"立场上，即站在学术本身、哲学研究本身的真实性上才会开出更加鲜艳的花朵。"纵观贺麟晚年的这些研究成果，可以看到两个突出的特点：一是他不仅坚持了从马克思主义的立场、观点和方法来重新认识和评价黑格尔哲学这个他在50年代就确定的基本方向，而且落实在了对黑格尔哲学各个方面的系统性研究中；二是他不仅坚持了50年代以来要求实事求是，一分为二地认识唯心主义这个基本原则，而且在对黑格尔哲学的研究中，把这一原则落实在对黑格尔哲学多个方面的具体分析中。"[1]德国古典哲学在中国开启的学术形态仍然是启迪马克思主义哲学中国化的合理因素。德国古典哲学在中国的发展历程已然被普遍地认为可以以马克思主义哲学直接来源之一的身份进行"中国化"研究，特别在现代，马克思主义哲学中国化注重学术形态的发展倾向也逐渐被更多人所关注。德国古典哲学在中国自身发展历程呈现出的"断裂"反而为马克思主义哲学中国化打开了一扇全新的窗口，在某种意义上，德国古典哲学在中国出现的"断裂"意味着更加深刻的"生长"，即深刻在对问题的反思中推动马克思主义哲学中国化的发展，展现在哲学维度中"中国化"探索更加符合理论旨趣以及现实需求的理论形态。因此有必要认真地对待德国古典哲学在中国发展中出现的"生长与断裂"问题，因为这同时意味着正视马克思主义哲学中国化的发展现实。

德国古典哲学在中国的研究出现了方法论上的转型，也就意味着德国古典哲学在中国正在积极地实现着对于哲学理论学术性的凸显，借以德国古典哲学为例勾画出中国哲学融合、创新哲学发展的现代形态，德国古典哲学在中国长久以来的演变与发展具有跨越时间、空间，成为具有总体性启蒙本体论意蕴的当代中国的文化范式的可能性。如果我们在认真地分析了德

---

① 杨河、邓安庆：《康德黑格尔哲学在中国》，首都师范大学出版社，2002年，第237~238页。

国古典哲学在中国可能开出的启蒙意义上的本体论之花后能够扩大视野，反观整个西方哲学在中国演进、发展的整个过程，不难发现它同样包含了启蒙的发生学意义——现实需求与理论催逼；蕴含着启蒙的主要机制——反思批判与动态革新；同样在不断为启蒙注入新的认识的同时体现了启蒙思想、启蒙精神的新的性质与特征——彰显每个时代所具有的、不同的对自由与责任的理解。然而通过启蒙的视角更加值得思索的是，我们怎样才能更加合理的、深远的研究、发展德国古典哲学，进一步推进马克思主义哲学的现代思考。

德国古典哲学作为一种必要性研究的哲学资源很重要，也在于它蕴含了自由的创造，"原封不动地把西方哲学搬到中国，这是西方哲学在中国；西方哲学在中国取得新形态，这是中国化了的西方哲学。前者是对西方哲学的译述，后者意味着西方哲学在中国获得了发展和创新，表现了中国哲学家在建构自身理论时的创造"①。德国古典哲学在中国的传统和发展虽然是在西学东渐中成立的，但是无论是其自身的理论问题的中国化认识还是批判的发展西方哲学当中的思维方式，这些资源都需要在中国找到合理的依据。德国古典哲学研究的合理依据仍然离不开现实维度，我们需要超越的"实用"是僵化地、教条地把"实用"理解为工具的"实用"，而在当代需要重新建构的"实用"与"自由"一脉相承。

同时德国古典哲学在中国的发展给予了其自身现代化发展的重要机遇。德国古典哲学在中国积极努力地想要把握的真理是德国古典哲学为中国人的思想大厦奠定的理性主义，是以这种典型的西方哲学为对象的研究说明中国哲学的整体包容性，因此立足于德国古典哲学本身在中国的发展往往只体现出了一种哲学研究的"现象"或"经验"，而没有内在地把握德国

---

① 陈卫平：《西方哲学的中国化与当代中国哲学的建构》，《学术月刊》，2004年第7期。

古典哲学与中国现代思想发展更为深刻的关联。随着哲学方法的现代性转变，尤其是哲学分析方法地注重："哲学家们的工作并不是为建构某个大厦而处心积虑地设想方案，也不是为了使得已有的方案如何有效而提出各种补救的措施或给出可行性论证；相反，哲学家的工作应当是考虑如何让我们通常的想法不去影响我们正常的生活，也就是说，让我们自以为正确的某些观念完全被日常生活中的行为方式所取代。"[①]就中国哲学理论发展的现实来说，哲学需要以这种保持人们思想领域的"日常生活"正常开展为前提，德国古典哲学在中国的发展需要以我们"日常"能够接受的方式去改造，这种所谓的"日常"即探索德国古典哲学在中国发展的重要指向。

---

① 江怡:《"分析哲学"是什么以及能做什么》,《学术月刊》,2012年第10期。

第二章
全景视域下的三种传统形态

相比较于新文化运动前后涌入中国的西学思潮，德国古典哲学并不占有先机，正如贺麟先生曾感慨的："西学传入中国本来已是太晚，而哲学，特别是康德、黑格尔哲学，就更晚了。至于认真客观历史地钻研、评述、批判、介绍康德、黑格尔的方法和体系更是近期的事了。"[①]尽管如此，德国古典哲学代表的哲学理论及其精神还是成为具有无与伦比影响力的思想支流。德国古典哲学在中国的演进一度展现了中国学者对于西学的热情，特别是对康德、黑格尔的研究，贺麟先生曾回忆道："自从1923年，张颐（1887—1969年）先生回国主持北京大学哲学系讲授康德和黑格尔的哲学时，西方古典哲学才开始真正进入了中国近代大学的哲学系"[②]，这同时标志着在哲学中国研究的官方领域开始形成德国古典哲学与中国本土文化的有效交流。然而德国古典哲学具有典型的参考意义，不仅在于其作为一种世界性的文化遗产自身所迸发的新观点、新价值、新精神，更加在于德国古典哲学在中国的发展历程蕴含着丰富的经验与教训。因此，还原德国古典哲学在中国的传统面

---

① 贺麟：《五十年来的中国哲学》，上海人民出版社，2012年，第90页。
② 同上，第106页。

貌，以中国思想文化内在逻辑进程的转变为根据透视德国古典哲学的发展神韵具有特殊的现实意义。

一、具有科学形象的德国古典哲学

具有科学形象的德国古典哲学主要出现在19世纪末至20世纪二三十年代，在这一时期，德国古典哲学的研究中出现了阐明科学主义的理性诉求，科学主义在一定程度上被寄予弥补文明伤痛的期望，是哲学出现革命化要求的重要先兆。

（一）科学主义与"进化论"

中国人追求科学在其文化领域中渗入科学主义精神虽不始于新文化运动，但作为新文化的核心观念成为一再贯穿中国文化转型的关键要素。"五四"以后，追求、崇尚科学的运动继续向前发展，开始贯穿于社会的各个方面，并且产生了经久不衰的科学主义思潮。科学主义在中国的兴起、演变及发展，从一个侧面反映了近代以来中西文化碰撞、传统与现代思想交锋的内在历程，反映了百余年来西学东渐与中国思想文化在变革中走向现代化的双向运动，其对中国思想界的影响之深远，直到今天仍有回响。科学主义是一个现代性的问题，它反映了在人类把握自身本质力量的过程中出现的诸多关系问题，而这一问题涉及科技、伦理、文化等诸多领域，是面向现代化的人类自身更迭过程中的自我追问与实践拷问。科学主义源自新工具的物质世界变革，但其反映了科学的精神属性。"科学主义一词的概念内涵，并不只是指数理化一类学科对自然规律的探寻、把握及技术操作方式等，它更注重的是科学的'精神'，即科学上升为一种价值信念与原则导向，它从'物界'泛化至'心界'，有着从认识论向价值论转化的意义，已具有一种意识形态的性质。"①科学主义进入中国恰恰是以科学精神引发器物之变的重要契机,科学主义促使中国人开始面对西方"坚船利炮"强权而发展了精神的自律。

当科学主义从外在表现转化为中国人普遍追求的"道"之时,中西文化强烈碰撞出的现代性主题就鲜明可见了,正如梁启超所说:"我有耳目,我有心思,生今日文明灿烂之世界,罗列中外古今之学术,坐于堂上而判其曲直。可者取之,否者弃之,斯宁非丈夫第一快意事耶!"②20世纪初,西方文化思潮的涌入不断提示着中国的思想文化是时候面向"重估一切价值",正如史学家总结的那样:"五四前后名哲来华讲学,不啻在战后特定的时空下,为中西文化交通架起了一座新的桥梁。欧战前后的东西方社会,各自都面临着'重新估定一切价值'的时代。当中国新文化运动兴起,奉西方近代文明为圭臬,猛烈批判固有文化之时,缘欧战创深痛巨的欧洲,正也陷入了自己深刻的社会文化危机。人们对此的反省,除了马克思主义的社会革命论外,其另一重要取向,便是反省现代性。"③对于中国而言,也恰恰是在这场现代性的反省之中实现了思想文化论域的转型或更新。而这一切又不得不追溯到更早。

19世纪中国学术界出现了对"进化论"的热衷谈论,冯契在《中国近代哲学的革命进程》单独一章中曾着重论述了"哲学革命的进化论阶段",指出了进化论思想是当时中国思想改革家们找到的一种能够实现现实社会救亡功能的理论依据。当然,中国人对"进化论"的理解并不是建构在达尔文自然科学之上,也不是援引西方哲学纯粹理论的进化论,而是带有科学主义色彩的进化论,冯契在书中称之为"历史进化论":"随着古今中西之争的发展,主要是为了替变法维新运动寻找哲学的根据,也受到了西方科学文化的启发,中国近代哲学进入了进化论阶段。中国资产阶级的代表人物在这一时期开始

① 俞兆平:《科学主义在中国的百年命运》,《探索与争鸣》,2014年第11期。
② 梁启超:《梁启超文选》,上海远东出版社,1995年,第83页。
③ 郑师渠:《五四前后外国名哲来华讲学与中国思想界的变动》,《近代史研究》,2012年第2期。

形成了自己的哲学思想体系。这种体系以进化论为主要特征，并逐渐摆脱经学的外壳而取得了近代的形式。从戊戌变法时期以后，整整一代求进步的中国人，都认为西学即西方的资产阶级民主主义可以救中国，就世界观而言，他们都是进化论者。康有为把公羊‘三世’说改造为历史进化论，严复倡导‘天演哲学’，他们用进化论作武器，来反对顽固派、洋务派那种‘天不变，道亦不变’，‘中学为体，西学为用’的理论。这标志着中国近代哲学革命的开始。”①

冯契先生将中国近代哲学中出现的“进化论”形象地描述为“武器”是极为贴切的，“武器”直指中国封建思想中“天”“道”这些看似无法撼动的东西，实际上在这一时期，中国学者已经意识到了要想在中国文化内部实现思想上的重大变革几乎是不可能，引进“进化论”是希望能够利用科学主义为社会变革找到具有超越固有逻辑的合理根据。社会发展的现实不能代替精神需求的现实，但是这种认识在当时的革命运动中不容易被揭示。因此，“进化论”最早以一种自然科学的姿态渗透到人们的视野当中，并逐渐面向现实的、实践的、科学主义的中国成长模式。

(二)德国古典哲学中的自然科学

“进化论”最直观的给予中国人科学主义的印象大概来自它对于自然科学知识理性思考之下带来的人类认知方式的改变。从知识的获取到观念的改变是“进化论”得以影响几代中国学者的重要线索。不可否认的是，“进化论”一经进入中国便沿着救亡图存的路径在中国逐渐蔓延，只是在形态上最初的自然科学痕迹更为明显。

在进化论最初的引进、发展时期，人们大量汲取西方文化中的科学精

---

① 冯契:《中国近代哲学的革命进程》，上海人民出版社，1989年，第83~84页。

神，延续着洋务运动以来中国人从器物之变的层面展开社会革新的基本思路。在对西方自然科学的汲取方面，除了最初的达尔文的生物进化理论之外，由此产生的进化论效应拓展到了自然科学的各个领域，比如医学领域、地质研究领域等。

德国古典哲学也正是由此成了这个"淘金时代"的挖掘对象。其中的代表人物康德因其对自然科学研究的独树一帜成了诠释科学主义理性的重要理论资源，并借由科学主义形态走进中国人的视野。

康德哲学最早因其自然科学受到关注。康有为在他1886年著成的《诸天讲》中最早引证西方科学思想，其中就论到康德的星云假说，"德之韩图①、法之立拉士②发星云之说，谓各天体创成以前是朦胧之瓦斯体，浮游于宇宙之间，其分子互相引集，是谓星云，实则瓦斯之一大块也"③。康有为在挖掘出西方科学自然观、方法论的基础上，将社会历史的发展看作进化的过程，成了中国近代思想革新历程中的先锋人物。其思想深受西方科学主义思想的影响，在对自然的认识上会通西方科学主义理论，可以说是最早奠定德国古典哲学科学主义的认识形态。

康德《一船自然史与天体理论》	康有为《诸天讲》
"人们已经习惯于发现和强调大自然中的和谐、美、目的以及手段与目的的完善关系。然而，人们在这一方面抬高大自然，却又在另一方面试图贬低大自然。"④	"夫星必在天上者也，吾人既生于星中，即生于天上。然则，吾地上人皆天上人也，吾人真天上人也。人不知天，故不自知为天人。故人人皆当知天，然后能为天人；人人皆当知地为天上一星，然后知吾为天上人。"⑤

---

① 韩图：指康德。
② 立拉士：指拉普拉斯。
③ 康有为：《诸天讲》，中华书局，1990年，第14页。
④ 李秋零主编：《康德著作全集》（第1卷），中国人民大学出版社，2003年，第219页。
⑤ 康有为：《诸天讲》，中华书局，1990年，自序第1页。

续表

康德《一船自然史与天体理论》	康有为《诸天讲》
"土星大气层的微粒借助由其自转而引起的运动形成一个环。根据这一假说对其绕轴自转的时间的确定。"①	"始如土星然,成中心体,其外有环装体,互相旋转,后为分离,各成其部,为无数之小球体,今之恒星是也。"②
"他们都以太阳为中心,围绕太阳作圆周运动,并与来自四面八方、沿着很长的轨道运动的彗星一起构成一个星系……所有这些天体的运动由于都是圆形的、周而复始的,都以两种力为前提条件,这两种力无论对于哪一种学说都是同样必要的;这就是一种发射力……这第二种力……被称为降落力、向心力,或者也被称为重力。"③	"在中者为太阳,其周围有数多之环,因远心力而分离旋转,其环则成恒星。……其旋转之方向,仍以太阳为母体,依旧自西向东。"④

  康有为对自然科学的认识直接与以康德为代表的自然科学主义精神相关,他的著作《诸天讲》基本上符合了西方自然科学观点。实际上康有为也承认,就自然科学而言,西方较为发达,只有通过引进介绍才能打开中国思想封闭之门。然而如果我们只是简单地将西方自然科学作为知识引进中国,便不会出现以进化论为契机的一系列思想浪潮。中国人很早就认识到,在康德的自然科学论中,反对宗教对人们思想造成的障碍是最重要的意图,强调人对于自然的合理认识就是在超越宗教神教禁锢的努力中开启人与自然两者的慎重反思。康德的这种提示打断了长久以来西方国家中传统的自然与神明的亲缘信念,他假定自然按照它自己的方式被人类所认识,这种认识论方式的转变在当时具有十分鲜明的革命性质。康有为在引进西方学者科学观时正是强调自然科学的深入认识是反思中国传统天人关系的重要根据,他对天、地、人等因素之间的"科学"思考,在一定程度上使他成了中国的"康德式"人物,带动了中国思想界的革命热潮。

---

① 李秋零主编:《康德著作全集》(第1卷),中国人民大学出版社,2003年,第233页。

②④ 康有为:《诸天讲》,中华书局,1990年,第14页。

③ 李秋零主编:《康德著作全集》(第1卷),中国人民大学出版社,2003年,第236~237页。

康有为对德国古典哲学的中国研究,因其有效地运用西学中用之方法,对康德哲学加以诠释,体现了中国文化、哲学在发展演变历程中的时代特征与需求选择。此后,关于康德自然科学的介绍频频出现在1903年《大陆报》发表的一篇未署名的论文《西哲之星云说及佛教之器世间论》当中,其中写道:

> 创立星云说者,康德是也。彼之说曰,我等关于太阳系、现象殊奇,游星有六,卫星有九,皆在同一轨道,且与太阳动之方向相同。今系之彼等之间,使其运力合一之物质,存于何地? 今日以前,必有生之之原因在也。惟形为此等游星之物质,始于极小极微之分子。今涉及太阳系之全圜而弥沦之者,外圃凝固浓厚之分子借引力之作用,吸收其他分子,累累簇集,成为一团。既成之后,次层外圃,又生一团;渐次团结,遂为数圆体云。[①]

1906年与1907年章太炎在《民报》上发表的《建立宗教论》与《五无论》两篇文章也都对康德的星云假说进行了介绍。1903年鲁迅发表《中国地质略论》,其中也谈及康德的星云假说,"他从星云假说出发,论证了地球的成因以及中国地质的结构。通过这种方式,不仅介绍了康德–拉普拉斯星云假说的主要观点,而且以此为依据阐明了他对中国地质构造的看法。这在中国传播星云假说上,显得很有特点"[②]。此后,鲁迅还于1908年发表在《河南》杂志上的《科学史教篇》对康德的自然科学思想表示了再次推崇,他注意到了康德星云说的辩证法思想,这在当时也是实属难能可贵。

由此可见,康德哲学在中国的最初引进阶段,科学主义最直观地冲击了

① 杨河、邓安庆:《康德黑格尔哲学在中国》,首都师范大学出版社,2002年,第27~28页。
② 黄见德:《西方哲学东渐史》(上),人民出版社,2006年,第212页。

中国传统文化的认识观,并在极力倡导维新变革,建立救亡之法的理念之下,最容易被人们所接受,但这种最初的引进并不能全面的促成中国文化界对于德国古典哲学深刻而全面的认知。"由于这个时期,总的来说是新文化理念的孕育阶段,还不是新文化的生长期,因此,新精神的启蒙高于对旧文化的批判,新世界观的介绍先于对旧价值观的摧毁,文化心理上的转换优于社会形态的革命。所以康德哲学更多的还是改良派思想自我改良的内在需要,他们在自身阅读兴趣的偶然带动下,把康德思想的阅读印象介绍给国人。"①最早引进康德哲学中的自然科学方面的思想虽然没有形成大规模的文化嬗变,但也在一定程度上代表了先进知识分子对于中国社会、文化现实的诉求。而除了这些以最直观的自然科学的方式展现于中国人面前的科学主义理性认知之外,通过建立科学主义的实践同样影响了中国人对于国家、民主、法等方面观念的接受程度,间接地促进了德国古典哲学在中国的传播。

(三)德国古典哲学中的实践科学

"进化论"在中国最早达到系统地阐释和传播,同时预示着中国思想文化的轨迹朝向实践的科学主义发展,而这样发展的开端从严复翻译《天演论》开始。严复在英国留学的时候,达尔文的进化论学说经过胡克、赫胥黎、华生、格雷等学者的坚决斗争与捍卫已逐渐得到了世界范围的认可。严复意识到达尔文的生物进化论可以作为挑战中国传统观念的一个契机,可以作为中国人启蒙的科学化理论。严复在实际向国人介绍这种理论时,并没有直接引进达尔文自然进化学说,而是将赫胥黎的《进化论与伦理学》及其他作为在中国宣传进化论的理论依据,《天演论》也正是基于赫胥黎的《进化论与

---

① 杨河、邓安庆:《康德黑格尔哲学在中国》,首都师范大学出版社,2002年,第25页。

伦理学》及其他加之严复对于中国社会改造的自我理解著成的。严复在翻译过程中，注重对"进化论"的启蒙作用的解读。在《天演论》中，严复让国人认识的"进化论"已经超出了达尔文进化论所要表达的单纯讲述自然进化的这一范畴，他对"进化论"的理解更加符合进化论在西方社会拓展研究的状况。

严复译道："斯宾塞尔者，与达同时，亦本天演著《天人会通论》，举天、地、人、形气、心性、动植之事而一贯之，其说尤为精辟宏富。其第一书开宗明义，集格致之大成，以发明天演之旨。第二书以天演言生学。第三书以天演言性灵。第四书以天演言群理。最后第五书，乃考道德之本源，明政教之条贯，而以保种进化之公例要术终焉。①严复对赫胥黎天演论的介绍并不局限于译作所要表达的"信"的层面，他结合对斯宾塞应用进化论的自我理解等，基本形成了以"进化论"的知识和方法打通中国传统文化、传统思想桎梏的目标。

严复赞许西方学者们将"进化论"拓展至心理学、社会学、政治学等诸多领域的研究方法，认为这是一种前所未有的做法，而这种做法对于中国文化、中国思想界的启蒙是大有进益的，"天演"揭示了中国传统文化中尚未明晰的认识事物的诸方法，以及以此方法透视出的可用于救国图存的启蒙民智、启蒙民德、启蒙自由的思想依据。严复指出："百年来欧洲所以富强称最者，其故非他，其所胜天行，而控制万物前民用者，吾胜天为治之说，殆无以易也。是故善观化者，见大块之内，人力皆有可通之方，通以愈宏，吾治愈进，而人类乃愈享。"②严复给予"天演"也就是"进化论"以很高的评价，"天演之学，将为言治者不祧之宗"③。严复认为"进化论"能够作为谈论治国之道的永恒基础，他在肯定了进化论中的科学实证思维的基础上建立了近代中国哲学的基础"天演哲学"，从而开启了世界观的新变革。在严复看来，"西方'二

---

① 黄忠廉：《严复变译的文化战略》，《光明日报》，2012年第15期。
② ［英］赫胥黎：《天演论》，商务印书馆，1981年，第93页。
③ 同上，第94页。

百年来学运昌明,则又不得不以柏庚氏(按:培根)之摧陷廓清之功为称首。学问之士,倡其新理,事功之士,窃之为术,而有大功焉。'意思是说,由于培根等在哲学上实现的新的思维方式和科学方法,才有牛顿等在科学上的创造和发明,西方国家也就是依靠这些成就才大踏步地发展和富强起来的。因此他提出在向西方学习输入西学时,不能像洋务派那样,只引进自然科学知识,纳税'形下之粗迹',而要求抓住西学的命脉所在。他认为,西学的命脉在'于学术则黜伪而崇真,于刑政则屈私而为公'"①。

严复真正抓住了进化论对中国社会进步意义的命脉,而实际上,他对学术的认知,对国家政治的理解也印证了他去伪存真、开明、进步的科学主义精神。如果说严复对西方进化论对于自然世界"物竞天择""优胜劣汰"的认识还具有顺应中国传统文化"天道"观的方面,那么进化论开启的对人类实践领域的科学认识便在突破传统天人关系的维度上有所进步,表现在严复的思想与德国古典哲学的亲缘性上。

严复的思想深受黑格尔辩证法的影响,"严复特别强调黑格尔否定性的辩证发展思想。他说:'道常新,故国常新,至诚无息,相与趋于皇极而已矣。虽然皇极无对待,无偏倚者也,无对待、无偏倚,故不可指一镜以为存,举始终,统全量,庶几而见之。是故国家进化,于何而极,虽圣者莫能言也。……故无不亡之国,无不败之家'。"②严复对"进化论"的运用更深层地表现在他的国家社会发展理念的辩证理解。例如早在1916年,严复在《寰球学生报》上发表《述黑格尔唯心论》,这篇文章呈现了严复开始从德国古典哲学思想内涵思考打开哲学实践维度的研究视角。

严复将德国古典哲学中的代表人物黑格尔的哲学称为"唯心论",并认

---

① 黄见德:《西方哲学东渐史》(上),人民出版社,2006年,第174页。
② 贺麟:《五十年来的中国哲学》,上海人民出版社,2012年,第95页。

为黑格尔所说的"心"具有三层内含,即主观心、客观心、终之以无对待心①。在主观心方面,严复指出:"所谓理想,所谓自由,所谓神明,非其一身之所独具也,乃一切人类之所同具,而同得于天赋者,由是不敢以三者为己所得私。本一己之自由,推而得天下自由,为一己自由之界域、之法度、之羁缚。盖由是向者禽兽自营之心德,一变而为人类爱群之心德。此黑氏所谓以主观之心,通于客观之心。"②严复论述的黑格尔之主观心实际上延续了他对"天演论"的理解,他认为主观心应该从人的个体发展方面来认识。人心是具有天赋的,但这种天赋不是某个人所独享的,而是人类所共同具有的,严复称之为"心德"。每个人所共同具有的天赋是人类形成群体国家的基础,通过主观心的认识才能理解人类结成群体的根本原因。因此,严复接着谈客观心,他对比中国传统文化中的观点指出所谓客观心是主观心的形气,是将主观心的自由天赋赋予社会认同的关键。严复进一步强调了客观心的重要性,客观心是与社会律法、制度相关联的,"所谓天直,所谓公理,必散而分丽于社会之人心,主于中而为言行之发机。向之法典,今为民德。此自黑氏言,所谓以客观心为主观心是也"③,而对"终之以无对待心"严复未及论述。

严复对黑格尔唯心论的分析开启了他对于国家进步中人的因素、制度因素的哲学思考,是从哲学理论上升至哲学实践维度的思考。严复的先进思想在中国的德国古典哲学研究乃至整个中国思想文化发展中都具有开拓性和启下性的重要地位,因为严复"绝不是只吸取了斯宾塞的'任天为治''自然选择''适者生存'的'自然主义',他同时容摄了赫胥黎的'与天争胜','人为'的'主体性'观念。如果说前者给我们提供的是'危机意识',那么后者则支持了摆脱危机和达到富强的实践愿望。以'变法'为旗号的社会改革,从严复开始就紧密地同进化主义结合在一起,并被他的许多后继者所坚持,成为

---

①② 严复:《述黑格尔唯心论》(第9集),商务印书馆,1961年,第1页。
③ 同上,第2页。

进化主义影响到中国社会现实的最突出例证"①。严复通过德国古典哲学逐渐形成了面向自强、开明、进步的思想方法的变革。从另一个角度来说,没有"进化论"的实践维度,就没有德国古典哲学在中国的进一步发展。

在对德国古典哲学实践科学主义的汲取中,另一位重要的中国思想家是蔡元培,这位被后人盛誉为"中国现代教育之父"的中国思想家在教育中倡导自由与民主实际上来源于他对西方哲学的深度关注。蔡元培一生曾两度赴德学习、考察,德国古典哲学对他的影响可见一斑。尤其在对康德哲学的研读中发掘了有关哲学与科学的关系问题,更因德国古典哲学所发扬的科学精神进一步走向了实践美学的转向。

"美感者,合美丽与尊严而言之,介乎现象世界与实体世界之间,而为津梁。此为康德所创造,而嗣后哲学家未有反对之者也。在现象世界,凡人皆有爱恶惊惧喜怒悲乐之情,随离合生死祸福利害之现象而流转。至美术则即以此等现象为资料,而能使对之者,自美感以外,一无杂念。例如采莲煮豆,饮食之事也,而一入诗歌,则别成兴趣。火山赤舌,大风破舟,可骇可怖之景也,而一入图画,则转堪展玩。是则对于现象世界,无厌弃而亦无执著也。人既脱离一切现象世界相对之感情,而为浑然之美感,则即所谓与造物为友,而已接触于实体世界之观念矣。故教育家欲由现象世界而引以到达于实体世界之观念,不可不用美感之教育。"②以西方哲学传统为思想背景在中国进行教育改造的实践活动才是富有创新性地形成了学术自由、科学民主、以美育代替宗教等适用于中国近代教育改革的重要理念。可见,进化论作为最早的系统化的理论并没有如我们所想象的是一种纯粹文化的引进,而是合目的性的文化发展。这种合目的性建立在当时特殊的、复杂的社会环境以及人们急

---

① 王中江:《20世纪西方哲学东渐史:进化主义在中国》,首都师范大学出版社,2007年,第100页。

② 蔡元培:《蔡元培美学文选》,北京大学出版社,1983年,第4页。

迫地想要打破传统思想桎梏的意识之上。然而，如果我们看到的仅仅是在这种合目的性的维度下发生的文化事件，那么就不会理解西方哲学在不断走进中国文化，并能够与中国文化实现合理融合的真正原因与内在动力。

进化论带给中国社会、中国文化的"进化尺度"不仅在于救亡、变革社会改造运动之中，中国人逐渐认识到西方文化与自身差异的思想意识也存在于对进化论的揭示之内。进化论对于中国文化最大的震动是其科学的思维方式，及其用于社会发展的优势。康有为曾指出："变者，天道也。"自然与社会都将处于一个时刻变换的境况之中，西方进化论以科学实证的态度、经验的方式说明自然之"天"与社会的发展规律。中国人开始搜索西方哲学中存有的这种科学精神，康有为引进了康德的星云假说实现他对社会变革的希求。一方面，康德的星云学说与中国传统的知识具有相通之处，二者都以"天"为研究对象，不同的是，中国传统之"天"是因循守旧的，是不可动摇的权威，它代表了封建统治的绝对地位，是康有为等改革者所要变革的对象；另一方面，康德所讲之"天"是科学视野中的理性之"天"，是客观认识、科学论证之"天"，虽然在当时这种科学并没有达到更加精确和细化的程度，但由于德国古典哲学中出现了能够启迪中国人在思想中救亡图存，在思维方式中改革图新的因素，并受到当时知识分子的重视，就开始了在中国的发展。

二、学术译介的德国古典哲学

德国古典哲学的科学主义形态已经孕育着指向哲学内部精神的转型可能，这种可能在名哲访华及重要的理论"交战"中酝酿，更通过大量研究素材的译介传播工作建立起德国古典哲学的另一种传统形态——学术译介形态。对此阶段的介绍主要集中于新文化运动之后至改革开放之前，实际上对于这一形态并不能从横向的时间轴上给出明确的时间节点，因为直到今天我们仍然从事着再诠释、再翻译、再整编等重点工作，只不过那时的工作主要是零散的和个体自觉的，而现在我们有了源自那时的重要积淀，我们目前从事的这项工作显然已经不是简单的译介。

（一）名哲访华与科玄论战

中国人热衷邀请外国学者访华演讲，名哲访华成为文化领域的潮流根本原因同新文化运动的现实主张不谋而合，科学与民主成为现实力量必然首先通过文化觉解的方式进行，因此广泛地引进介绍西方思想必然成为中国开启自主探索的重要奠基。

郭湛波在《近五十年中国思想史》一书中指出："中国近五十年思想最大之贡献，即在西洋思想之介绍。……这些介绍对于中国近代思想影响甚大，尤以杜威、罗素之来华讲学（为最）。此外如德国哲学家杜里舒之一九二二年讲学，印度大诗人、哲学家泰戈尔之一九二三年之来华讲学，都给中国思想上不少的痕迹。"[①] 1921年哲学家杜里舒的访华，张君劢曾在总结杜里舒访华事件的文章中指出："自杜氏东来，所以告我国人者，每曰欧洲之所以贡献于中国者，厥在严格之理论与实验之方法，以细胞研究立生机主义之理论，可谓实验矣。哲学系统，一以理论贯串其间，可谓严格矣，此则欧人之方法，而国人所当学者也。"[②]杜里舒一再强调的实验之方法正是进化论启示中国文化、中国哲学的重要方面，但是杜里舒又指出，反思进化论我们将获得更多智慧上的启迪。

《达尔文学说之批评》是杜里舒在武昌中华大学所做的一次短篇讲演，其中他以新的生物学理论和生机主义哲学思想批判了达尔文进化论学说。他认为达尔文进化论学说属于累积论，进化论需要承认物种潜在的"隐德来

---

① 郭湛波：《近五十年中国思想史》，山东人民出版社，1997年，第282页。

② 张君劢：《杜里舒教授学说大略》，商务印书馆，1923年，第2页。

希(Entelethy)"。他认为达尔文的进化论可以用自然选择来解释因生存竞争而失败的失败者,但不能说明因生存竞争而胜利的胜利者。他认为生物的发展变化是由其内在的动因即"隐德来希",而不受机械规则的支配。"隐德来希"是生命本身所存在的一种自主的东西,是一种自由自主的动力,而不能用物理化学来解释。

"生机主义是什么,我说便是生命自主。"[①]亚里士多德是历史上第一个生机主义者,杜里舒就借用亚里士多德用过的一个词来形容这种自主的元素,那便是"隐德来希"。此词的原意为"本身即为目的",杜里舒则以此表示"是在协和的平等可能系统中为物理化学所不能解释的东西。"[②]"隐德来希"是一种具有唯心色彩的概念,所谓"'我'之与外物只有断断续续之点的关系,若夫所谓'自己'本于记忆,已有前后关系,然此关系对于永续之时间犹为不永续的,何也?当人睡时,此记忆或生活实验之流中断故也,故此流不得谓之真流,但能比之电流之光焰可也。于是为求恒变之不断关系起见,必须另求他秩序观念,此则'我之灵魂'所以代'我自己'而起也,换词言之,记忆之主体为'自己',而记忆之外,更加以下意识,此全部之主体,则'灵魂'是也"[③]。

进化论问题的探讨至此已经超越了以往救亡图存的思考范畴,在理论的层面上展开了哲学问题的向度。包括张君劢在内的许多学者已经开始逐渐放弃了以进化论作为改革武器转而从哲学学术的认识视角看待进化论问题,并且以此作为基点将这种学术精神扩展到了其他哲学研究领域,德国古典哲学在中国的发展也趁此东风开始具有了较为明确的问题视阈,逐步迈向了较为系统的学术研究阶段。这种由思想本身、历史时代因素共同促成的

---

①② 杜里舒:《杜里舒讲演录·生机体之哲学》,商务印书馆,1923年,第28页。
③ 张君劢:《杜里舒教授学说大略》,商务印书馆,1923年,第21页。

思想意识的转变,意味着西方哲学在中国的研究开始从启蒙救亡、革命的阶段进入了启蒙理性、自由的阶段。

除了中国哲学发展整体布局受到了外来文化影响的间接因素促使德国古典哲学在中国反思进化论的契机下发生的研究形态转变之外，直接的接受西方学者思想资源也成了推动德国古典哲学走向学术化发展的重要助力。以康德哲学为例,杜里舒的访华还将康德哲学的学术形态直接摆在了中国人面前。我们无法确证以名哲访华形式代入的德国古典哲学资源在多大程度上推进了这一哲学形态的中国化进程，但是如果细心留意在五四运动前后德国古典哲学出现的短暂繁荣便可获得一些事实关联的蛛丝马迹。仍以康德哲学为例,也就是在杜里舒访华前后,康德哲学成了一种共识性的哲学研究对象登上了中国学术大舞台。虽然在此之前我国学者对于康德哲学的研究便有所涉猎,最早在报刊上发表文章介绍康德哲学的是宗之概,1919年5月他先后在《晨报》副刊上发表了《康德唯心哲学大意》和《康德空间唯心论》两文。在翻译与研究康德的专书方面,最早的应为1915年周叔弢译的《康德人心能力论》(商务版),这是康德的一札书信。然而德国哲学家杜里舒的访华也确实起到了促进康德哲学中国化研究的繁荣发展。

杜里舒虽然以生机论著称,但在其哲学认识上接近新康德主义。他在访华过程中讲述了康德哲学,对传播康德哲学与新康德主义哲学也起到了一定的推动作用。"1923年,他在北京曾经做了一次'康德以前之认识论及康德之学术'为题的讲演,当时口译者是张君劢。他在这次讲演中,共讲了四个部分:一是康德之前之哲学,二是康德哲学,三是康德后继之哲学,四是现代哲学潮流。讲演稿曾发表在《文哲学报》第3期、第4期上。"[1]因此出现了中国学者直接面对西方名哲向内输入外来文化思想的同时,借阅他国研究资源,丰

---

[1]　贺麟:《五十年来的中国哲学》,上海人民出版社,2012年,第107页。

富中国哲学问题的另一番景象。

如果说西方名哲访华可以称之为德国古典哲学进入中国并具有发展态势的外部诱因，那么就中国思想发展自身而言，科玄论战（又称科学与人生观的论战）的出现，实质上以传统思想与新思想通过"交锋"的形式展示着中国思想、文化发展历程中蕴含的内在因子。正如李泽厚在《中国现代思想史》中评价："科玄论战的真买内涵并不真正在对科学的认识、评价或科学方法的讲求探讨，而主要仍在争辩建立何种意识形态的观念或信仰，是用科学还是用形而上学来指导人生和社会？所以这次学术讨论，思想意义大于学术意义，思想影响大于学术成果，它实质上仍然是某种意识形态之争。"① 那么中国传统思想归根到底就是以人文主义意向传承下来的文化格局，在这里且不论中国传统文化中的分派与流变，科玄论战之"玄"大抵可以理解为中国传统儒、道秉持的认识特点。

张君劢称："人生观之特点所在，曰主观的，曰直觉的，曰综合的，曰自由意志的，曰单一性的。"② 人生观亦谓之"玄"并不原本是这场论战的主角之一的张君劢先生创造的，而是由他的反对派丁文江总结提出的。在丁文江的文章里，将张君劢的人生观定调为"玄学（Metaphysics）"，这多半在于运用了张君劢先生对于人生观诸性质的诠释做文章，并对比西方传统由来的玄学得出的结论。而实际上，在丁文江先生的文章中承认"玄学这个名词，是纂辑亚里斯多德遗书的妥德龙聂克士（Andmnicus）造出来的"③。而西方科学与玄学的对立往往带有宗教神学的某种合目的性的演说，因此西方哲学中的"玄学"当然是"本体论"的，是"形而上"的。而发生在中国大陆的这场争论，显然是以丁文江将"玄学"等同于"形而上学"来使用为前提条件的。丁先生批判

---

① 李泽厚：《中国现代思想史论》，生活·读书·新知三联书店，2008年，第56页。
② 张君劢、胡适、梁启超、陈独秀等：《科学与人生观》，中国致公出版社，2009年，第4页。
③ 同上，第12页。

以张君劢为代表的将中国传统思想进路附着在以形而上学为实质阐释哲学本体论的"玄学鬼"。

丁文江意识到张君劢讲"人生观"或"玄学"乃是受到了新思想,即西方哲学的形而上学对中国传统思想文化的冲击。他首先指出了所谓"人生观"的演讲一开始就蕴含着对西方哲学某种程度的认同背景,在他的论文《玄学与科学——评张君劢的〈人生观〉》中开篇就写道:"玄学真是个无赖鬼——在欧洲鬼混了二千多年,到近来渐渐没有地方混饭吃,忽然装起假幌子,挂起新招牌、大摇大摆地跑到中国来招摇撞骗。"①在这样的理解前提下,就出现了与"玄学"相对立的"科学",而丁文江就是极力支持科学主义在中国发展的人物之一。他认为:"科学不但无所谓向外,而且是教育同修养最好的工具,因为天天求真理,时时想破除成见,不但使学科学的人有求真理的能力,而且有爱真理的诚心。无论遇见什么事,都能平心静气去分析研究,从复杂中求简单,从紊乱中求秩序;拿论理来训练他的意想,而意想力愈增;用经验来指示他的直觉,而直觉力愈活。了然于宇宙生物心理种种的关系,才能够真知道生活的乐趣。这种'活泼泼地'心境,只有拿望远镜仰察过天空的虚漠,用显微镜俯视过生物的幽微的人,方能参领得透彻,又岂是枯坐谈禅,妄言玄理的人所能梦见。"②

显而易见,在这场关乎中国文化思想格局以及未来走向的论战中,以丁文江为发起者,一批学者站在了"玄学"的对立面,主张科学主义,然而留心的人们会发现,这种科学与玄学的针锋相对,实际上反映的是中国人在面对外来文化逐渐挺进中国传统文化"领地"时的态度。以张君劢与丁文江为代表的两派徐哲只是表达了对西方哲学不同的包容性。暂且不论哪一种思想进路更加适合中国,"玄学"认识下的人生观与科学主义都属于外来文化的

---

① 张君劢、胡适、梁启超、陈独秀等:《科学与人生观》,中国致公出版社,2009年,第6页。
② 同上,第14页。

不同种别，它们的对立与论战在一定程度上创立了一个全新的科学本体与中国传统思想相制衡的哲学发展景象。

如果我们能够放下对这场争论的是非判断，而通过这样一种历程，反思20世纪初期中国思想演变中的这段历史，便能够得出这样一种结论：无论是"玄学"倡导的主观的、直觉的、形而上的人生观，还是"科学"强调的真理性的、经验的、求证的科学主义的世界观，在今天看来大抵给予我们最有意义的启示在于这场争论中出现的中国思想发展的新形态，即在引进西方哲学探讨中国哲学问题的学术研究中构思中国思想文化的主流意识形态。从这一点看来，科学与玄学的论战实际上继承和深化了五四时期东西文化论争的精神特质。科学与玄学论战争论的焦点与其说是对何种人生观的探讨，不如说是如何看待东、西方文化对于中国思想发展的地位与作用，如何看待西方哲学和中国哲学之间的关系。

从这个意义上说，"科玄论战"真正成了影响西方哲学在中国发展与演变的重要诱因之一。不能否认的是，德国古典哲学研究进程也深受"科玄论战"的影响，以康德哲学为例，经历了科学主义认识形态（这里的科学区别于科玄论战的科学，主要指进化论影响下的自然科学）的康德哲学初识，康德哲学在中国的研究走向了学术化形态的发展阶段。然而在学术化发展阶段的起步时期，"科玄论战"为中国思想界注入的在形而上学与科学主义的双重维度上考量西方哲学的意识，辐射着一代哲学研究者，其中包括对康德哲学最早进行了系统阐述的郑昕先生。实际上，越来越明显的以理性的视角认识西方哲学的做法在"科玄论战"之后已经不是什么稀奇的事情。如果我们能够认真地反思肇始这场论战的深层初衷，或许能够获得并非结论而是以学术价值意义而论的启迪。因为无论是"科学"还是"玄学"都没有，也不可能在这场论战中就此消失，而是成为了一股能够推动中国哲学现代化的内在动力。而就"玄学"的批判，其目的也许能够更好地在其自身的现代化阐释中进行理解,这也就是德国古典哲学在中国最初系统化研究的生长点。

在此不得不再次提起郑昕先生,他对康德哲学的研究很好地为国人演绎了关于哲学论战的现实意义——系统地、真实地研究、阐释哲学比片面地争论更具意义。郑昕先生并不否认中国学者们注意到的西方哲学"玄学鬼"的特点,但是这并不妨碍我们研究西方哲学,反而能够激励我们形成一种前提性的问题意识审视哲学。他在1946年所著《康德学述》一书中也承认西方哲学的传统来自于其"玄学"奠定的基础,也就是现在所说的形而上学,但是对于这种"玄学"是不是唯心主义或者说能不能简单地进行立场判断,郑昕在整部著述中并没有表露,而是以尊重学术的态度,踏实地探讨了康德哲学本身。

特别值得一提的是,他在研究的开端以"康德对玄学之批评"①为题,似乎是在向我们展示西方哲学内部消化"玄学",发展"玄学"的内在逻辑,从另一个角度回应了"科玄论战"对于哲学学术形态的片面化理解,他指出:"康德所批评的玄学,是理性派的玄学,而今日流行之新理性主义,新本体论诸学派,也有可借鉴的地方。因为他们都是采用形式逻辑的武器,扶摇直上,直搏不可摹拟、不可言说的无心之'实在',无心之'理';又复都忽略现象,不谈现象的基础,将现象与本体分成两橛。此其所同蔽。"②郑昕在哲学问题的内部分析"玄学"在西方哲学发展之中的流变,一方面是其对中国哲学关注的科学与玄学的学术兴趣,另一方面是其在中国哲学的发展传统中汲取养分,避免片面认识西方哲学的错误,认真地走入康德哲学知识形态的内部,反思我们长久以来忽视的哲学问题本身的研究,并开辟了一条新型的哲学思考路径。这种对"玄学"的认知成了一段时期德国古典哲学中国研究的典型代表。

---

①②　郑昕:《康德学述》,商务印书馆,1984年,第15页。

回顾科玄论战在哲学发展中的重要作用,不难看出,这场论战论的不是"是非",甚至不是"中西",而是"视域",是"发展",在我们越来越多地占有西方文化资源,越来越自信地认为对西方哲学的认识已不是难事,一种发展式的转型必定会出现,而对于个别人物的研究只是一个导火索,它引爆的是在这种不断批判与自我确证中的哲学自身发展的现代化进程,即一种不断面向理性与自由的学术化发展路径。

(二)留学研学与译介工作

"从1919年7月《晨报》副刊上发表了宗之魁翻译的《康德唯心论哲学大意》和《康德空间唯心论》起;《上海周刊》《学灯》《今日》《东方杂志》《新民丛刊》《光华大学半月刊》《学原》《哲学评论》《理想与文化》《中山文化教育馆季刊》《时代精神》《再生》《世界思潮》《新中华》《大陆杂志》等刊登过介绍康德哲学的文章,《学艺》和《民铎》出版了"康德专号",比较客观地介绍了康德学说的渊源与影响以及康德的知识哲学、天体论、运动论、时空论、教育论、宗教论、目的论、永久和平论和康德的自然科学、伦理道德哲学、审美哲学、历史哲学、法律哲学等。"①德国古典哲学早期的译介工作开始于对西方哲学认识论的关注,因此康德哲学更早受到青睐,正如留德回国的张颐先生回忆:"1924年春,余自欧洲归抵沪上时,所遇友朋皆侈谈康德,不及黑格尔,竟言认识论,蔑视形而上学。"②其哲学思想中彰显的科学主义成为中国人心中德国古典哲学的第一抹色彩。

相比之下,黑格尔哲学传播的风潮姗姗来迟,直到20世纪30年代由于马克思主义的传播,推动了黑格尔哲学在中国的热烈研究。1931年黑格尔逝世

---

① 邓安庆:《康德、黑格尔哲学的传播与中国20世纪文化精神的养成》,《湖南师范大学社会科学学报》,2000年第3期。

② 贺麟:《五十年来的中国哲学》,辽宁教育出版社,1989年,第103页。

100周年，"在瞿菊农先生的倡导下，许多哲学家写了介绍黑格尔的纪念文章，后来发表在1933年《哲学评论》第五卷一期以《黑格尔专号》刊登了瞿菊农、张君劢、贺麟、朱光潜、姚宝贤等人的论文。在这一中国最早的《黑格尔专号》的促动之下，文化界对于黑格尔的兴趣与日俱增，据不完全统计。自1928年至1937年的10年间，共发表有关黑格尔哲学的论文100余篇，这在当时传播的哲学家中是最多的。"①事实上这样的情形与20世纪初中国学者赴美、德等国家留学姻亲相连，正是由于这样的访学等途径，他们在研究视野和对资源的占有数量和质量上都有所提高。他们留学归来翻译出版了许多具有代表性的德国古典哲学研究方面的著作，但从这些译作中也不难看出，他们基本上能够在一个饶有兴趣的领域中探讨德国古典哲学。

中国留学派学者虽然在回国后为中国人带来了一定规模的研究素材，并着手进行发散研究，但在研究体系的建立方面仍然处于初级阶段。一些直接从西方留学归来的学者进行了康德著作和相关研究论文的翻译出版工作，如瞿菊农1926年翻译出版的《康德论教育》，胡仁源1931年译的《纯粹理性批判》，1936年张铭鼎译的《实践理性批判》，1937年唐钺译的《道德形而上学探本》等。

事实表明，德国古典哲学在中国的传播初期确实走出了一条参阅西方国家学术成果的特点，然而也正是在这样的路径上，中国学者才能试图寻找能够符合哲学本真的理性与自由。这样的寻求对达到某种哲学学术研究的真实要求还为时过早，以西方名哲访华带动的德国古典哲学在中国的传统发展仍然是在追寻理性、自由与救亡图存的激情的此消彼长的传统认识中萌生的，乃至之后迎合中国社会变革的学术环境，德国古典哲学的中国表达才能在不断揭示"德国古典哲学说了什么？"的前提下，走出从"我们怎样接

---

① 邓安庆：《康德、黑格尔哲学的传播与中国20世纪文化精神的养成》，《湖南师范大学社会科学学报》，2000年第3期。

着德国古典哲学说？"到"我们如何在中国哲学的视域中拓展德国古典哲学？"的自觉研究的新局面。

与此同时这些具备了西方留学背景的研究人员促成了德国古典哲学在中国大学得以传播的事实。从德国归来的郑昕于1933年在北大开课教授康德哲学，使学术性的探讨在大学里逐步展开。1946年，他撰写了我国第一部比较专门研究康德哲学的专著《康德学述》，并以哲学学术的立场审视了康德哲学中的物自体、先验主体等理念。

此外，享誉盛名的还有我国著名的哲学家贺麟先生。贺麟（1902—1992），1926年赴美留学，并先后在奥柏林大学、芝加哥大学和哈佛大学深造西方哲学，获奥柏林大学学士学位和哈佛大学硕士学位。1930年进入德国柏林大学学习德国古典哲学。1931年贺麟先生回国任教于北京大学和清华大学。贺麟先生的治学路径是清晰的，作为一名早期留学西方的中国学者，他积极的实践着以学术振兴民族精神的夙愿。因此，他刚刚回国就写作了《德国三大哲人处国难时之态度》一书，向中国介绍德国古典哲学中的代表人物黑格尔、费希特、歌德在普法战争中显现出的爱国主义立场。试图通过对德国古典哲学的有效传播，唤起压抑在人民心中的爱国主义情怀。在特殊的历史时期中，贺麟的这一著述成了具有代表性的西学以致中用的优秀成果。之后的几十年间，贺麟先生发挥了他留学西方的优势，先后翻译了众多德国古典哲学方面的著作，包括德国柏林大学哲学史教授亨利希·迈尔所著的《五十年来的德国哲学》、鲁一士所著的《黑格尔学述》、英国新黑格尔主义者开尔德所著的《黑格尔》，此外还主持翻译了黑格尔的《小逻辑》《哲学史讲演录》《精神现象学》等。在这些译著的基础上，贺麟先生持续不断地为中国思想界注入德国古典哲学而助力。

贺麟先生曾在《黑格尔学述》后记中坦言："我之所以译述黑格尔，其实，时代的兴趣居多。我们所处的时代与黑格尔的时代——都是政治方面，正当强邻压境，国内四分五裂，人心涣散颓丧的时候……黑格尔的学说，于解答时代问题，实有足资我们借鉴的地方。而黑格尔之有内容、有生命、动的时间的逻辑——分析矛盾，调解矛盾，征服冲突的逻辑，及其重民族历史文化，重自求超越有限的精神生活的思想，实足振聋起顽、唤醒对于民族精神的自觉，与鼓舞对于民族性与民族文化的发展，使吾人既不舍己骛外，亦不固步自封，但知依一定之理则，以自求超拔，自求发展，而臻于理想之域。"①对德国古典哲学的引进意图似乎更加直接的在中国留学派学者们对学术的实践与努力中逐渐明晰。

尽管如此以译介解读方式扩充德国古典哲学的研究资源在当时对于理解德国古典哲学的真实内涵和完整体系是远远不够的。此时德国古典哲学研究仍然处于以新文化运动为拐点的孕育时期，德国古典哲学以幼龄的形态被中国人加以接受，但这种接受的现实条件是有限的，因此有的学者总结道："对康德、黑格尔哲学的认识大都是在译读西方有关研究成果中的一种'转述'。由于刚刚接触西方哲学，受中国传统观念、科学知识水平和语言翻译能力等因素的制约，'转述'中的误读现象也不少，对原著的系统研究尚未展开。"②而造成这些问题的主要原因有客观也有主观，基本表现在：客观方面，由于历史、文化、地域差异，文献资料引进的不足成为一个重要因素；主观方面，研究人员多以留学派为主，研究人员的不足以及研究兴趣领域的分散也造成了德国古典哲学中国研究早期资源匮乏的主要原因之一。

德国古典哲学在早期的资料引进方面多得益于日本渠道，19世纪末期中日甲午战争是日本文化资源大量涌入中国的关键点，"甲午之役是赴日的一大机缘。19世纪末期，随着内忧外患的凌迫，民族日益阽危。1895年的甲午

---

① 贺麟：《黑格尔学述》，商务印书馆，1936年，后记第200页。

② 杨河：《20世纪康德黑格尔哲学在中国的传播和研究》，《厦门大学学报》(哲学社会科学版)，2001年第1期。

战争败北,标志着洋务运动败于明治维新,中日文化的交流方向开始发生大规模的逆转。"①在这样的契机下,许多中国学者在日本获得了研究德国古典哲学的基础资源,带动了德国古典哲学的早期研究工作,其中主要包括康有为、梁启超、严复、章太炎、马君武、王国维、蔡元培等。然而"这些人主要留学日本,一般是通过日本而辗转了解西方思想,不可避免地夹杂着许多囫囵和隔膜,只能借助本土文化辅以推想,所以未能深入领略西学之堂奥。梁启超在解释康德认识论时,用了许多佛学术语去牵强附会,故曲解之处在所难免。"②

梁启超曾在《近世第一大哲康德之学说》中运用佛语揭示康德哲学,"按,空间时间者,佛典通用译语也。空间以横言,时间以竖言。佛经又常言横尽虚空,竖尽永劫,即其义也。依中国古名,则当曰宇曰宙,(《尔雅》:上下四方曰宇,往古来今曰宙。)以单字不适于用,故循今名。"③严复也曾将中国传统哲学中"心德""气形"等理念用于德国古典哲学的诠释当中。然而这些诠释大都是按照中国人传统思维方式加之对于科学精神的向往、宣传形成的,当然不可能达到对德国古典哲学研究的详尽与确实,但可以理解,由于历史原因以及地域问题的客观因素,早期中国的有志学者只能首先接受时代需求以及客观因素的双重影响,主观地挖掘德国古典哲学的相关内容,因此在这一时期出现了许多杂糅性的研究,也造成了对德国古典哲学最早的误读。

时代客观因素的影响,中国学者初识德国古典哲学心态的影响,留学条件造成的研究人员规模的影响以及主要旨趣点的影响都造成了早期德国古典哲学在中国的研究出现了资源短板问题,然而也正是对这些问题的克服才形成了德国古典哲学进一步发展的契机。新中国成立后,德国古典哲学的

---

① 郭刚:《中国早期马克思主义的传播——梁启超与西学东渐》,人民出版社,2010年,第8~9页。

② 丁东红:《百年康德哲学研究在中国》,《世界哲学》,2009年第4期。

③ 梁启超:《饮冰室合集》(第2卷),中华书局,1989年,第53页。

研究工作也一直围绕着原著译介展开。德国古典哲学著作译作也随着历史原因以及人力、物力变更在不同时期呈现出不同的特点。留学派的繁荣使得德国古典哲学有机会更多地展现于中国人面前。德国古典哲学译作的发展与变迁表明了其现代化革新的意图。特别值得指出的是，1949年以后由于马克思主义意识形态的明确凸显，德国古典哲学又是马克思主义哲学的直接来源，对德国古典哲学的研究，尤其是对康德、黑格尔和费尔巴哈哲学的研究成为哲学界除马克思主义哲学之外的另一个重要的真谛，对德国古典哲学的研究无论从投入的人力，还是译著的数量、研究成果的深度、广度都是首屈一指的，德国古典哲学不仅是西学东渐中引入的一朵艳丽奇花，对中国本土哲学思维品质和人格精神的塑造同样具有极为重要的作用。

改革开放之后，我国德国古典哲学著作的翻译工作逐渐呈现出规模化、系统化的展开形式。比如越来越多的学者参与到德国古典哲学系统译介的工作，推进了我国对于德国古典哲学原著翻译的重视程度。20世纪60年代初中国学者就有意编译《黑格尔全集》，希望通过对黑格尔哲学原著的系统工程实现德国古典哲学中国研究基础资源的充实，但由于"文化大革命"的特殊原因而暂停，直到80年代重新提上日程，并成立了由20多人组成的《黑格尔全集》编委会。然而因为种种原因，直到1987年编委会解散，《黑格尔全集》还未翻译面世。2005年《黑格尔全集》的翻译出版计划再次展开。2006年该项目终于由中国社会科学院立项，梁志学主持，12人参与的黑格尔课题组成立。

此外，作为国内首屈一指的黑格尔研究集大成者，张世英对德国古典哲学的研究更是体现了译介之学术精神，他的《论黑格尔的逻辑学》被誉为"中国系统研究黑格尔逻辑学的第一部专著"。实际上改革开放以来，中国学者在德国古典哲学的研究方面便明显超越了早期译介传统，体现学术精神及体系建构目标的研究内核。2013年起，张世英开始主持翻译20卷本的《黑格尔全集》,开创了中国系统性翻译黑格尔原著全集的先河。他的研究代表了德国古典哲学在中国的典型发展,德国古典哲学的研究通过"中西贯通"的方式融入中国哲学发展的研究现实之中,进行深入挖掘、思考德国古典哲学的哲学本质,全面展开了中西哲学的对话,特别是自我与中国文化传统的对话,他在《中西文化与自我》一书中强调:"每个民族、每种文化,都有'我们''自我'和'他人'三种观念,每个人也都会说'我们''我'和'他'。三者互不分离,结合为一个整体。但不同民族、不同文化的个人心目中,三者所处的地位有轻重之分,这是区别各种文化特征的最重要的标志。"[1]

而对于这种自我的认识西方有着不同的传统需要我们认真学习,特别是黑格尔哲学中高扬的主体性精神,是否应作为反思中国传统文化的合理研究口径? 在中西文化不断融合的大格局中,德国古典哲学的译介工作实际上已经得以转变,成了中国哲学的自家事情。这充分说明德国古典哲学的研究注重翻译是一个基础性的根基,由翻译、译读才能逐步上升到自我阐释的自觉研究过程。改革开放以来的翻译情况可以看出这种认识已经明显地注入了德国古典哲学在中国的内在要求之中。这也为德国古典哲学在中国的研究越来越具有走向融合发展的可能奠定了基础。

就康德哲学的研究情况而言,我国著名教育家和翻译家韦卓民(1888—1976,曾留学于美国、英国、法国、德国等多地)于60年代翻译了加拿大学者华特生编著的《康德哲学著作选读》《康德哲学讲解》和英国学者斯密的著作《康德〈纯粹理性批判〉解义》;1959年蔡华五所译的苏联学者阿斯穆斯著作《康德的哲学》。此外还有康德的三大批判相关翻译:1960年蓝公武译的《纯粹理性批判》,1960年关文运译的《实践理性批判》,1964年宗白华、韦卓民译的《判断力批判》《道德形而上学探本》也由唐钺于1957年重译出版。在这些

---

① 张世英:《中西文化与自我》,人民出版社,2011年,第2页。

译著的基础上,我国学者对康德哲学的理性探讨逐步展开,并在这些舶来于西方的译著的推动下,深入哲学问题本身的探讨开始形成,摆脱了以往合目的性地理解西方文化、西方哲学的方式,此时的国人更加愿意将注意力放置于学问本身,并发挥思想自由的天性。

在我国康德哲学研究中一度出现了许多具体问题的自由探讨,例如在韦卓民、黄子通、凌瑾芳等人之中就康德哲学归属性这一问题展开了论辩。60年代初期,几位学者就康德哲学的基本问题进行了探讨,并各自提出了不同的理解。黄子通在1961年《新建设》杂志第9期发表了《评康德的二元论与不可知论》一文,引发了这场关于"康德是否竭力地在摧毁客观实在？"这一问题的争论。韦卓民在《对康德哲学一些问题的商榷——读〈评康德的二元论与不可知论〉》一文中就康德哲学本身的本体论、认识论问题等展开了探讨,肯定了黄子通提出的康德的哲学体系是唯心主义的,但是需要对其本体论与认识论进行区分,韦卓民认为争议点在于康德哲学本体论"一元论"与"二元论"、认识论中"可知论"与"不可知论"的区分。

与他不同的观点出现在凌瑾芳发表的文章《对康德哲学的评价问题》当中,凌瑾芳指出:"康德哲学是哲学史上最复杂的现象之一,它不仅是唯物主义与唯心主义的调和,而且也是经验论与唯理论的调和;唯心的辩证法倾向与形而上学的世界观方法论的调和。康德的哲学思想也是在不断演变中的,在评论时必须进行全面分析。"[①]

从新中国成立之后我国康德哲学发展的第一条路线来看,理性与自由的学术化研究倾向表现在试图扩充对康德哲学的研究视阈,不仅仅局限于早期引进的以自然科学介绍为主的进化论的康德哲学,而是更多的将关注点放置于哲学问题本身。虽然这一时期的哲学问题带有明显的局限性,即批

---

① 凌瑾芳:《对康德哲学的评价问题》,《汉江论坛》,1961年第5期。

判唯心主义、批判不可知论是康德哲学研究的出发点，也是哲学作为政治意识形态重要依据的集中体现。其中比较有代表性的研究成果除了上述提到的三篇论文外，还有1960年熊伟发表在《光明日报》上的《略谈康德哲学的历史背景及其反动性》；1960年苗力田发表在《光明日报》上的《批判康德哲学的现实意义》；1963年李武林发表在教学与研究上的《批判康德的不可知论》等，这些论文以批判的视角展现了那一时期我国学者对康德哲学研究的理性尺度，即有限的理性。尽管如此，有限的理性照应出了一个能够以学术的应然态度实现哲学问题探讨的自由向度。60年代初期形成的这种研究方式所体现的理性与自由的态度已经预示着我们所接受的西方文化正在发生着转型，如果仅从中国人对待西方文化、西方哲学的态度来看，这种转型意味着更深层次的对于西方文化的认知与期待其与中国文化实现更多层面融合的努力。

　　更为鲜明的工作还要康德三大批判的各种译本，其中"《纯粹理性批判》有四个中译本：新中国成立前商务印书馆出版了胡仁源本，1953年三联书店（后由商务印书馆续印）出版了蓝公武本，台湾学生书局1983年出版了牟宗三本，1991年华中师范大学出版社出版了韦卓民本。《实践理性批判》亦有四个中译本：1960年商务印书馆出版的关文运本，1997年收入《康德文集》的译本（郑保华主编，该部分由龙斌、秦洪良和刘克苏译出），1999年由商务印书馆出版的韩水法本，以及1982年台湾学生书局出版的牟宗三本《康德的道德哲学》（实为《实践理性批判》的评注本）。《判断力批判》有1964年商务印书馆出版的该书上卷的宗白华本及下卷的韦卓民本，以及1992年台湾学生书局出版的牟宗三全本。"①从康德三大批判著作的翻译情况可以看出，实际上，三大批判一直是研究康德哲学最重要的经典依据，然而几十年的译本情况

---

① 　周婷：《康德"三大批判"新版出版座谈会举行》，《哲学动态》，2004年第4期。

反映了我国学者甄别研究、非直译研究表露出的某种局限性,译者由于自身学术背景的迥异,对康德哲学的理解也各有差别。

然而随着时代的变迁,以及学术条件的改善,加之我国学者逐渐注意到了在翻译工作中直译的重要性,国内出现了一批精通德语的学者,弥补了长久以来康德三大批判翻译工作未能系统化、准确化的缺憾。2004年由武汉大学哲学系的杨祖陶和邓晓芒等人历经10年的艰苦研究,重译康德三部批判哲学正式出版发行;中国人民大学的李秋零教授也在2003年至2010年,用7年的时间先后完成了《康德著作全集》九卷本的翻译与编排工作,这些在21世纪展露出来的国人对于德国古典哲学研究的深入与细致,不仅在数量上完备了德国古典哲学中最重要的哲学著作的中译本,而且还系统地、真实地、清晰地站在现代学术视角使国人看到了德国古典哲学的基本面貌。

国内学界对于德国古典哲学充满了自信的肯定实际上也源自良好的学术译介基础,大量的令人瞩目的译介成就都被国人关注并转化为现实的重要资源,而今天我们对于德国古典哲学仍然如此重视,甚至始终作为突破中西哲学文化差异的研究依据和重要出口都归功于老一辈研究者的这些重要工作。在这个意义上中国哲学的发展离不开译介工作,德国古典哲学在中国的发展更离不开译介工作所包含的面向学术与理性自由的精神内核。

(三)面向学术与理性自由

直到今天仍然有人疑惑德国古典哲学在当代的研究价值,这就如同我们不知道德国古典哲学在西方哲学史上的重要地位和意义,实际上没有必要拘泥于为什么中国人要求研究德国古典哲学,而要搞清楚德国古典哲学本身代表了什么。

德国古典哲学成为哲学研究的模板不仅在西方哲学史发展中起到了至关重要的作用,而且这种作用以其哲学自我批判的发展方式影响着对其进行系统研究的各种文化载体。"从康德到黑格尔,德国古典哲学被当作哲学的模板,因为根据这种模板,哲学是我们以理性的方式去建构我们对世界的理解,可以说,这种认识正是从康德开始的,以后的哲学都被看成是对康德哲学的一个直接地或间接地反映,甚至整个现代哲学的发展也被看作是对康德哲学的不同回应。"①这种高度评价并不是中国人的独特见解,而是哲学发展的内在真相。因为在康德哲学那里,发展了的认识论开启了人们对于世界的不同建构,同时开启了人们对于理性思索的深刻发展。

康德成了试图跨越科学诱惑的标榜,以科学、严格的哲学解读方式树立了西方哲学自我形象的较早蓝本。早些时期的哲学家们(柏拉图、笛卡尔等)惯常以基础性的姿态、系统性的建构以及证明性的方式将哲学的形象极力贴近于科学的形象设置。但哲学的形象愈加思考,愈加呈现重视知识论、形而上学确证的形象,表现出在知识论中明晰人类主体力量根据的渴望,在形而上学中完成本体论意义上的理性正名渴求。近代以来,哲学需要真正地批判式发展,现代哲学尤其是分析哲学、现象学对传统哲学形象秉持着一种超越心态,认为传统哲学是在一种自我欺骗性的隐喻中发展哲学自身的,而哲学并不真正需要只与心灵相关的超现实主义理论。

正如罗蒂声称现代哲学以维特根斯坦、海德格尔、杜威为代表,"在自己后期的研究中都摆脱了那种把哲学看成是基本性的康德式观点,并不断告诫我们抵制那些他们自己早先曾屈从过的诱惑。因此他们后期的研究是治疗性的,而非建设性的,是教化性的而非系统性的"②。现代西方哲学强调摆脱传统,摆脱使自身成为纯粹科学形象的动机。哲学无疑是渴望真理的,但不存在真理的某种"准确再现"(詹姆士语),即真理可理解为是"更宜于我们去相信的某种东西","'准确再现'观只是对那些成功地帮助我们去完成我们

---

① 江怡:《重新审视德国古典哲学的意义》,《华中科技大学学报》,2016年第2期。
② [美]罗蒂:《哲学和自然之镜》,李幼蒸译,生活·读书·新知三联书店,1987年,第3页。

想要完成的事务的信念所添加的无意识的和空洞的赞词而已"①。因此剔除对"准确再现"的痴梦,就是在一定意义上对以康德为典型代表的知识理论的再建构。现代西方哲学以反叛的方式返回康德也说明了德国古典哲学在一定意义上道出了哲学发展的真正问题。

正如我们都了解的,康德在认识论上做出了巨大的贡献,他力图证明人类主体认知与现实之间的确证关系, 即便在现代西方哲学家们眼中可能成为重要的批判前提, 但这样的追求确实引发了哲学自我形象地不断反思与批判,成了具有历史意义的课题。哲学由传统走向现代,将努力的方向实行了扭转, 即哲学的自身形象不再是对哲学解释一切现象可靠性的自我欺骗式的设定,而是将哲学的自我形象理解为向生活世界敞开的态度,是哲学在现实社会中拿捏分寸的一种可能。一切知识性的、基础性的建构企图都是哲学自我形象与人类理性形象相混淆的结果,一切知识论的主张,其目的不是建立起哲学形而上学的信仰,透过现象其表征的正是人类理性的形上企图。

因此在后现代哲学家罗蒂看来,哲学的自我形象虽然在现代分析哲学、现象学中未得到更新,但指出了哲学传统自我形象是"皇帝的新衣",启示在于, 经过一番反叛,哲学终于领悟到了一个事实:只有在批判中不断实现哲学与人类自身的种种关联,才能使哲学的形象富有历史性与人类性的张力,哲学才能走出思维定式呈现出符合人类思维、人类社会特征的哲学特点。哲学的自我形象应由哲学本身的发展限定,而不是人类个体自私的意愿。这也正是罗蒂所作《哲学和自然之镜》的用意所在。"镜"反射的是真实的世界而非人为想象的某种根据,通过对哲学自身形象的重新解读,才发觉哲学正是在不断地批评中成为一种具有探索自身形象功能的历史观念。现代哲学直至后现代哲学都将康德视为认识论系统化建构的集大成者, 并认为正是在

---

① [美]罗蒂:《哲学和自然之镜》,李幼蒸译,生活·读书·新知三联书店,1987年,第3页。

以这种认识论系统化建构为原则的前提下，哲学形而上学的形象才被认真确立为以知识确定性永恒追求的本质主义、基础主义的形象。因此康德代表的不仅仅是他这个时代的哲学话语方式、哲学的在世形象，而是更加具有历史的集成性，并具有历史的传承与批判的双重维度。

哲学的发展需要批判，批判的目的是在批判中展现出更为完善的哲学理解方式，在批判中理解更为具有时代精神的哲学内容，重拾哲学的人文精神。哲学即哲学史，基于现代哲学对康德哲学进行深刻反叛，不仅体现出了哲学自我形象的批判内容，更是一种批判史的浓缩。

哲学的认识论在康德之处具有了一种可称作系统化、完善化的意义。可以说近代哲学就是在康德的认识论中开启的。哲学无法绕过认识论形象的描述。在哲学的一个时期之内，就是围绕着认识论展开的研究，尤以康德为典型。康德对认识论的塑造揭示了人类对待知识、对待自身与客体世界关系的态度。认识论的研究就是基于人类如何对待知识世界、如何对待主体与客体关系世界的视角展开的，只有在这种认识之下，哲学才能不断呈现出一种内在的历史批判动力。无论如何，实现哲学自我批判逃不脱对认识论的研究，因此翻览哲学史，康德在认识论问题上与后现代呈现出一种历史性的线索。在康德眼中，哲学在认识论中为自身订立了目标，认识论的形象预示了一种知识论体系化的诉求，更加准确地说，康德将认识论视为知识论，视为通过认识方法达成知识确证性目的的理论。

因此康德在探求"人类认识何以可能？"问题的过程中自觉走上了知识体系建构的道路，自觉地将哲学的认识论形象定位为以知识建构为中心。如同笛卡尔的苦思一样，康德始终要不断寻求并论证人类认识的确定无疑之根，并在人类主体自信的重建中加以明晰。就此，哲学认识论的知识建构形象的塑造工程拉开了序幕。康德企指将一切认识、知识的合理性搭建在对主体的先验理解之上，认为其有别于传统的认识方法，要在主体的彰显中摘除一切表象的迷梦,建立一个真正的根基稳固的知识体系,并以此作为指导人类实践活动的有效原则。

康德并没有痴心妄想,他首先扭转认识的常识理解,达成了主体的自在尊严:"向来人们都认为,我们的一切知识都必须依照对象;但是在这个假定下,想要通过概念先天地构成有关这些对象的东西以扩展我们的知识的尝试,都失败了。因此我们不妨试试,当我们假定对象必须依照我们的知识,我们在形而上学的任务中是否会有更好地进展。这一假定也许将更好地与所要求的可能性,即对对象的先天知识的可能性相一致,这种知识应当在对象被给予我们之前就对对象有所断定。这里的情况与哥白尼最初的观点是同样的。"①主体自信依照自身的原则而不是对象的原则能够为人类提供可能的知识,不必一再苛求对象的客观性问题,主体所提供的能力足以使知识获得牢靠的根基,剩下的问题便是如何分析主体才能使知识的必然性与普遍性得以应答。从主体出发康德找出了三种与知识息息相关的认知能力,即感性直观、知性分析和理性综合。康德从人类主体的三个层次建构知识的可能性原则,这种方法无疑是在主体前提即形而上学的承诺下展现证明性研究,如同已知求已知,而非已知求未知。主体形象早已高高在上,理性这一不可僭越的领域始终未放下它的权杖,也始终未在人类知识的未解之谜中得到主体与客体的双重印证。康德对知识的诉求是一种二元对立的挣扎,仍旧未能带领人类走进未知的现象界本质之中,但这种对认识的、知识的探求方式是经典的,也蕴含了巨大的建构力量,是人类主体觉醒征途中的一大丰碑。

可以说,康德设立了三个通往知识的关节点——感性、知性、理性,三者共同演绎着一种内在原则,即先验的原则。康德知识论的认识方法归根到底就是遵循这一原则的先验方法,即以先验知识作为地基的知识论建构方法。

----

① ［德］康德:《纯粹理性批判》,邓晓芒译,人民出版社,2004年,第15页。

只不过康德善于用一种独特的视角揭示人类认识的内在"秘密"。康德认为，先验方法的突破口在于转向数学与自然科学方法的借鉴，"数学与自然科学的这两种方法，虽然性质不同，但却有共同点，这就是它们都把认识的可能性的根据、法则，放在认识者一边。因此在认识活动中人是主动者，是'法官'，而不是被动的'证人'"①。数学与自然科学通过主体认识的构建法则，确证了人与对象的关系，从本质上来说，康德是在建立一种科学，可以根据数学模型模拟的科学模型来完成人类在认识上的革命。

因此在这一模式中各个元素都应有对应的称号和位置。感性直观所得到的经验材料是已知条件，知性分析将这些已知条件符号化为概念，也就是范畴的归纳，而理性综合通过"统觉"将这些范畴形成公式，并带入人类的认识基层，形成知识。如此看来，康德所理解的知识是否只是符号的意义而缺少人类认识世界的真实意义，这需要从具体分析中展开说明。即使是对经验条件的认定，康德也同样依循着先验方法的原则。康德认为，感性直观这一认识活动如果不在其内部加以区分现象的质料和形式，就无法将感性的杂多最终很好地运用于人类的认识之中。"在现象中，我把那与感觉相应的东西称之为现象的质料，而把那种使得现象的杂多能在某种关系中得到整理的东西称之为现象的形式。由于那只有在其中感觉才能得到整理、才能被置于某种形式的东西本身不可能又是感觉，虽然一切现象的质料只是后天被给予的，但是形式却必须是全部在心中先天地为这些现象准备好的，因此可以将它与一切感觉分离开来加以考虑。"②

康德认为，在感性直观中也存在纯粹的形式，不受感觉影响的"纯直观"才能保证认识从起初阶段时就拥有纯粹的有效性。在不断回溯感性直观的过程中，什么才使纯直观和纯形式保留下来？康德认为，那便是先天原则赋

---

① 陈嘉明：《建构与范导——康德哲学的方法论》，社会科学文献出版社，1992年，第1页。

② ［德］康德：《纯粹理性批判》，邓晓芒译，人民出版社，2004年，第25~26页。

予人类的特有的游戏规则，即在一切杂多中仍然能找到令直观表现为普遍有效性的形式——空间和时间。也许到现在为止，我们不难发现，康德即使在经验活动的范围内也丝毫不放过他展现人类主体能力的机会，并努力将哲学的认识论形象贴近于几乎无疑的完美模式。

康德自信，只要是通过人类主体的认识活动必然能够通过主体的先验程序找到使人类思维立足的稳固根基。以往认为在感性活动中，探讨普遍性原则或确定有效性的先天内容不成为认识论的基本问题，尤其是经验主义的认识论，直接将经验活动看作与主观活动无异，只有探求经验中客体与主体的符合问题，休谟如是，洛克如是，用主观无法确定的东西再次将主观与客观连同起来只是人类主体的妄想、独断，康德在独断中惊醒，试图为主体树立应有的威严。感性直观之后，康德作出思考，这些经过感性直观被给予的内容如何在人类的知性上统一，这是知识形成的关键所在。知识一旦不指向客体便需要在主体中构建普遍认知的维度。

"各种不同的表象是通过分析被带到一个概念之下的（这是普遍逻辑所处理的一件事务）。但先验逻辑交给我们的不是将表象而是将表象的纯综合带到概念之上。为了达到一切对象的先天知识，必须首先给予我们的是纯粹直观的杂多；其次是通过想象力对这种杂多加以综合，但这也还没有给出知识。给这种纯综合提供统一性，并只是以这种必然的综合统一的表象为内容的那些概念，则为一个出现的对象的知识提供了第三种东西，而且是建立在知识上的。"①确定纯直观形式并不是康德想要达到的目的，也不是认识的最终方案，人类认识如何形成可靠的知识才是关键。康德考察人类的知性能力，认为在感性直观与知识分析之间仍旧缺少一种必要的统一机能，康德称之为"纯粹知性概念"。

---

①　［德］康德：《纯粹理性批判》，邓晓芒译，人民出版社，2004年，第70~71页。

知性在范畴的统一机能中形成了关于对象的知识，范畴就是使得感性材料在人类知性理解上获得普遍性的保障。康德在范畴的普遍考察中流露出了更加明显的数学方法，他科学地划分范畴，并在每一个范畴集合中认真制定更加细致的范畴内容，康德试图用归纳的方法将范畴一一囊括。范畴概念的提出有别于对直观形式"空间"和"时间"的方式，因为范畴就其本质是一个概念，而空间和时间则不是，是人类主体的内部结构。范畴出自人类主体的知性需求，它必须通过概念的形式表达才能被知性所理解。但相同的是，无论是感性直观形式抑或是知性分析的范畴都是人类知识性认识的搭建材料，体现的是用先验方法作为"先天"原则的主体性建构的认识方式。尽管康德是在努力回答人类的认识何以可能的难题，但以知识的"真相"掩盖人类认识的全部意义使得哲学成了方法的哲学、知识的哲学，哲学成了科学的哲学，但从现代哲学的发展事实来看，认识论的建构并不会中止，认识论还将在康德哲学的批判中重新出发。

康德在哲学史上树立了近代认识论的基本形象，即以先验哲学为基调的概念化、系统化、建构化的哲学认识论形象，在这一形象的前提下，一场认识论的近代革命展开了。康德的独特之处在于他"选择"了建立自身认识论的游戏规则。但事实上，康德仍然没有摆脱认识论传统的诱惑，"知识基础"这种认识论形象的确立并没有使康德将自然之镜引向自由的向度。因此在这一意义上，认识论的传统需要批判式的发展，并且这种发展不会一蹴而就，这种批判不会丧失掉"人性"的维度，只有批判的形象才是认识论发展的正途。但在哲学的自我历程中，以德国古典哲学为原点或节点的探索还远远不止这些。我们也大可不必站在历史考古的角度回溯德国古典哲学的全部概念，仅立足于当代哲学的仍存问题就能够窥见德国古典哲学对于理性的态度与保持自由思想的一般影响。

正如梁启超先生对康德哲学的研究感悟："前此学者皆以哲学与道学划

然分为二途，不返诸吾人良知之自由，而惟藉推理之力，欲以求所谓庶物原理者，及康德出，乃以为此空衍之法，不足以建立真学术，舍良知自由之外，而欲求魂之有无，神之有无，世界之是否足乎已而无待于外，是皆不可断定，故必以道学为之本，然后哲学有所附丽。此实康氏卓绝千占之识，而其有功于人道者，亦莫此为矩也。"①实际上当德国古典哲学以理性主义代表出现在中国人视野中，便蕴含了面向学术，启蒙理性、自由的传统形态，并且这种传统一直存在于德国古典哲学在中国的发展始终并且越来越成为主流。

德国古典哲学刚刚步入学术化研究形态之时，不得不反复注意它所处的以五四运动为契机的文化反思的时代背景。在文化反思中，那种建立在批判桎梏中国文化的传统意识已经成了塑造新的价值观的重要动机，因此在这一时期，任何有利于"用近代科学理性反对传统的实用理性，用近代人文主义反对传统的仁礼禁忌，力图建立以自我为价值主体的宇宙观与人生观"②获得了新的思考空间，受到了学者们的重视。在中国哲学的发展面对现实问题的考验之时，"我们怎样接着德国古典哲学说？"才具有了实际的理论依据。

沿着这一思路进行德国古典哲学研究的中国学者中，极为出色的人物便是张颐先生（字真如），贺麟曾在张先生生前发表的唯一著作的中译本序言中赞许道："张真如先生是中国学界专门研究西洋古典哲学的先驱，是北大哲学系多年来注重客观研究哲学史及哲学名著的朴实学风的范成者，也是中国大学里最早专门地、正规地讲授康德哲学及黑格尔哲学的第一人。"③然而不同于德国古典哲学借势国人留学带回的西学思潮的作用力，张颐先生更多地展现了对于德国古典哲学认识的自主立场，张颐在其著作《黑格尔

---

① 梁启超：《饮冰室合集》（第2卷），中华书局，1989年，第57页。

② 黄见德：《西方哲学东渐史》（上），人民出版社，2006年，第323页。

③ 侯成亚、张桂权、张文达编译：《张颐论黑格尔》，四川大学出版社，2000年，第3页。

的伦理学说》中不仅系统地阐述了黑格尔哲学体系中的伦理学成分,同时兼具批判力地审视了黑格尔伦理学说的局限性,表达了中国学者独立研究德国古典哲学,探索真理的独特视域,成了一时具有国际影响力的重要东方学者。

张颐先生在说明他选取伦理学角度研究黑格尔的合理性时指出:"对伦理学的基本论述不能够与对生活的其他部分的论述分离开。也就是说,人类经验的全部过程都必须考虑到,因为它们对人类的自我实现都是同样重要的。"[①]虽然张颐先生多年留学于美、英、德等西方国家,但他曾投身于辛亥革命的人生体验使得他强烈地意识到相较于纯粹的知识性、思辨性的哲学问题,或许哲学对于社会与人生的启示才更加引人入胜。这也许便是他选取伦理学视角进行黑格尔哲学研究的深层心理因素吧。

的确,20世纪初的中国社会造就了一批敢于直面社会变革的有志之士,将社会、国家、政治、人生等尖锐问题摆在了学者们面前,正如陈独秀所说:"伦理问题不解决,则政治学术,皆枝叶问题。纵一时舍旧谋新,而根本思想,未尝变更,不旋踵而仍复旧观者,此自然必然之事也。"[②]"近几百年,西洋物质的科学进步很快,而道德的进步却跟不上;这不是因为西洋人只重科学不重道德,乃因为道德是人类本能和情感上的作用,不能像知识那样容易进步。……我们希望道德革新,正是因为中国和西洋的旧道德观念都不彻底……"[③]国家的进步除了科学技术硬件条件的增长之外,道德伦理的变革也是社会进步与改革的重要软件。同处一个时代的张颐先生大抵也如此琢磨过!因此在他对德国古典哲学的研究中充满了对黑格尔伦理学指向道德伦

———————

① 侯成亚、张桂权、张文达编译:《张颐论黑格尔》,四川大学出版社,2000年,第11页。

② 陈独秀:《宪法与孔教》,《新青年》,1916年第11期。

③ 陈独秀:《调和论与旧道德》,《原载新青年》,1919年第12期;蔡尚思:《中国现代思想史资料简编》(第1卷),浙江人民出版社,1982年,第53页。

理与现实统一的辩证理解的认同。他认为,"贯穿于黑格尔伦理学说的最显著的特征是道德伦理与现实的统一。在他看来,政治哲学和道德哲学的任务不是创造乌托邦,像那些人可能想象的那样,而是分析权利、义务和道德的现存体系,以便为它们提供可能理解的和能以某种方式证明是正当的理由"①。

张颐看到了黑格尔哲学体系中伦理学部分彰显的理想与现实的高度统一性,照应中国社会的现实困境不得不说是具有鲜明的启示作用的。因此当代学者黄见德评价道:"张颐对黑格尔进行哲学思考的背景与环境,对黑格尔伦理学说基础的广度和深度,对黑格尔伦理学说内容和日常经验的密切关系,对黑格尔思辨眼光的涉猎的广阔领域,一句话,他对黑格尔在西方哲学史上的地位、认识与把握是那样的深入、全面、娴熟、了如指掌,因此在阐释黑格尔著作中的具体思想时,他在黑格尔的伦理学说中自由驰骋,既有原汁原味的解释,又有满腔热情的评论,使构成黑格尔哲学体系重要组成部分的伦理学说,被视为当时西方国家一种处理国家、社会、家庭、人与人关系的进步学说真实而全面地展现出来了。从字里行间反映了作者的人生理想,及其把它引进中国来的拳拳思考。"②

张颐先生积极地探取德国古典哲学中关于人的理智与社会现实之间的关系,随着这样的学术研究的实质进行,越来越多的德国古典哲学研究者们看到了对其内涵精神研究的重要意义。例如贺麟在黑格尔哲学研究中,找到了以"新论"代替简单"复述"的研究路向,将黑格尔哲学中的一些根本性的观点有效地进行了自觉分析与梳理。在关于黑格尔的哲学体系研究中,探讨了在今天看来仍然具有是否重要理论意义的关键问题:"在到底是以黑格尔《哲学全书》三大部分:逻辑学、自然哲学和精神哲学作为黑格尔哲学体系,

---

① 侯成亚、张桂权、张文达编译:《张颐论黑格尔》,四川大学出版社,2000年,第88页。

② 黄见德:《论张颐的黑格尔伦理学说研究》,《华中科技大学学报》(社会科学版),2007年第7期;中山大学西学东渐文献馆主编:《西学东渐研究》(第二辑),商务印书馆,2009年,第197页。

还是以《精神现象学》为全体系的导言和第一环,以《逻辑学》为全体系的中坚和第二环,以《自然哲学》和《精神哲学》(包括《法哲学原理》《历史哲学》《美学》《宗教哲学》《哲学史讲演录》等),为第三环来看待黑格尔哲学体系的问题。"[1]贺麟对后一种观点进行了长期的论证,突出了《精神现象学》在黑格尔哲学体系形成中的关键作用,阐释了对黑格尔体现的这种理解更加有利于从逻辑与历史相一致的前提上去研究黑格尔哲学。贺麟坚持以客观、辩证、全面的态度研究黑格尔哲学,成为德国古典哲学研究乃至影响中国的西方哲学研究的里程碑式的人物。朱谦之同样在认同德国古典哲学重要代表人物黑格尔辩证法的理性主义优长之后,对黑格尔历史哲学进行了重点传道,认为黑格尔的历史哲学中对于国家本位的历史观的阐述表达了30年代面临重大国家、民族遭难的中国知识分子的心声。

在康德哲学的研究方面,洪谦先生重新考察了康德哲学中的先验认识论内容,将这种作为理性基础的先验哲学进行了细致的分析,虽然他立足于维也纳学派逻辑实证主义的视角批判了康德先验哲学所具有的古典主义科学精神,认为原则的确定性不能等同于事实的确定性,逻辑实证主义的考察康德先天原则便出现了一系列假设的真理,而非事实的真理。而洪谦对于康德先验哲学的批判性关注正是事实地、经验地说明了理性主义已经由研究对象转化为研究方法渗透到现实的理论探索当中。从另一个角度来说,这种运用理性主义方法树立哲学乃至中国文化、思想的理性结构正是德国古典哲学在中国研究的典型案例。

可以看出,中国人在深入研究、探索德国古典哲学,彰显德国古典哲学思想内涵方面是有所积累的,而这种积累没有脱离中国的现实,具有了自我生长的基本理论。

---

① 杨河:《北京大学与康德黑格尔哲学》,《北京大学学报》(哲学社会科学版),2001年第1期。

三、评价性的德国古典哲学

客观来说，在德国古典哲学逐渐面向理性与自由的探索过程中呈现过另一种形态的研究，即评价性形态。这种形态既包含了特殊时期中国思想理论界发展的时代特征，即在马克思列宁主义意识形态建设背景下的批判化的研究倾向。又在一定程度上体现了德国古典哲学在中国研究的"另类理性"与"适度自由"。

（一）德国古典哲学评价性发展的特殊语境

德国古典哲学在中国的传播及研究在一定程度上受到了马克思主义中国化进程的影响。马克思主义以革命性、实践性的理论特质引领了中国近代社会革命的现实运动，同时在思想文化领域的革新中成为理论探索的标准参照。

一般将马克思主义在中国的传播大致分为三个时期：一是五四运动之前的早期译介阶段；二是五四运动之后的社会改造理论建设阶段；三是新中国成立之后的发展演变以及自觉建构阶段。总的来说，前两个阶段的马克思主义以横向传播为主，包括外来的马克思主义理论向中国国内的横向传播，以及国内马克思主义理论研究向青年知识分子的横向传播。

五四运动之前，马克思主义并不作为一个明确的传播对象被中国人所认识，马克思、马克思主义通过社会主义学说被认识。19世纪末社会主义学说被零散引进，"马克思"才在这一时期进入国人的视野。有资料显示，马克思的名字最早出现在1898年上海广学会出版的《泰西民法志》一书中，次年英美基督教传教士在中国主办的《万国公报》中发文《大同学》中说道："德国讲求养民学者有名人焉，一曰马克思，一曰恩格斯。"至于马克思主义，更是在不同的外来土壤中过渡而来。总的来说这些来源包括"日本学理的马克思主义""欧洲行动的马克思主义""美国空想的、基督教的马克思主义"以及"苏俄革命的马克思主义"。①

马克思主义通过多重途径传播，但其显著的标志就是丰富发展了马克思主义的译介工作。比如马克思主义重要著作《共产党宣言》，其以译作的形式传入中国与马克思主义传播的多种途径密切相关。《共产党宣言》出现了参照不同语种版本而来的中文译本。如1919年罗章龙等人参照德文版本翻译的节译本；1920年蔡和森留法期间参照法文版本翻译的传阅版本；同年留日回国的陈望道根据戴季陶先生提供的日文版的《共产党宣言》，并参照陈独秀提供的英文版的《共产党宣言》翻译出版了中国历史上第一本《共产党宣言》中译本；1929年成仿吾、蔡和森翻译的德文版本中译本；1930年华岗翻译出版的英文版本中译本；1942年博古翻译出版的俄文版中译本；新中国成立后中央编译局依据德文版本翻译出版发行的中译本，等等。

马克思主义在中国的传播是多重途径并存的，日本途径、欧洲途径和苏俄途径都是影响马克思主义在中国本土生根发芽的客观条件。在以日本为中转途径的马克思主义的引进中，1903年我国出现了最早的真正意义的以译作的形式介绍马克思主义重要著作的文献，其中包括《哲学的贫困》《共产党宣言》《英国工人阶级状况》《政治经济学批判》《资本论》等著作，收录在日本学者福井准造的《近世社会主义》一书当中。马克思的哲学著作在当时被冠以社会主义头衔，以中国学者度日留学为媒介扩散到中国大陆。

马克思主义的交流首先发生在中日之间既具有历史因素又有时局特征，19世纪末期中日甲午战争是导致日本文化人量涌入中国的历史关键点。日本文化在中国大量传播成了马克思主义早期在中国得以发展研究的重

---

① 参见王刚：《马克思主义中国化的起源语境研究：20世纪30年代前马克思主义在中国的传播及中国化》，人民出版社，2011年。

要历史背景。在此背景下,日本向中国大陆输入社会主义思潮便是极为直接和便利的。据史料记载,1903年9月日本学者幸德秋水写著的《社会主义精髓》一书,在中国得到了翻译引进之后成为一时代表马克思社会主义观点的经典著作,曾被多次重译出版,对中国当时的社会主义研究起到了推动作用。

同时,中国留学生向日本的大量输送也造成了日本时兴的社会主义思潮的间接带入。中国留学生是马克思主义传入中国的关键主体,他们在不同国家接受、研究马克思主义,形成了对马克思主义不同以往的理解方式和关注内容。蔡元培在《社会主义史》一书的序中曾提到,20年前西洋社会主义输入中国首先是留日学生从日本间接输入的。日本是当时中国人了解、认识、研究社会主义、马克思主义最大的中转站。促进了中国早期的马克思主义研究的丰富与发展。在众多的学者当中,梁启超与李大钊等人起到了至关重要的作用。事实分析,这一时期的中国留学者大都致力于社会改良思想引进,并将这种引进多是建立在救亡图存的向西方学习的原动力之上。马克思主义的初期传播大抵也离不开这样的旨趣,因此造成了尽管是"马克思主义"的传播,但仍然聚焦在"社会主义"这一大阵营的理论建构之中。正如梁启超在日本《新民丛报》18号上发表《进化论革命者颉德之学说》中也曾指出马克思(麦喀士)是社会主义的鼻祖。"今之德国,有最占势力之二大思想,一曰,麦喀士之社会主义,二曰,尼志埃之个人主义。麦喀士谓,今日社会之弊,在多数之弱者为少数之强者所压伏。"①

在最早的留日学者的引论看来,马克思主义在这一时期没有形成系统的传播,也没有特定的对"马克思主义"的界定,马克思主义多是指马克思的

---

① 梁启超:《进化论革命者颉德之学说》,《新民丛报》,1902年第9期;林代昭、潘国华编:《马克思主义在中国——从影响的传入到传播》(上),清华大学出版社,1983年,第74页。

社会主义思想理论,我们能够看到的资料性、介绍性的传播书籍也多半在社会主义的论述中出现了马克思，社会主义对于中国社会思想的影响仍然占据了主导地位,但这同时预示着引进的社会主义将代替进化论。正如中国学者马君武早在1903年做出的分析,预告了这种"代替"发生的几点理由。马君武在刊登在《译书汇编》12期的《社会主义与进化论》一文中尝试指出社会主义与进化论的相似对比。在文中,马君武将进化论的"争自存之理"与西方的社会主义学说(包括马克思的社会主义学说)进行对比,不仅得出了进化论的社会实践科学主义的论调，还将社会主义推向了中国社会改良理念的范围之中,他说:"达尔文之争自存说,于人类之社会历史既可验其现象矣。虽然,社会之进步也,不徒以争自存为单纯之原理。若平均、和亲之类,亦为社会进步不可少之原理焉。徒举社会发达(social development)一问题,则进步(progress)自并包于其中。故社会主义者,不惟不与达尔文主义相反对,且益广其界而补其偏。"[1]

　　社会主义在其与进化论的对比中突显了自身的优势特征，即跳出了进化论朴素地探讨优胜劣汰的自然规则和社会进步学说，更加真实的具有了通往社会实践的可能认知，而这种将西方社会主义思潮的优势进一步凝练的则是另一位重要的留日学者李大钊,"李大钊从1914年至1916年5月,在日本留学期间,接触到了欧洲的各种社会主义思潮,并开始研究马克思主义的著作,特别是日本早期工人运动领袖幸德秋水和东京帝国大学教授河上肇介绍马克思学说的著作,给了他较大的影响"[2]。李大钊1918年先后发表了《法俄革命比较观》《庶民的胜利》《布尔什维主义的胜利》三篇文章,标志着马克思主义在中国学界的正式传播。李大钊把他负责的《新青年》第6卷第5

---

① 林代昭、潘国华编:《马克思主义在中国——从影响的传入到传播》(上),清华大学出版社,1983年,第79页。

② 邢贲思编著:《中国哲学年鉴1983》,中国大百科全书出版社,1983年,第471~472页。

号编成"马克思主义号",并于1919年发表《我的马克思主义观》上下篇,更加全面具体地介绍了马克思主义,推动了马克思主义在中国的传播。

"本来社会主义的历史并非马氏始的,马氏以前也很有些有名的社会主义者……至于马氏才用科学的论式,把社会主义的经济组织的可能性与必然性,证明与从来的个人主义经济学截然分立,而别树一帜,社会主义经济学才成为一个独立的系统,故社会主义经济学的鼻祖不能不推马克思。"[①]李大钊认识到了马克思的经济学是其社会主义有关学说之基础的、独到的展开方式,在这种独到的可以被理解为社会唯物主义的前提下,李大钊逐步揭示了马克思的唯物史观,播种下了马克思主义在中国发展的关键种子。他指出:"马氏社会主义的理论,可分为三部:一为关于过去的理论,就是他的历史论,也称社会组织进化论;二为关于现在的理论,就是他的经济论,也称资本主义的经济论;三为关于将来的理论,就是他的政策论,也称社会主义运动论,就是社会民主主义。离了他的特有的史观,去考他的社会主义,简直是不可能。"[②]

在这些最早期的对马克思思想的引介之中,马克思的社会主义学说成为最早的聚焦点,也是此后作为马克思主义在中国传播的最初形态。尽管19世纪初进化论思想仍然在一定程度上占据着主导中国思想的时代潮流的不争地位,但马克思的社会主义学说在与进化论的比较中仍然显示了,并逐步获得了一定的优势。随着革命运动的开展以及各种途径由来的马克思主义学说的日益丰富,以唯物史观的发现取代进化论对于社会改良的朴素理解愈加显著。如果说这一时期中国所认识的社会主义(宏观的西方国家的社会主义,包括马克思的社会主义)仍然是有偏补进化论的理论作用而成为一时

---

①② 林代昭、潘国华编:《马克思主义在中国——从影响的传入到传播》(下),清华大学出版社,1983年,第27页。

间容易被人们所接受的西方思潮,那么在1917年十月革命之后,或者可以延伸至1919年的五四运动之后,马克思的社会主义等主要学说才真正成了取代"进化论"范式的新的改革理论。

马克思主义的传播除了日本途径之外,欧洲途径以及俄国途径的多元植入使得马克思主义的宣传和接受在十月革命、五四运动之后展开地更加彻底。而在接受的内容上也更加倾向于马克思唯物史观的宣传。

"西欧渠道主要是由第一次世界大战期间和战后赴欧洲勤工俭学的中国留学生担任媒介。他们当中的初具共产主义思想的蔡和森、周恩来、赵世炎、李维汉等接受了马克思主义,在其出版的《少年》《赤光》杂志上登载宣传马克思主义的文章,并通过向国内报刊发通讯的方式介绍马克思主义。如周恩来旅欧期间在天津《益世报》《新民益报》发表的100余篇通讯中,就有一部分是宣传科学社会主义思想的。蔡和森在同毛泽东等新民学会会员的通信中介绍了马克思主义的社会革命理论和党的学说。此外,1920年至1922年间翻译出版的4本马克思、恩格斯原著,有3本是直接由西文翻译的,一本是以日文本为主,参照英文本翻译的,说明自西方渠道传来的马克思主义越来越多了。"[1]马克思主义传播途径的开阔酝酿了一种马克思主义观的实质性进展,即唯物史观越来越凸显,成为真正具有改革性质的重要理论被中国人普遍接受。因此蔡和森指出:"这个无产阶级的社会学(即唯物史观)于历史有莫大的使命。有了他,无产阶级才了解社会里面的生活,才走得上阶级斗争的正路;有了他,共产党人才预先看明资本国家的战争、(资本国家)的革命,接着无产阶级专政以及各党各群的关系;并有了他,第三国际才能率领群众披荆斩棘的向共产社会途上走。"[2]

---

① 刘晶芳:《五四运动与马克思主义在中国的传播》,《史学集刊》,2009年第3期。
② 清华大学中共党史教研组主编:《赴法勤工检学运动史料》(第三册),北京出版社,1981年,第159页。

中国学者对这些大量涌入中国的马克思主义思想进行了筛选，自觉地选择了苏俄革命的马克思主义。自五四运动之后，越来越多的学者清醒地认识到"社会主义在西洋本来是早就有了的，近几年来，中国才稍微有人谈谈。自从共产党在俄国得势以后，西方空气的振动渐次波及了中国，于是'社会主义'就变成最时髦的东西了"①。并在此基础上不断地发展、壮大了中国的马克思主义。而当俄国途径的马克思主义展现出非同寻常的特殊意义时，马克思主义在中国真正发生了转变，一时间青年学生中掀起了"以俄为师"的热潮，刘少奇、任弼时、萧劲光等人由上海的共产党组织承办的外国语学校派送到苏俄留学，此外瞿秋白、张西曼、赵世炎等人以及从不同的渠道、方式进入苏俄旅欧留学或工作，成为传播马克思主义的主要力量。

经过马克思主义传播初期从进化论到唯物史观的观念转变，透过俄国途径而来的马克思主义在中国的发展途径更加成熟的具有了时代赋予的更多理性，这种理性表现在它能够进行一种基于革命实践成功案例的经验吸收以及基于信仰的再次理解，在理论则表现为从唯物史观跨向了广泛意义的马克思主义唯物主义的辩证认识。一种普遍的观念认为这一转变发生在以瞿秋白为代表的俄国马克思主义输送者身上。

1921年至1923年瞿秋白在俄留学，全面地学习了马克思列宁主义，认真地阅读和钻研了马克思、恩格斯、列宁、斯大林等共产主义者的多部著作，如马克思的《共产党宣言》《黑格尔法哲学批判》《关于费尔巴哈的提纲》，恩格斯的《路德维希·费尔巴哈和德国古典哲学的终结》《反杜林论》，列宁的《国家与革命》《唯物主义与经验批判主义》以及斯大林的《列宁主义基础》等。于1923年回国重办《新青年》，将《新青年》作为共产党的刊物，并翻译出版了苏联哲学家郭列夫《无产阶级之哲学——唯物论》，在上海大学任教期间还编

---

① 许新凯：《共产主义与基尔特社会主义》，《新青年》（第九卷第五号），1921年第9期。

写了《社会哲学概念》《现代社会学》，成了中国早期宣传辩证唯物论的重要文献。以留俄回国身份开始马克思主义研究的瞿秋白同其他留学者一样，都对马克思主义具有较为深刻地认识与理解，只不过他更加全面地打开了马克思主义在中国作为科学理论指导和革命性方法指引的思想资源的另一番景象。

瞿秋白在中国学者对马克思主义唯物史观的理解基础之上进一步引进了马克思列宁主义的更多内涵，"他主要是以'互辩率的唯物论'（即辩证唯物论）作为宇宙观和方法论来解说历史、社会、人生、革命。应该注意，这是一个非常重要的变化"[①]。至此之后，马克思主义具有了更多的话语方式，辩证唯物论又一次（继唯物史观的"发现"）打开了中国思想界的大门，丰富地发展了马克思主义，"从历史唯物论（唯物史观）到辩证唯物论的重点转移，在一定意义上，也正是马克思主义从马克思、恩格斯、考茨基到普列汉诺夫、列宁、斯大林的某种变异和发展。即不再是从人类本体的历史进程角度而是从宇宙本体的存在角度来认识、解说、论证自然、社会、历史和万事万物"[②]。

马克思主义与社会革命交相辉映，与社会、民族安危意识紧密相关，马克思主义在新中国成立后出现了新的传播情形。结合一系列社会改革及政治方向，马克思主义在中国的传播性质与内容发生了转变。1949年在党的七届二中全会，毛泽东指出了革命胜利后中国社会发展基本政策的转变，规定了我国由新民主主义社会转变为社会主义社会这个基本任务，标志着马克思主义传播的任务由革命转向建设的基本思路。

1978年党的十一届三中全会，拨乱反正并提出了改革开放的重大决策；1992年，党的十四大明确提出建立社会主义市场经济体制的经济体制改革

---

① 李泽厚:《中国现代思想史论》,生活·读书·新知三联书店,2008年,第169~170页。
② 同上,第170页。

目标;2002年,党的十六大提出从建设小康社会、开创中国特色社会主义事业新局面的全局出发,构建社会主义和谐社会的战略任务;2007年党的十七大上,科学发展观被写入党章,确立为党的指导思想,这也标志着夺取全面建设小康社会的新胜利是新时期中国社会发展的基本目标;党的十八大以来以习近平同志为核心的党中央从立足于党和国家全局性发展高度,提出了一系列重大战略思想,实现了理论创新,形成了习近平新时代中国特色社会主义思想,是马克思主义中国化的最新理论成果,也是21世纪马克思主义的重要理论发展。坚定不移沿着中国特色社会主义道路前进,为全面建成小康社会而奋斗等重要决策。经过党的十八大以来的历史性变革,中国特色社会主义开启了新征程。2017年党的十九大召开,明确宣告了中国特色社会主义进入新时代,揭示了我国社会主要矛盾的发展变化,对新的发展阶段做出战略规划和全面部署。从一系列的发展目标来看,我国社会主义建设始终明确的是在不断推进社会改革的实践路径上加强社会主义现代化的全面发展,为实现全面建成小康社会,实现人民的美好生活不断以坚持马克思主义指导为理论宗旨,创新理论的时代引领力与感召力。在这一背景下,马克思主义的传播也开始由阶级斗争的革命话语转向了服务于社会主义现代化建设的思路上来,马克思主义在中国传播、发展的基本任务已经从指导中国的革命事业转变为指导中国的社会主义建设事业,具有了更加符合时代性、民族性、现实性的诸多特征。马克思主义在我国的传播途径从横向汲取转变为一种内部的纵向传播,主要研究对马克思主义的应用和实践,因此这一时期马克思主义中国化成为马克思主义在中国传播的主要命题。马克思主义在中国社会背景的变化之中呈现了一种具有中国特色的内在建构形态,在马克思主义由国外向国内"输送"基本完成以后,马克思主义的建构以马克思主义中国化的形态出现,这与中国执政党的执政理念,社会发展、建设的基本政治制度息息相关。马克思主义以中国化的形态进一步发展不仅在文化上标志着根本取向,更作为意识形态领域不可动摇地坚实根基。实际上,"永恒发展"不仅是马克思主义唯物辩证法的基本观点,也应当是马克思主义传播的必然状态,马克思主义中国化的进程,是马克思主义在特定时间和具体空间的延伸和展开,是马克思主义的普遍真理和中国具体实践不断结合、不断丰富发展自身的进程,而对这些丰富和发展后的新内容,决不能局限于少数精英的理论研究,而应当主动向人民大众传播,使之成为人民社会实践的直接指导。

(二)德国古典哲学评价性形态的基本特点

德国古典哲学在中国的研究及发展面临着特殊语境。例如主要人物黑格尔哲学的研究,"在很长一段时间里,并不是从发展黑格尔哲学的研究出发,而是从马克思、恩格斯、列宁对于黑格尔哲学的评价出发。实质上,中国人的这种研究,乃是把马、恩、列的评价,既当作出发点,又当作归宿。或者说,把黑格尔哲学研究变成围绕马、恩、列的评价兜圈子,变成对他们评价的图解。不难看出,这是由僵化马克思主义而僵化黑格尔哲学的研究的双重僵化"①。德国古典哲学在中国的研究首先成为批判地继承马克思主义理论的标准样本。作为时代塑造下的文化,我们不可否认地经受着变迁与改革带来的制约因素。如果我们能够接着这种发生在中国的批判发展德国古典哲学的路径继续探索,并结合对新中国成立之初中国文化、政治环境的充分理解,那么那些试图在现有社会环境中努力凸显文化本身所具有的现实意义做法,现在看来已经具备了通往实现哲学创新发展的基本条件。

德国古典哲学在中国的研究及发展面临的特殊语境与马克思主义的

---

① 王树人:《散论黑格尔哲学研究——〈黑格尔哲学新研究〉一书译者序》,《哲学研究》,1989年第9期。

特殊地位与发展要求密切相关。而其中黑格尔哲学因其与马克思主义理论的复杂关系，更加能够代表德国古典哲学在自我反思中实现的内涵转变。新中国成立初期，国内各项事业百废待兴，思想理论界也急于进行更进一步的总结，此时"如何以马克思主义为指导进行研究，却又是必须解决的崭新课题。在当时的历史条件下，中国哲学界把解决这个问题的目光投向苏联哲学界的同行，是十分自然的事情。因为在那时看来，这不但是最为有效和最为便捷的途径，而且还认为，苏联哲学界所阐明的马克思主义是最为正统的，而他们所撰写的有关西方哲学的作品，显然是以马克思主义为指导研究西方哲学的体现"①。苏联哲学界对中国哲学话语方式的影响已经成了中国哲学发展的理性前提，苏联模式的马克思主义不仅在意识形态的建设中处于理性主导的地位，哲学的研究中对这种正统的维护也十分明显。因此在对德国古典哲学进行展开研究时，以三种思路最为见长即"逻辑学中的辩证法、认识论中的真理和实践以及主要体现本体论意义的思维与存在同一性问题"②。（以黑格尔哲学研究为例）然而无论是哪一种思路，其研究的立足点不免带有批判的倾向。这样的传统与其真实的研究意图并不矛盾，批判视角是中国学者能够直接从马克思主义中找到的，更具有代表性地体现了唯心主义哲学与马克思主义在中国视域下的研究状况，代表了一段时期之内我国学者研究德国古典哲学的基本态度。从康德到黑格尔，这种面对唯心主义严肃批判的理念逐渐成为一种系统化的前提，这当时看来是极具理性的普遍认识。

　　随着日丹诺夫讲话精神的引进，苏联论著成了批判西方哲学的重要参考，我国学者将这些苏联论著加以翻译引进，传入国内，许多苏联思想家对

---

①　黄见德：《20世纪西方哲学东渐史导论》，首都师范大学出版社，2007年，第153页。

②　俞吾金：《我国的黑格尔研究评述》，《复旦大学学报》（社会科学版），1984年第5期。

于西方哲学的态度也一并进入中国哲学研究的领域之中。据不完全统计,仅1949年到1955年间翻译出版的论著之中,马克思主义出版物共405种,其中译自俄语的有362种,译自其他语种的43种。哲学出版物共141种,其中译自俄语的126种,译自其他语种的15种。①

1955年初,中共中央发出了《关于在干部和知识分子中宣传唯物主义思想批判资产阶级思想的讲演的通知》和《关于宣传唯物主义思想批判资产阶级唯心主义思想的批示》。借助苏联学者们的认识,我国学者对德国古典哲学的研究经历了一个特殊阶段。以康德哲学为例,中国学者接受的康德哲学大都遵循了苏联学者的思路,即坚决反对以唯心主义、不可知论为主旨的一切形式的修正主义,这其中主要包括了以伯恩施坦为代表的新康德主义的一切论调。中国学者在研究中深刻地贯彻了日丹诺夫的讲话精神,并以此作为参照,大量地学习苏联学者的研究成果。

1961年由刘若水翻译,普列汉诺夫所著的《反对哲学中的修正主义》一书,典型代表了那一时期苏联学者对于西方哲学的普遍态度。在普列汉诺夫所著的《反对哲学中的修正主义》一书中,他对伯恩施坦所号召的"回到康德"进行了批判。普列汉诺夫设置标题"cant反对康德,或伯恩施坦先生的精神遗嘱"批判修正主义,"cant"在译者注释中被解释为原指伯恩施坦在《历史唯物主义》一书中用来反对马克思主义的词汇,"伯恩施坦的这个题词的意义是说康德主义与仿佛书呆子的,伪善的马克思主义对立。普列汉诺夫把伯恩施坦的说法的头一个词和最后一个词颠倒过来。普列汉诺夫的论文的标题'cant反对康德'的俄文意思就是伪善地反对康德"②。其隐喻地指出那些借由康德反对马克思主义的理论才是真正需要批判的对象。苏联学者反对

---

① 丁东红:《百年康德哲学研究在中国》,《世界哲学》,2009年第4期。

② [俄]普列汉诺夫:《反对哲学中的修正主义》,刘若水译,生活·读书·新知三联书店,1961年,第39页。

以"回到康德"为伪善的方式进行资产阶级维护的修正主义,他们以批判另一种形式的康德主义(用康德哲学复辟资本主义的唯心主义),坚持马克思主义。

　　"伯恩施坦先生在号召'回到康德'的时候,应该指出唯物主义所遵循的道路在这方面或那方面的不正确。他不这样做,而只限于使唯物主义'归宿于'(这是何等的笨拙和幼稚!)唯心主义。"①苏联学者认为所谓的"回到康德"只是一种怀揣着资本主义梦想的对康德哲学施展的"借尸还魂术"(出自1980年石倬英《析"回到康德去"——兼谈现代外国资产阶级哲学搞"借尸还魂术"的特点》一文),"伯恩施坦先生不仅反对唯物主义者,而且也反对康德了。而这一切只是为了不威胁资产阶级的意识形态的利益,即是说,为了不去反对资产阶级的康德。康德反对康德——这就是伯恩施坦先生应当选择的一个格言"②。苏联学者有针对性地批判那些将康德哲学努力改造成资产阶级唯心主义的新康德主义,但是他们并没有跨越批判本身进入康德哲学的内容研究之中,因此苏联学者的研究大都以相似的形式展开,实际上没有体现对康德哲学本身的理解与解读,而是一种立场性的研究方式。尽管如此,这种研究方式却成了中国学者一段时期之内的重要理论依据。

　　西方资产阶级唯心主义哲学在这样的背景之下遭到了批判,德国古典哲学自然成了批判的主要对象。但也应该认识到,德国古典哲学在没有成为能够自觉反思和自主解读的哲学研究形态之前,苏联模式可能是引领我们走近德国古典哲学的必经阶段,因此没有必要回避这一事实,即德国古典哲学在中国的研究曾以苏联模式的马克思主义为背景,并开始了以强调唯物主义与唯心主义两条路线斗争的理论分析道路。批判地研究德国古典哲学

---

　　① [俄]普列汉诺夫:《反对哲学中的修正主义》,刘若水译,生活·读书·新知三联书店,1961年,第53页。

　　② 同上,第61页。

是这一时期从事西方哲学研究的主要方法,在唯心主义的强烈对比下,马克思主义得到了更为鲜明的树立。然而间接研究康德哲学的方式必然存在着某种弊端:"这些论著和从苏联引进的论著及其专家的讲课,内容上的一个鲜明的特点是政治上的'左'倾与文化上的虚无主义以及方法上的教条主义,突出地表现在批判西方哲学时,虽然也有一些对于被批判对象观点的简单提示,但作者在这些论著或讲课中最下功夫的地方,却是在党性与战斗性旗帜下对西方哲学进行抨击的猛烈程度以及政治上得出结论的尖锐程度。"①实际上,德国古典哲学这一研究阶段并没有显示其具有真正启蒙理性、自由的内涵,反而呈现故步自封的倾向。

1963年由商务印书馆编译出版苏联学者卡拉毕契扬的论著《康德哲学的批判分析》,其中提出的批判唯心主义的主要纲领性内容成为中国学者一时较为认同的基本研究尺度。《康德哲学的批判分析》一书通过九个专题全面对康德哲学进行了批判:康德哲学的社会根源和认识论根源;康德对唯理论和经验论的态度;康德和康德主义的现象学和不可知论;对康德的认识能力界限学说的批判;对康德的理性心理学批判的分析;对康德的理性二律背反学说的分析;对康德的理性神学批判的分析;法国启蒙运动和康德的道德形而上学;康德和现代资产阶级哲学。基本上,苏联一派的哲学家都将康德视为唯心主义的代言人,其思想是资产阶级反动思想的来源。在这种对康德哲学的极力声讨之中,我国学者在康德哲学领域的研究没有走的更远。

(三.)德国古典哲学评价性形态的积极影响

德国古典哲学的早期研究蕴含在马克思主义传播及中国化历程中。李大钊在《唯物史观在现代史学上的价值》一文中就曾提到"康德在他的'通史

---

① 黄见德:《20世纪西方哲学东渐史·导论》,首都师范大学出版社,2007年,第158页。

概论'里,早已窥见关于社会进化的现代学说,是Huxley与许多德国学者所公认的,然亦不能由当时的神学思想完全解放出来,而直为严正的科学的批评。到了Hegel的'历史哲学'达于历史的唯心的解释的极点,但是Hegel限于'历史精神'观,于一般领会上究嫌过于暧昧,过于空虚。"①李大钊指出了德国古典哲学中出现了社会进化认识的理论演变,通过对这一问题的反思及探讨,最终认为马克思主义革命性地回答了关于社会历史的问题,正因马克思主义对社会历史领域问题的理论贡献才能为中国革命提供真正的思想源泉。可以看到,德国古典哲学如同一味药引,是跨越在哲学与现实的重要桥梁,德国古典哲学与马克思主义哲学的密切关联,无论是证明的还是反叛的,他们都因哲学开放的历史意义具有了更为亲密的内在的衔接。

1935年李达出版专著《社会学大纲》,作为中国第一部"自主研发"、成熟的马克思主义哲学的研究成果在其阐释马克思主义哲学的基本体系和框架时,就关注到了德国古典哲学中的辩证法等重要思想。在李达的表述中他称德国古典哲学是"积极的——辩证法;消极的——观念论"②,得出这一结论的根据在于李达分析了德国社会的现实情况与德国古典哲学理论情况出现的强烈反差,他指出:"古典哲学中观念论与辩证法、幻想的哲学与本质上革命的方法两相结合的事实,反映了布尔乔亚③中胆小的实际家与伟大的幻想、微弱的实践与勇敢的理想的结合。"④基本上李达所要表达的辩证法就是马克思主义的辩证法,因此全书仅有少部分以遵循唯物史观原则的指导下阐述了德国古典哲学的部分观点,并且明确地表达了对德国古典哲学辩证法方面的承认,而在观念论所表达的认识的、形而上的、主观的精神因素上

---

　　①　林代昭、潘国华:《马克思主义在中国——从影响的传入到传播》(下册),清华大学出版社,1983年,第133页。

　　②④　李达:《李达文集》(第一卷),人民出版社,1980年,第36页。

　　③　布尔乔亚:资产阶级。

却不甚认同。因此他在论述黑格尔哲学时指出了黑格尔哲学的伟大历史意义。这个意义就在于直到黑格尔运用辩证法去认识人类史和思想史才成为了可能。德国古典哲学在辩证法中的贡献是中国第一代马克思主义学者们所一致认可的，由这种辩证法发展而来的唯物辩证法成了指导中国人在厘定实践目标的思想武器。

马克思主义的传播进入20世纪50年代后，明显呈现"苏联教科书"的发展版本，并与德国古典哲学的关联显现得更为明显。1956年上海人民出版社发行了苏联学者特·伊·奥则尔曼写作的名为"德国古典哲学是马克思主义的理论来源之一"的译文小册子，其中就德国古典哲学与马克思主义理论的关系进行了简要说明，从德国古典哲学进步和反动两个方面引证了其对马克思主义的影响，并提醒人们在研究马克思主义时绝不能简单地想象来源，而应该对其来源做出合理地判断。书中指出："马克思主义的理论来源之一，就是德国古典哲学。黑格尔和费尔巴哈就是这一哲学的最著名代表。这一哲学在马克思主义哲学的历史准备上。起过巨大的作用：马克思和恩格斯依据这一哲学的成就，从工人阶级的立场出发，对这些成就做出了批判性的改造，从而克服了18世纪唯物主义的形而上学的局限性，创立了唯一科学的世界观——辩证唯物主义与历史唯物主义。"①然而一段时期内在中国的马克思主义理论建设中，"唯一科学的世界观——辩证唯物主义与历史唯物主义"被放大。

20世纪60年代开始，马克思主义教科书的书写工作如火如荼地展开，以1961年艾思奇主编的《辩证唯物主义　历史唯物主义》的出版为标志展开了马克思主义教科书时代。马克思主义教科书的编写时代的到来超越了苏联

---

① ［苏］特·伊·奥则尔曼：《德国古典哲学是马克思主义的理论来源之一》，马兵译，人民出版社，1956年，第5页。

教科书未能具体的、现实地作为中国社会发展的理论武器的缺陷,在当时具有十分重要的意义与作用, 但是也正由于教科书的马克思主义注重对于唯物主义世界观的确立,注重辩证法思维方式的宣传,而在一定程度上忽视了马克思主义其他丰富性内涵的发展。长久以来,中国理论界对马克思主义的刻板印象使得人们不会经意地发觉贯穿在马克思思想内部以及马克思主义发展中的丰富角度, 许多学者更加注重以抽象的方式使我们尽快掌握马克思主义的"本质",甚至将这种本质简单化为唯物主义与唯心主义的斗争等。马克思主义的现实境遇说明了 "传统教科书体系由于不理解马克思对于黑格尔精神活动性思想的批判性改造, 从而也就不能理解马克思哲学变革的奠基性概念即实践概念,而只在认识论中给了实践一种事先收集感性材料,事后检验认识真理性的作用。不言而喻,传统教科书体系中种种理论上的困难从根本上说都是根源于此的"①。马克思主义的理论困境随着中国社会经济模式的转型以及价值观的变化日益凸显,传统教科书解决了认识论方面的困惑,却未能很好地应对人的主体、实践以及存在等问题。

实际上从新中国成立以来, 马克思主义始终在理论的明确价值目标中期盼有效地结合现实需求。正如1937年毛泽东写著《实践论》,开篇指出:"马克思以前的唯物论,离开人的社会性,离开人的历史发展,去观察认识问题,因此不能了解认识对于社会时间的依赖关系, 即认识对生产和阶级斗争的依赖关系。"②毛泽东强调马克思思想中所表明的实践的认识维度是马克思主义之所以能够用于中国革命,成为科学的理论指导的重要依据。马克思主义从认识方法上改变人们的固有思维,具有真正的解放性质。在对马克思主

---

① 王南湜:《马克思主义哲学中国化的历程及其规律研究》,北京师范大学出版社,2012年,第201页。

② 《毛泽东选集》(第一卷),人民出版社,1991年,第282页。

义发展语境下,德国古典哲学的研究应是同样面向现实生活层面的致思,而在较长的一段时间内德国古典哲学的研究工作并没有充分展现这一目的,而是围绕着马克思主义进行了评价性的基础研究。

马克思主义的发展对德国古典哲学的实质影响在于推进形成了评价性的传统研究形态。新中国成立之后,中国在思想文化建设方面经历了一段时间的受苏联哲学影响的教条主义的发展模式,在哲学领域,无论是马克思主义哲学还是德国古典哲学都在"摸着石头过河"。

新中国成立以来,中国首先完成了社会主义改造,这便意味着社会主义制度在中国已经基本建立,同时意味着中国社会的基本矛盾已经开始发生转变,经济文化的发展与人民需求之间的矛盾日益凸显。这一时期中国的社会环境注重以发展生产力促进人们日益增长的物质文化需求。"向科学进军"代表了先进生产力的重要性,也启发了思想文化领域中的观念变革,即在继续坚持唯物主义的立场原则下,注重对文化领域中"科学"因素的挖掘。这种"科学"的挖掘实际上就是指辩证唯物主义的转向以及实践观点文化资源的挖掘。因此在西方哲学的发展问题上,也在一定时期遵循了这样的原则。

黄见德在《西方哲学东渐史》中就曾鲜明地指出西方哲学在中国社会发展特殊时期的特质:"西方哲学研究领域发生的变化,最能说明问题。当时,研究西方哲学的几代学者,除马克思主义哲学家外,年长者一代通过学习马克思主义与社会实践,世界观开始向辩证唯物主义转化;相对年轻的一代,在经受种种考验后成为西方哲学东渐的生力军。"[1]马克思主义哲学在中国的持续发展就是中国社会主义建设的最重要的语境,因此在理论基础不可动摇的大前提之下,隐匿在马克思主义知识框架下的德国古典哲学的可变

---

① 黄见德:《西方哲学东渐史》(下册),人民出版社,2006年,第746~747页。

性发展才能满足马克思主义哲学的发展与创新,换句话说,马克思主义哲学在其本质上是一种无产阶级革命的理论,是阐释了唯物主义世界观的理论,但随着政治路线和文化需求的不断变更,马克思主义哲学的创新不仅需要从自身的理论内容中寻找合理的内核,还需要从它的理论来源入手打开或者限制某种尺度。

而中国的马克思主义哲学发展符合这样的逻辑,"从1957年到1965年'文化大革命'发动前,中国学者以怀疑日丹诺夫讲话精神的正确性为起点,曾经以高涨的政治热情开始了运用马克思主义为指导开展西方哲学研究。然而,日丹诺夫的思想束缚尚未得到全面的解除,又受到国内'左'倾政治路线的控制,使这一阶段的西方哲学东渐,随着国际国内政治斗争的起伏,不断处在曲折之中。在这样的条件下,那些因政治上受到打击的学者被剥夺了从事西方哲学研究的权利,就是政治上没有遭此厄运的学者,在'戴着口袋掏垃圾箱'的过程中,如果不小心没有跟着当时的政治指挥棒转,也是难以正常地开展西方哲学研究与传播的"①。在一段时期内,对于德国古典哲学研究的限制成了坚定马克思唯物主义的重要手段,根植于唯物主义与唯心主义对立论的研究思路也反映了一定时期德国古典哲学必将出现的发展特点。

唯心主义与唯物主义的斗争在中国的哲学发展史上已经不是什么新奇的话题,在此强调这种斗争的出现也并不是站在历史叙事的角度陈述中国哲学界发生过的事实,而是要透过德国古典哲学在中国的特殊境遇进一步反思其传统研究形态中的经验或局限。德国古典哲学在中国的深入发展虽然特殊,但其相较于其他哲学流派具有更重要的影响也恰恰源于此。反思德国古典哲学发展中所经历的不同阶段,一方面我们的确实现了文化发展内

---

① 黄见德:《西方哲学东渐史》(下册),人民出版社,2006年,第757~758页。

涵的转变,即从合目的性向合"理性"的有效转变,另一方面我们又的确需要反思,"理性"地研究德国古典哲学对中国传统文化发展的积极影响。

第三章
德国古典哲学的当代中国发展

德国古典哲学在中国的传统文化中孕育了其发展的可能形态，表现出以理论研究促进哲学对现实问题观照的重要维度。基于德国古典哲学发展的传统能够看出在今天德国古典哲学仍需不断破解哲学面向生活世界的基本问题，仍需在不断反思哲学传统的基础上提供融合学术发展与现实需求的双重维度。

一、延续学术传统

德国古典哲学的学术化发展并不是独立于某一个具体历史阶段的，而是贯穿于中国的德国古典哲学研究的进程当中，体现其基本诉求。在传统的发展中，德国古典哲学就显露出学术化的研究倾向及要求，只不过传统意义上的学术化研究由于学术环境、研究条件的限制没有形成全面展开的局面，随着改革开放的不断深入，德国古典哲学学术化的研究形态日益凸显，逐渐成为德国古典哲学研究的主流路径。相较于传统发展时期的研究来说，德国古典哲学在中国的研究因不断面向学术本身、不断批判的发展，具有了更为丰富的学术内涵及特点。

(一)专注哲学问题,体现学术反思

1978年10月西方哲学讨论会在芜湖召开, 这是西方哲学中国研究史上的一次具有转折意义的盛会。作为粉碎"四人帮"之后的第一次全国性的西方哲学领域的大讨论,与会人员认真贯彻"百花齐放,百家争鸣"的方针,对两个重大的哲学议题做出了关键性的探讨。第一个问题是关于哲学史方法论的问题,第二个问题是德国古典哲学的研究问题,可见当中国的西方哲学研究进入到反思阶段,首先走向前台的就是德国古典哲学。

正如时任中国社会科学院副院长于光远同志对此次会议的认识:"我们中国人应当重视西方哲学的研究,特别是对马克思主义哲学的理论来源之一的德国古典哲学的研究,这对于我们深入理解马克思主义哲学是大有帮助的。"[①]也正是基于这样的反思认识,德国古典哲学在中国的一段时期所关注的主要问题也正是会议提出的三个方面,即关于对德国古典哲学的评价问题;关于德国古典哲学是否包括费尔巴哈哲学的问题;关于黑格尔哲学体系和方法问题。

同年12月,邓小平同志在中共中央工作会议闭幕会上作了"解放思想,实事求是,团结一致向前看"的讲话,对于坚持解放思想、实事求是,开拓马克思主义的新境界等重大思想问题提出了关键性的指引。人们普遍开始反思过去的理论研究,重新研究马克思主义理论成了共识。再这样的理论发展的现实背景下,德国古典哲学中的主要人物作为马克思主义研究中经常出现的名字成了哲学研究中不可或缺的一部分。在学术自由的号召下,高校和科研机构纷纷注重加强了对德国古典哲学的研究。在西方哲学恢复学术化

---

① 《全国西方哲学讨论会在安徽芜湖市举行》,《哲学研究》,1978年第12期。

研究的过程中,也形成了学术团体,比如全国性的中华外国哲学史学会和全国现代西方哲学学会，地方性的以大学哲学系的专业教研室和各省市的社会科学院的专业研究室为单位,构成了若干个西方哲学研究群体。

在这样的背景下,德国古典哲学的研究更为专业化、细致化,德国古典哲学更呈现了以专门人物为载体的专业哲学问题的学术反思。我国长期从事德国古典哲学研究的杨祖陶先生曾指出:"18世纪末到19世纪初的德国古典哲学，除了在社会历史背景和人类科学知识方面有其必不可少的基础之外,作为马克思主义哲学以前的近代哲学的最高发展阶段,本身又是以前此整个西方哲学的发展为思想基础或思想前提的,较切近地说,是合乎逻辑、合乎思维发展自身规律地从近代哲学的矛盾运动中产生出来的。近代哲学所遇到的困难和所提出的问题，构成了德国古典哲学产生和发展的原初动力和努力的方向;也正是由于对这些问题的解决和不断深化,使德国古典哲学成为近代哲学发展的一个新阶段。"①

德国古典哲学在中国的研究工作也从这个角度进一步体现理论本身发展的原动力，从解答哲学问题以及形成逻辑链条的方式反思德国古典哲学中国研究的合理方向。德国古典哲学强调"以理性为工具对以往的一切社会形式和国家形式、一切传统观念,都做了无情的批判,把它们'当作是不合理的东西而扔到垃圾堆里去了'。把他们看来,'一切都必须在理性的法庭面前为自己的存在作辩护或者放弃存在的权利。思维着的知性成了衡量一切的唯一尺度'"②。在这个意义上,德国古典哲学既留给我们哲学发展的思路转换,即哲学的研究应突显的理性恰恰是蕴含在理论内部的学术理性,是从他者理性走向自我理性反思的理论载体。德国古典哲学承袭西方哲学理性主义传统,拓展了其在中国进一步发展的学术化空间。

---

① 杨祖陶:《德国古典哲学逻辑进程》,武汉大学出版社,2003年,第12页。

② 刘放桐:《马克思主义哲学与现代西方哲学研究》,北京师范大学出版社,2012年,第42页。

积极地面对哲学问题本身意味着：一方面深受近代哲学认识论亟待深入探讨的"思维与存在"关系问题的影响的德国古典哲学需要进一步思考其作为哲学理论的问题；另一方面又以德国古典哲学特有的发展线索中，需要在建构哲学本体论、认识论新范式的意义上开辟出与现实问题相关联的发展道路。"在近代哲学中，当哲学家不再从一个无条件的信仰对象即上帝出发，而是从自然和人的角度来考察思维和存在的关系问题时，才谈得上把这两者当做真正对立甚至相互矛盾的原则来看待。"①

近代认识论提示了哲学发展中一种解决矛盾的路径，即无论是从经验主义出发，还是从理性主义出发，对于"思维与存在"关系问题的解答都是第一性的，德国古典哲学也并无例外。康德的认识论立场将这一问题的解答放置在先天必然性的前提之下形成了在人的主观理性认识范围内，通过人的认识能力确定思维与存在同一的设想，对于费希特而言，以唯我论为基本立场将思维与存在统一于"自我"的设定之中，取消了对于客观寻找的思考。至于谢林这样的取消更加明显，非理性的个别自我的灵感是思维与存在同一的可靠根据，谢林在静止的认识主客体关系的维度上提出了"绝对同一"，取消一切物的差别，将"思维与存在"关系问题推向了另一个高峰，那就是黑格尔意义上的"思维与存在"关系问题的探讨。黑格尔改造了谢林的"绝对同一"，将这种"绝对同一"从非理性转移到了理性之中，形成了自康德以来德国古典哲学探讨"思维与存在"关系问题的最彻底的形态。

黑格尔明确提出，在"绝对精神"的自身运动和发展中，"思维与存在"才有可能真正同一，并把这样的结论运用到对人类历史规律的解说和国家社会学说当中。但是德国古典哲学在自我寻找答案的道路中愈加钟情于抽象理性地把握并没有如黑格尔所设想的达到了哲学研究的一劳永逸，费尔巴

---

① 杨祖陶：《德国古典哲学逻辑进程》，武汉大学出版社，2003年，第14页。

哈之后包括马克思、恩格斯的哲学发展正是在这种抽象理性的意义上进行反叛。

费尔巴哈同样关注"思维与存在"的问题,但他反对理性的神学,提出"思维与存在"在感性意义上的同一也是十分重要的。但费尔巴哈哲学中闪现的唯物主义的身影仍处于幼年,仍为后人留下许多亟待解决的问题。总的来说,从康德到费尔巴哈的德国古典哲学就是在解决"思维与存在"关系问题的线索中彰显自身的理论旨趣的,这种理论旨趣没有一个固定的模式,凸显了在思维活动中对哲学基本问题作出的理性思考。借助德国古典哲学对"思维与存在"这个关乎人与世界结构性的追问,产生了实践哲学的探索和从哲学出发反观现实世界的理论诉求。

德国古典哲学在中国的研究开始有意识地面向现实的理论需求问题,体现了理论研究的自觉反思。中国哲学的理论现实在哲学发展的整体性出现,即我们在研究西方传统哲学以近代哲学建构当代中国哲学的过程中,总是能够从德国古典哲学那里得到应有的启示,并且这其实不是肤浅的表现,而是具有更为深层的逻辑关联。

正如我国学者江怡在《重新审视德国古典哲学的意义》中说明了应从以下两方面认识出发回答德国古典哲学当代研究的重要意义,一方面,哲学研究需要从历史维度纵向地认识经典理论的特殊地位。德国古典哲学更是以自身推进哲学发展的方式体现着其在不同论域及哲学生成关系中的历史地位;另一方面,德国古典哲学是与西方学术展开有效对话的关键理论资源,不难发现德国古典哲学自身所蕴含的思维方式、核心问题对于打开传统西方哲学、近现代哲学的研究图景有着关键性的理论作用。她指出:"当代哲学的确出现了许多对康德和黑格尔哲学的某种回归。这种回归并不说明黑格尔哲学和康德哲学对于现在仍然有非常重要的意义,而是当代哲学家们对自己所从事的哲学研究本身提出了一些自己的问题,希望能够从康德或黑格尔的思想中得到一些思想资源。无论是何种回归,哲学家们都不会把这些哲学当作哲学的某种模本,这与德国古典哲学在以往西方哲学中的形象有根本不同。德国古典哲学在西方哲学的重要形象是作为科学的哲学体系,作为一门独立的知识体系和科学的哲学。"①

中国学者对于德国古典哲学的认知已经逐渐超越了传统意义上地回到德国古典哲学,而是走向德国古典哲学开启的哲学新世界,在这一点上中国有着一批年轻的耕耘者,也正是他们在前人的基础上进一步夯实并更加专注哲学问题,体现学术反思的发展道路。例如邓晓芒把黑格尔的抽象思辨还原为精神生活体验,"我不奢望成为胡塞尔或海德格尔的专家,只求谈到他们的思想时不要过于外行。而一旦做到这一点,我想我对于德国古典哲学和马克思主义哲学就会获得一种全新的视角,并为将来建立自己的哲学提供一个方法论的平台。当今国际哲学界,没有现象学的训练就像没有康德哲学的训练一样寸步难行,可惜今天意识到这一点的中国学者还不太多"②。邓晓芒作为德国古典哲学中国研究青年一代的典型代表注重从研究方法创新中体悟德国古典哲学的价值意蕴,其10卷本共540余万字巨著《黑格尔〈精神现象学〉句读》展现了力图把黑格尔哲学系统化甚至大众化的追求。在这个意义上德国古典哲学已然超过了其理论研究的狭隘意义,中国的德国古典哲学不仅体现了理论视野的聚焦,而且更加具有加持哲学发展的内在张力。

(二)强化研究方法,实现理论革新

强化研究方法是促进德国古典哲学发展的重要内容。以往德国古典哲学的研究方法主要通过评价性的批判展开,也就是德国古典哲学在与马克

---

① 江怡:《重新审视德国古典哲学的意义》,《华中科技大学学报》(社会科学版),2016年第2期。
② 代福平:《黑格尔哲学圣殿在中国的落成——读邓晓芒先生的〈黑格尔《精神现象学》句读〉》,《华中科技大学学报》(社会科学版),2018年第2期。

思主义理论的内在关联中具有重要的批判性的参考意义。改革开放以来,评价性的研究又作为批判的前提呈现出了另一种研究方法——批判的批判。实际上,批判的批判是一种重要的反思方法。批判的批判首先以批判的经验作为对象,就德国古典哲学的研究来说就是要打破传统的评价框架,以学术问题本身、思想本身的深入探索进行代替。正如我国学者指出的:"启蒙的政治化走向革命与强权——这并不是理论上的必然,确实在是现实中最容易发生的事情。这样的政治启蒙缺乏足够的开放性和广度。……启蒙的要义就在于理性的自反与自我批评,这是没有边界和限制的,倘若有,那么它就是出口。"①德国古典哲学在以启蒙的哲学身份走进我们的时候就呈现出开放性和广度的缺失,而要进行一系列的进展性研究,就必须进行自我反思。因此改革开放之后以批判的批判开展的德国古典哲学研究展开了一段集中的探索。

1979年,以李泽厚《批判哲学的批判——康德述评》一书为标志,康德哲学的研究进入了理性自反阶段,李泽厚在书中指出:"为批判而批判是没有意义的,回顾哲学史不是发思古之幽情。应该注意活的康德(康德在哲学史上,特别在现代的影响),而不要沉溺在死的康德(康德学的大量文献)中。"②新时期康德哲学的研究已经开始打破以往为批判而批判进行的评价性传统,转而沿着批判的批判进行的现实生活与科学发展的重要联姻。抛开康德哲学唯心主义的界定之说,康德哲学中的认识论、伦理学、美学等才被广泛地接受并得到了直面地认识。因此,将康德哲学进行真正意义上的"回到康德"成为20世纪70年代之后康德哲学中国研究的突出表现。

事实上,"中国人对康德、黑格尔哲学这个历史文本的研究,已经历时五代人了,第一代以康有为、梁启超、严复、章太炎、马君武、王国维、蔡元培等

---

① 韩水法:《理性的命运:启蒙的当代理解》,北京大学出版社,2013年,前言第7~8页。
② 李泽厚:《批判哲学的批判——康德述评》,人民出版社,1979年,第49页。

人为代表；第二代以张颐、张东荪、贺麟、郑昕、张君劢、张铭鼎、郭本道、朱谦之、瞿世英、洪谦、朱光潜、杨一之、全增嘏、蓝公武、韦卓民、范寿康、吕澂、周辅成、牟宗三、沈志远、周谷城等人为代表；第三代以王玖兴、齐良骥、张世英、姜丕之、王太庆、陈元晖、萧火昆焘、杨祖陶、尹大贻、钟宇人、张澄清、李质明等人为代表；第四代以汝信、李泽厚、侯鸿勋、梁志学、朱德生、叶秀山、王树人、薛华、冒从虎、朱亮、车铭洲、杨寿堪、杨文极、黄见德、李毓章等人为代表；第五代的学者中，宋祖良、邓晓芒、谢遐龄、陈嘉明、韩水法、张慎、郑涌等是较突出者，每一代学者对康德、黑格尔哲学的理解都有不同的特点"[1]。诸多活跃于德国古典哲学研究领域的学者们自觉地营造为学术、自由的研究环境做出了努力。在他们的研究中闪现着理性自反的精神，理性的自反也在中国学者的学术践行中得到了充分的彰显，例如他们所进行的"批判的批判"，使中国人的哲学思想得到了一定程度的启蒙，这种以批判的态度树立的对西方哲学内蕴的发挥，也在思维方式的不断转变以及哲学研究主体性的不断确立中体现了中国学者力图想要达到的"学术理性、学术自由"。

以黑格尔这一时期的研究中的一个思路——辩证法的认识为例：

---

[1] 杨河：《20世纪康德黑格尔哲学在中国的传播和研究》，《厦门大学学报》（哲学社会科学版），2001年第1期。

对比内容	《黑格尔〈小逻辑〉浅释》[1]	《论黑格尔的逻辑学》[2]	《思辨的张力——黑格尔辩证法新探》[3]
对黑格尔辩证法基本理解的比较	"黑格尔的辩证法贯穿在他的全部著作里。但最集中、最突出地反映他的辩证法的,要算他的逻辑学著作……黑格尔辩证法是概念的自我发展,它的结构是神秘的。"(第2页)"黑格尔把思维与存在的关系完全加以唯心主义的颠倒,这种错误思想贯穿在他的整个体系里。黑格尔认识上的一切唯心主义的错误,都是从他的神秘的理念产生出来的。"(第7页)"在黑格尔逻辑学的神秘结构里包含着许多深刻的辩证思想,这正是我们所要挖掘的丰富宝藏。"(第6页)	"黑格尔认为'绝对精神'是辩证发展着的。他的哲学,用一句最简单的话来说,就是关于'绝对精神'的辩证法的哲学。""'绝对精神'的辩证发展是按照'正(肯定)、反(否定)、合(否定之否定)'的三段式进行的"(第24页)"黑格尔的全部哲学体系就是这样由'绝对精神'的一连串三段式的环节或阶段构成的。"(第25页)	"黑格尔辩证法的灵魂否定""'否定性'是黑格尔逻辑学中最重要的并在方法论中起基本分析的手段之一","那个有着很多规定的抽象的词,'否定',是发展哲学理论和黑格尔称之为'理念'的概念结构的唯一基础。""把黑格尔对否定的各种不同使用方式归结为一个唯一的否定意义是不可能的"(以上是邓晓芒先生引述D.亨利希《黑格尔逻辑学中的否定形式》中的论述)这种理解必然会导致将黑格尔的这一基本概念,因而将他的整个体系看作是一种支离破碎的杂凑。"(第195页)

① 姜丕之:《黑格尔〈小逻辑〉浅释》,上海人民出版社,1980年。(此书最早出版于1963年,本文引文参照1980年版。笔者认为此书可作为我国20世纪70年代比较有代表性和典型性的黑格尔研究著作,故以此书做为列表内容之一。)

② 张世英:《论黑格尔的逻辑学》,上海人民出版社,1981年。(此书最早出版于1959年,但其在20世纪八九十年代反响热烈,故多次再版。本文引文参照1981年版。笔者认为此书以及作者的思想能够代表我国八九十年代研究黑格尔哲学的主流,故以此书作为列表内容之一。)

③ 邓晓芒:《思辨的张力——黑格尔辩证法新探》,商务印书馆,2008年。(此书最早出版于1992年,本文引文参照2008年版。笔者认为此书以及作者的思想能够代表我国21世纪转型时期的黑格尔哲学研究特点,故以此书做为列表内容之一。)

续表

对比内容	《黑格尔〈小逻辑〉浅释》①	《论黑格尔的逻辑学》②	《思辨的张力——黑格尔辩证法新探》③
对黑格尔辩证法研究依据的比较	"要善于用马克思主义的阶级分析方法批判地阅读黑格尔著作。因此在阅读《小逻辑》之前，如果有条件，最好是先学习一下有关的经典著作，如马克思的《黑格尔法哲学批判》、恩格斯的《路德维希·费尔巴哈和德国古典哲学的终结》以及列宁的《黑格尔〈逻辑学〉一书摘要》等著作，掌握经典作家关于黑格尔哲学的基本思想。"（第12页）	"本书主要目的是想把黑格尔小逻辑学中的一些基本思想作一简要的、比较系统的概括和阐述，并根据马克思列宁主义经典作家的指示，对这些思想做出分析、批判。"（第一版序言，第411页） "列宁在《黑格尔〈逻辑学〉一书摘要》中，系统地摘录了黑格尔的原文并作了评点，本书第二部分大体上依原书的顺序，引证了列宁的许多重要批语，并适当地做出些解释。"（第三版序言，第414页。）	"以马克思主义哲学为指南，以黑格尔的著作为基础，审视和把握当代西方哲学思潮的动向及其对黑格尔哲学的批评，在同国内外黑格尔哲学的研究者、批评者以及黑格尔这位不朽的哲学家本人的对话中，对'原版的'黑格尔思想做出尽可能客观的、准确的表达和重新评价，并揭示它所蕴涵的当代的意义与价值。"（杨祖陶先生为《思辨的张力——黑格尔辩证法新探》一书序言，第1页）
对黑格尔辩证法研究意义的比较	"无产阶级革命导师马克思、恩格斯、列宁都十分重视黑格尔的辩证法，并对它进行了深刻的批判，汲取了它的合理内核，使辩证法由神秘的变成科学的，成为无产阶级和进步人类认识世界和改造世界的锐利武器。批判地研究黑格尔的辩证法，不仅具有哲学史的意义，而且也具有现实的理论意义和实践意义。"（第491页）	"二十年来的人世沧桑使我深深感到，哲学的中心课题应该是研究人，回避人的问题而言哲学，这种哲学必然是苍白无力的。我现在认为，能否认识这一点，是能否真正理解黑格尔思想的关键。"（张世英先生于1986年出版的《论黑格尔的精神哲学》一书序言，第1页）	"在这个国人自以为有把握、研究最深、几乎已提不出多少新意的研究领域中，恰好最有必要从头至尾进行全面的重新估价，哪怕是那些人们已确信无疑的东西，也有重新加以理解、发现其中更深、更丰富的涵义的可能。这就给本书在'黑格尔辩证法'这一'陈旧'题目上展示新意提供了机会。"（导言第7页）

横向具体地比较黑格尔哲学在中国跨越近30年的研究历程可看出，中国学者对待黑格尔哲学辩证法内涵的基本理解、研究依据以及意义与地位等方面存在着或多或少的差异，列举德国古典哲学中国研究支流中的几位代表人物（第三代和第五代中的代表人物），仅作为一种参考性的样本，提示德国古典哲学在中国的发展走向自我革新的重要线索。

同时不难看出，深入理论内部的批判思维相较于评价性的批判方式更加凸显了德国古典哲学当代发展的理论旨趣。以否定性的方式重新反思德国古典哲学的学术化立场，是促进德国古典哲学走向自觉融合及现代化思考的重要变革。

(三)超越传统模式,凸显现代特质

德国古典哲学研究超越了"随机式"的研究模式,努力凸显了德国古典哲学基础理论研究的系统化、真实化的完备模式。对德国古典哲学原著的翻译工作一直是研究德国古典哲学的首要任务和重点工程，德国古典哲学中康德的《三大批判》中文版本至少有5种,还有《康德著作全集》等研究成果,几乎我们所知的康德正式出版的著作都已经翻译完成，并且基于这些研究已经形成了较为固定的学术团体,专门在德国古典哲学的某一人物或某一领域加强研究。除康德之外,黑格尔哲学的翻译工作也作为中国哲学理论的重大项目稳步开展，如前面提到的梁志学先生和张世英先生能够代表一批从事此项研究的国内学者，他们积极组成了持续研究及发展德国古典哲学的学术共同体,并且以切实严谨的方式将这些基础工作不断完善,当然德国古典哲学其他代表人物,如费希特、谢林在中国的研究也形成了小气候,《费希特著作选集》也得到了出版。总之德国古典哲学从"散打式"研究逐渐呈现出依据原著展开系统化研究,并且这些研究并不是以译介工作为终点,而恰恰是依托于原著进行的德国古典哲学的中国式研究。

因此德国古典哲学研究在超越了传统"注脚"模式过程中，又凸显了自我发展的合理方式。德国古典哲学在中国的研究曾经经历了为马克思主义做注脚的阶段，马克思主义在中国的传播与发展在一定意义上造成了德国古典哲学研究的特殊形态，德国古典哲学即作为一种哲学思潮被人们熟知，又通过哲学的反叛来印证马克思主义的科学性。

正如有的学者指出的："以往哲学界在关于德国古典哲学与马克思主义哲学关系的研讨中，往往多局限于德国古典哲学作为马克思主义哲学的理论来源加以探索，特别是一些教科书因袭苏联斯大林关于辩证唯物主义和历史唯物主义中的观点，仅把马克思主义哲学的理论来源归结为黑格尔的唯心主义辩证法和费尔巴哈的唯物主义，作为'合理内核'和'基本内核'批判地吸收到马克思主义哲学中来，其他哲学家很少谈及作为理论来源的问题。从理论来源来研究德国古典哲学与马克思主义的关系并非仅限于此。如果仅仅局限于这种研究，一是没有能够完全表达德国古典哲学对马克思主义哲学的理论来源的完整性，只局限于辩证法和唯物论，从而也影响了马克思主义哲学的完整理论建构；二是仅从理论来源研究二者关系，忽略了德国古典哲学作为一个完整的哲学理论体系的精华的继承。"①

德国古典哲学出现的以马克思主义理论发展为框架的研究范式从历史发展的角度来看无可厚非，就德国古典哲学是马克思主义理论来源而言，批判的认识德国古典哲学是建立实践的、唯物主义的马克思主义理论观点的哲学前提。但也要注意到的是，在这样的框架之下研究德国古典哲学并不能全面地展现这一重要哲学思潮的整体景象。如果不加反思的仅仅沿着一个路径、遵循一种目标的指引进行现代德国古典哲学的研究，不仅无法揭示德国古典哲学自身的理论魅力与丰富的人文精神，更加无法持久地、深入地、

---

① 温纯如：《德国古典哲学精神与马克思主义哲学发展》，《马克思主义研究》，2004年第1期。

全面地把握德国古典哲学与马克思主义深处关系。

随着教科书改革时代的到来,德国古典哲学迎来了超越性发展的契机,当代学者提出:"德国古典哲学的当代理解,需要在不同的层面上根据不同的目的和需要选择不同的方法与路径。就具体的学术研究而言,应倡导文本研究、文献研究、文化研究三位一体的研究方法和路径。长期以来,国内学者或囿于外语水平偏低、或由于国际交流不够、或不能摆脱传统的研究理路,结果在德国古典哲学的研究上,我们至今未能有自己的当代理解。无论是应对全球化国际学术场景的挑战,还是适用国内有中国特色的学术建设的需要,都应当改进这种境况,从而为更有效地研究德国古典哲学与马克思主义发展、特别是德国古典哲学与马克思主义中国化的关系等重大理论问题提供学术础。"[1]

改革开放以来,许多学者都以不同的研究路径、方式体现了德国古典哲学在不同研究目的下的更多发展可能。比如在黑格尔哲学研究方面,王树人于1985年写作的《思辨哲学新探——关于黑格尔体系的研究》一书,表达了现代中国学者对于黑格尔哲学体系思考的新方向。此外,王树人先生还研究了《精神现象学》中的美学问题,这在当时是一个全新的话题,他在此书中论证了黑格尔《精神现象学》中的美学来源,开启了国内对黑格尔美学探讨的可能路径。还有许多学者拓宽了研究视野,从不同的层面和立意诠释黑格尔的哲学体系,比如赵林所著的《黑格尔的宗教哲学》,具有填补我国黑格尔研究空白的重要意义;梁志学编著的《论黑格尔的自然哲学》也是国内第一部研究黑格尔《自然哲学》的专著;张世英先生撰写的《论黑格尔的精神哲学》大作也具有典型性的代表了一代学者潜心钻研学问的学术精神和自由有度的理性尺度。这些重要的研究成果都代表着德国古典哲学在中国的整体研

---

① 张政文:《关于德国古典哲学的当代理解》,《光明日报》,2007年第6期。

究历程中的重要转折,一方面,跳出了"文化大革命"对于学术研究的偏离指引,重新审视了德国古典哲学与马克思主义之间的关系;另一方面,德国古典哲学更加具有灵活性地获得了全新的研究目标和体系建构的事实方案,这些都表明着德国古典哲学正通过最初的学术自由与理性的启蒙阶段,进入自觉发展的新阶段。

二、建构融合范式

(一)问题口径与两种哲学的关系建构

在马克思主义哲学的经典著作中,马克思本人对于德国古典哲学中费尔巴哈思想的批判研究,使得中国学者在德国古典哲学当代发展研究中首先把注意力放到马克思主义哲学与德国古典哲学交叉的问题口径上。在马克思、恩格斯的许多著述中,如《1844年经济学哲学手稿》《关于费尔巴哈的提纲》《德意志意识形态》《神圣家族》和《路德维希·费尔巴哈与德国古典哲学终结》中都有着对费尔巴哈"旧唯物主义"思想的批判性认识。因此德国古典哲学的当代研究在对马克思、恩格斯这些著述的研读和分析中逐渐找寻除了建构发展的合理道路。

1988年董仲其编写了一本名为"早期马克思与费尔巴哈:1845年春止"的小册子,其中概要地指出了在研究马克思与费尔巴哈思想关系中需要思考的几个问题,虽然这本小册子发行数量不多,但对丁了解20世纪80年代初期我国德国古典哲学研究状况和发生的研究路径的转变提供了可借鉴参考的材料。书中指出需要注重在马克思主义哲学的研究中关注的问题是:"一是费尔巴哈的《基督教的本质》一书,是否对马克思发生过类似与'解放'的影响,使他成为了'费尔巴哈派'?二是马克思的《黑格尔法哲学批判》是否没有受到费尔巴哈《关于哲学改造的临时纲要》的重大影响。三是在《1844年经济学哲学手稿》中，马克思对费尔巴哈的评价是否是拔高的、不切实际的。"①

董仲其以文本考古的方式试图回答这些问题，在马克思以及恩格斯早期的诸多著作中仔细地考察了与费尔巴哈思想的渊源，较为客观地评述了费尔巴哈对于马克思诸多观点的影响作用。得出"马克思并没有全盘否定费尔巴哈，这说明，他所创立的新唯物主义是唯物主义的发展——在新的基础上的发展，他虽然同费尔巴哈决裂了，但费尔巴哈的唯物主义学说，在马克思主义哲学形成阶段的作用是不能低估的，也是不能抹煞的。"②对于马克思与费尔巴哈的关系做出的这种说明具有一种必要性和启发性，20世纪五六十年代我国哲学教科书时期对于马克思主义哲学中的辩证唯物主义和历史唯物主义的侧重具有争议，有些学者曾把那一时期的马克思主义哲学称之为"费尔巴哈化"③形式的马克思，认为夸大费尔巴哈哲学在马克思主义哲学中的作用造成了对马克思主义哲学本身的误解，即将马克思主义哲学片面化地理解为是一般的唯物主义而缺失了对马克思主义的全面揭示。然而随着学者们潜心的以马克思主义文本为基础，合理地探视马克思与德国古典哲学的诸多关联时，祛除、反思这种"费尔巴哈化"开辟了当代马克思主义哲学的新阐释路径。

80年代开始，德国古典哲学的研究更加注重了重新梳理马克思与费尔巴哈之间的关系，在文本的探源基础上，纵深地开挖马克思主义哲学与德国古典哲学的丰富内涵。在"真理标准大讨论"之后，"人的问题"出现了，反思

---

① 董仲其：《早期马克思与费尔巴哈：1845年春止》，四川省社会科学院出版社，1988年，第1页。
② 同上，第121页。
③ 王南湜：《马克思与费尔巴哈》，载袁贵仁、杨耕主编：《当代学者视野中的马克思主义哲学 中国学者卷》（下册），北京师范大学出版社，2008年，第246页。

"文化大革命"时期的人性问题,注重人道主义和异化问题的研究成了中国思想界的普遍共识。在这一问题出口,找寻马克思主义哲学中人道主义与异化问题的合理根据也成了一项重要的工作。马克思主义哲学本身蕴含的对旧唯物主义的批判,包括对费尔巴哈思想中的人本主义的批判性认识引起了人们的注意,并被用来作为发展马克思主义哲学人道主义,说明异化问题的一条重要线索。实际上,早在60年代我国学者就曾注意到费尔哈巴与马克思主义哲学之间关于"人的问题"的关系维度。1966年高云昭翻译的波兰学者H.杨柯夫斯基的《路德维希·费尔巴哈的伦理学:马克思主义人道主义探源》一书中提示了我国马克思主义哲学研究早期在人道主义问题域中开挖的可能性,这为80年代马克思主义哲学人道主义思潮在中国的兴起埋下了伏笔。

进入21世纪,以反观费尔巴哈为代表的德国古典哲学而展开的马克思主义哲学研究在某种意义上奠定了德国古典哲学现代发展的旨趣。2000年毕志国《马克思主义哲学的经典阐释〈费尔巴哈论〉研究》;2005年王永山《马克思与费尔巴哈》;2006年戴晖《从人道主义世界观到现代对世界的反省:费尔巴哈、马克思和尼采》;2006年吴晓明《形而上学的没落:马克思与费尔巴哈关系的当代阐释》;2007年张云阁《马克思思维方式论:马克思哲学与费尔巴哈哲学关系研究》;2011年张敏《超越人本主义:马克思与费尔巴哈关系新论》;2014年潘峻岭《批判与扬弃:马克思新唯物主义与费尔巴哈哲学》等。德国古典哲学研究越来越与马克思主义哲学的发展密不可分,并且在马克思主义哲学日益凸显人以及人的社会维度中实现了自我问题域的超越。

总的来说,德国古典哲学的当代发展研究在问题口径的注重层面表现出与马克思主义哲学的契合维度。德国古典哲学一方面吸收马克思主义哲学中国化语境,另一方面加强了德国古典哲学与马克思主义哲学理论现代化发展目标的紧密结合。可以说,两种哲学的结合发展说明了德国古典哲学面向时代问题、提供理论现实意义的可能性。

(二)"以黑解马"或"以康释马"

20世纪80年代,恰逢康德《纯粹理性批判》发表200周年和黑格尔逝世150周年,中华全国外国哲学史学会在北京召开了纪念康德、黑格尔学术讨论会。这次会议云集了西方哲学研究,特别是德国古典哲学领域研究的众多代表性人物:杨献珍、王子野、朱光潜、冯至、洪谦、汪子嵩、杨一之、李泽厚、齐良骥、姜丕之、张世英等。这场大讨论具有标志性地揭开了德国古典哲学在中国发展的现代性开端。德国古典哲学在中国研究及发展的现代性代表了超越以马克思主义哲学为研究框架的回归维度,这一时期中国人对待德国古典哲学已经逐渐凸显出鲜明的转变,出现了"要康德还是要黑格尔"的论域探索。

20世纪50年代以来,国内哲学界对康德一贯持严厉批判态度,而将黑格尔作为德国古典哲学的正确进路,然而这一判断来源于马克思主义哲学研究的理论需求。20世纪80以后中国的德国古典哲学在长期的隐性发展中急切希望冲出束缚,出现了两个较为明显的反叛:

一是不要黑格尔哲学,回到康德哲学。"国内学术界已经厌倦了庸俗化的马克思主义哲学的教条,连带也累及多年来的'显学'黑格尔哲学。这个口号式的主题的含义十分明确,就是要把黑格尔打入冷宫,而将关注点转移到康德哲学上来。"①通过将变革西方哲学研究基调的诉求寄予全面恢复康德哲学的研究中,重新评价康德哲学的地位及价值。因此首先纠正了对康德哲学的错误认识,在这个会议上就明确提出"解放以来,对康德的基本评价是引用列宁在《唯批》中的那段经典文字。我们往往把调和、折中当成贬义词,

---

① 邓晓芒:《重审"要康德,还是要黑格尔"问题》,《华中科技大学学报》(社会科学版),2016年第1期。

表示思想不彻底。在正确的东西和错误的东西之间搞调和，这当然不好。但如果把两种片面性的理论，如经验论和唯理论，结合成为一个较全面的理论，这是否也叫调和呢？所以，说康德搞折中、调和要做具体分析"①。在一段时期内，国内学者对于康德有着特殊的好感，正如李泽厚先生对康德哲学的积极评价，总结为"宁要康德，不要黑格尔"："康德哲学的巨大功绩在于，他超过了也优越于以前的一切唯物论者和唯心论者，第一次全面提出了这个主体性问题，康德哲学的价值和意义主要不在他的'物自体'有多少唯物主义的成分和内容，而在于他的这套先验体系（尽管是在谬误的唯心主义框架里）。因为正是这套体系把人性（也就是把人类的主体性）非常突出地提出来了。"②

二是既不要康德，也不要黑格尔，"人们认为那都是老掉牙的、过时了的东西，谁还在研究这些老古董，就会被人讥为'古典气息太浓了'"③。80年代后的中国学界对于德国古典哲学的态度明显具有倦怠感，这种倦怠感并不是来源于理论本身的终结，而是被西方哲学出现的最新动向所吸引，当然在对这些新动向的研究中也有人越来越意识到，不搞清楚这些"老东西"就离哲学更远了。

实际上这样的认识并不是那个时期的特殊产物，直到今天对于康德还是黑格尔的探讨仍在继续。但与彼时不同的是，这种探讨都已经具备了建构中国人的西方哲学当代范式的自觉认识，这种探讨都是在肯定德国古典哲学是透视西方哲学内在逻辑及理解框架的前提下进行的合目的性的探索。当然也有拒斥德国古典哲学研究意义的，许苏民提出"既不要康德，更不要

---

① 许景行、顾伟铭：《纪念康德、黑格尔学术讨论会简介》，《国内哲学动态》，1981年第10期。

② 李泽厚：《论康德黑格尔哲学》，上海人民出版社，1981年，第3页。

③ 邓晓芒：《重审"要康德，还是要黑格尔"问题》，《华中科技大学学报》（社会科学版），2016年第1期。

黑格尔"，他提出："数十年来，我们不仅对西方学者反思德国古典哲学的理论成果几乎一直置若罔闻，而且对贺麟的深刻反思也重视不够。我自己也曾是康德、黑格尔的崇拜者。回想一百多年前严复、章太炎对德国古典哲学之弊病的揭露，王国维对'可爱者不可信'的大彻大悟，以及后来贺麟等前辈学者对黑格尔哲学的反思，真使我汗颜。我所说的康德、黑格尔哲学中明显是错误的、逻辑上很可笑的东西……"①这无疑是一种全新的视角，用犀利的言语指出康德黑格尔哲学"不要"的原因就在于其哲学中对人性恶为前置的逻辑缺陷等。

　　基于理论探讨的积极反思无可厚非，但这种以现实复杂结果作为前提的反观能否代表哲学研究的真正意图值得商榷。从学术研究的角度出发，哲学确实与时代密切相关，哲学是时代的口号，哲学的研究因时代特质而具有不同的维度。因此又出现了"既要康德，又要黑格尔"的提法，邓晓芒主张"没有一个，就没有另一个"，康德与黑格尔哲学互为补充。还有的学者进一步探索其他的可能性，提出"多要点康德，少要点黑格尔"，或"少要点康德，多要点黑格尔"等等，实际上这样的探索在一定意义上表明只有历史地看待哲学本身才能够超越狭隘的思想界限，从问题出发形成具有建构意义的自我文化的基底。在关于康德黑格尔哲学的众多讨论中，恰恰蕴含了中国人在对待西方哲学的成熟态度。这种成熟的态度既与中国哲学的自我发展路径密切相关，又是在不断满足自我发展价值追求中逐渐拓宽的。

　　即便曾经我们对于德国古典哲学意识形态限制下的发展提出了相当程度的质疑，但是也不能忽视一个基本的理论事实，马克思在他的《黑格尔法哲学批判》《1844年经济学哲学手稿》《德意志意识形态》《神圣家族》等论著中都表现出了对黑格尔辩证法、社会观、历史观等诸多方面的批判理解，也

---

　　① 胡静：《"既不要康德，更不要黑格尔"——许苏民谈德国古典哲学》，《社会科学文摘》，2017年第12期。

正是由于马克思本身对于黑格尔的看重和他思想与黑格尔哲学的密切关联,因此德国古典哲学在中国的发展历程中,逐渐展现出"以黑解马"的研究方式。

然而黑格尔哲学对于马克思主义哲学研究的影响更加侧重于学术层面的发展,即通过对黑格尔辩证法的形而上学的批判实现的马克思主义哲学变革。因此在我国曾有学者指出,"在哲学的意义上,黑格尔所实现的是辩证法与形而上学的'合流';在历史的意义上,黑格尔则是以辩证法与形而上学的'合流',理论地表征了资本主义的存在方式。这是马克思所理解的黑格尔哲学,也正是马克思批判黑格尔的立足点和出发点。"①以此基本认识为出发点,我国学者对马克思基于德国古典哲学集大成者黑格尔哲学基础的颠覆和反思,进一步促成了马克思主义哲学确立唯物主义立场,进而以唯物主义为基点拓展到历史、社会等领域,凸显了实践思维方式的合理之处。因此在发展马克思主义哲学时,不能简单地将黑格尔等德国古典哲学的思想传统与之相对立。而恰恰是在黑格尔诠释视域下的马克思主义哲学才呈现出了一种具有开拓性的发展趋势,即马克思主义哲学从经典的唯物主义路径中的人道主义问题拓展到政治哲学、道德哲学、价值哲学等多重维度。

我国学者也确实在进一步梳理黑格尔与马克思主义哲学的内在关联的过程中,找到了新的启迪。有一种共识自马克思主义哲学在中国广泛发展以来便确定下来,即黑格尔与马克思主义哲学之所以需要进行一种关系性的厘清,最重要的原因在于马克思、恩格斯本人就对黑格尔哲学思想十分重视。

马克思早期思想的形成与他青年时期热衷于研究黑格尔哲学并参与到

---

① 孙正聿:《辩证法:黑格尔、马克思与后形而上学》,《中国社会科学》,2008年第31期;袁贵仁、杨耕主编:《当代学者视野中的马克思主义哲学 中国学者卷》(上册),北京师范大学出版社,2008年,第235~236页。

黑格尔主义者组织的俱乐部不无相关。在那里马克思认识了黑格尔哲学思想中的自我精神、自由观、社会观以及辩证法,马克思对黑格尔哲学的熟识曾在一段时期内成了马克思研究哲学的重要课题,"马克思不仅在他写于1839年的、关于《博士论文》的'笔记五'的最后五页上留下了他阅读黑格尔的《自然哲学》艺术的笔记《自然哲学提纲》,也在写于1843年的《克罗茨纳赫笔记》中留下了评论黑格尔国家理论的片段,而且还留下了写于1842年夏的《黑格尔法哲学批判》、写于1843年末至1844年1月的《黑格尔法哲学批判导言》、写于1844年4—8月的《对黑格尔的辩证法和整个哲学的批判》(作为《1844年经济学哲学手稿》的一部分)、写于1844年11月的笔记《黑格尔现象学的结构》等等"①。

　　恩格斯与马克思经历了相似的思想历程,青年的恩格斯也曾执迷于黑格尔哲学,并一度成了黑格尔主义者,他曾说:"我正处于要成为黑格尔主义者的时刻。我能否成为黑格尔主义者,当然还不知道,但施特劳斯帮助我了解黑格尔的思想,因而这对我来说是完全可信的。何况他的(黑格尔的)历史哲学本来就写出了我的心里话。"②恩格斯起初对于德国古典哲学特别是黑格尔的关注也成了之后他与马克思共同谱写无产阶级革命理论的重要基石。有学者研究表明,恩格斯在对黑格尔研究指向和态度上的转变发生在1844年两人合著的《神圣家族》之中。马克思对黑格尔哲学的批判影响了恩格斯的致思路径,因此恩格斯对待黑格尔哲学的态度开始出现了以批判的手法展现的转折。事实也正是如此,《神圣家族》中出现的对黑格尔哲学,特别是辩证法的犀利批判正在打开黑格尔哲学与马克思主义哲学关系的另一种维度,而这种维度成了中国学者重新思考马克思主义哲学发展问题的关

---

　　① 　俞吾金:《问题域的转换:对马克思和黑格尔关系的当代解读》,人民出版社,2007年,第215页。

　　② 　《马克思恩格斯全集》(第41卷),人民出版社,1982年,第540页。

键论域。

马克思、恩格斯指出："首先，黑格尔善于用诡辩的巧妙手法把哲学家借助感性直观和表象从一个对象过渡到另一个对象时所经历的过程，说成是臆想出来的理智本质本身即绝对主体所完成的过程。其次，黑格尔常常在思辨的叙述中做出把握住事物本身的、现实的叙述。这种在思辨的阐述之中所做的现实的阐述会诱使读者把思辨的阐述看成是现实的，而把现实的阐述看成是思辨的。"①黑格尔哲学被视作与现实性相互分离的思辨甚至诡辩哲学，正是在这一点上，马克思与恩格斯力图解开这种阻碍人们认识世界的谜团，将对于世界的认识真正拉回到现实的实践当中。

在马克思主义哲学当中开出的辩证之花成了以黑格尔哲学进入马克思主义哲学的合理根据，然而"以黑解马"的中国式发展形态实则经历了从黑格尔哲学与马克思主义哲学对立走向了相互阐释的不同阶段，但毫无疑问在马克思许多论文和著作对黑格尔哲学显而易见的加以引证的前提下，绝对割裂黑格尔哲学与马克思主义哲学关系的做法已经不存在了，因此问题就在于以何种立场看待二者的关系。正如俞吾金教授提出的："无论是研究马克思哲学，还是研究黑格尔哲学；无论是探讨马克思哲学与西方哲学的关系，还是探讨西方马克思主义的发展史；无论是考察西方哲学演化史，还是重点考察德国古典演化史，有一个问题是无法回避的，那就是马克思哲学与黑格尔哲学的关系问题。"②

如果我们能够看到新中国成立初期的二三十年间那种讲求黑格尔哲学与马克思主义哲学对立的、僵化的发展模式对马克思主义哲学中国化带来的不良影响，便可以料想进入思想全面解放的中国对于德国古典哲学新发展的期待。因此"在今天，如何理解马克思对黑格尔的理论继承关系，关系到

---

① 《马克思恩格斯文集》(第一卷)，人民出版社，2009年，第280页。
② 俞吾金：《问题域的转换：对马克思和黑格尔关系的当代解读》，人民出版社，2007年，第1页。

如何理解黑格尔和如何理解马克思,因而既关系到马克思的科学发现、哲学变革的历史前景是一个重大的理论问题,又关系到在世界发展的风云变幻中坚持何种立场是一个重大的政治问题……"①我们不敢断言德国古典哲学的集大成者黑格尔哲学对以马克思主义为指导的中国社会的思想前景一定有着某种重大的影响,但是就中国理论界看到马克思主义哲学中国化的现代意义这件事情,黑格尔哲学的进路确实有着不容忽视的、具有无限潜力的重要因素。正如2007年俞吾金写作出版《问题域的转换:对马克思和黑格尔关系的当代解读》,2010年王福生写作出版《求解"颠倒"之谜:马克思与黑格尔理论传承关系研究》都在一定意义上展示了马克思主义哲学与黑格尔哲学之关系在当代中国视域中的合理阐释,并在一定意义上赋予了马克思主义哲学黑格尔路径的合法地位。

俞吾金在书中提出了在黑格尔哲学与马克思主义哲学关系的考察中得出了马克思主义哲学经历了"问题域的转换",使得马克思主义哲学具有了深入发展与研究的更为全新的视域,王福生则认为二者在"颠倒"之谜中揭示了它们之间的理论传承关系,并强调对于二者关系的合理性认识是具有理论意义和实际意义的重要问题。

近年来,"以黑解马"路向的马克思主义哲学研究还在继续,并且呈现出更加丰富的层次。比如2013年张严写著的《"异化"着的"异化":现代性视域中黑格尔与马克思的异化理论研究》,2013年张有奎写著《形而上学之后:马克思的实践哲学思想及其流变》等在不同的问题域以及思想逻辑、研究方式下充实了"以黑解马"的马克思主义哲学中国化的现代性内涵,为马克思主义哲学中国化新发展铺垫了基石。

正是因为以黑格尔哲学阐释路径开挖出了许多宝贵的马克思主义哲学

---

① 王福生:《求解"颠倒"之谜:马克思与黑格尔理论传承关系研究》,中国社会科学院出版社,2010年,第3页。

中国化发展的资源，所以更多的关于马克思主义哲学发展的现代性问题引起了人们的重视。近几年，中国学术界开始另辟蹊径，康德哲学与马克思主义哲学之间的关系探讨成了一个新的热点。

以康德或康德主义哲学阐释马克思主义哲学的一条路径，或者可以引用王南湜教授的定义："马克思主义哲学的近康德阐释"①。特别是2011年日本学者柄谷行人写著的《跨越性批判：康德与马克思》出版发行，同时受到了中国学者的关注，至此能够以康德哲学的视角阐释马克思主义哲学成了现代学界马克思主义哲学研究中的一个具有争议的议题。

2012年底，柄谷行人访问清华大学，就马克思主义哲学中国化研究究竟选择何种路径的问题与中国学者展开了讨论。这场学术讨论的主题代表了我国马克思主义哲学研究的近期焦点，即马克思主义哲学的研究选择康德路径还是黑格尔路径？吴晓明教授指出了不应该否定或贬低以黑格尔路径诠释马克思主义哲学的合理性，"把黑格尔贬低到零又意味着什么呢？它意味着在对马克思的阐释中去除历史与社会、去除现实性原则，并对之做出空想主义和伦理主义的解释。不仅如此，这里还出现了康德与黑格尔的对立。但在我看来，立足黑格尔的观点，并不要求这种对立，因为黑格尔吸取并承认康德最主要的哲学成就，即主观性原则的彻底发挥（将本质性导回到自我意识）"②。而与之展开热烈讨论的王南湜教授则认为我们还可以以康德哲学的阐释路径拓展性的研究马克思主义哲学，并且指出，从德国古典哲学就"致力于建成一种理智一元论"的内在争议逻辑来说，"马克思居于他们（康德与黑格尔）之间，而且更偏于康德这一传统"③。

王南湜教授又在2014年发表论文《马克思哲学的近康德阐释（上）——

---

① 王南湜：《马克思哲学的近康德阐释（上）——其意谓与必要性》，《社会科学辑刊》，2014年第4期。

②③ 《交融与交锋：关于马克思与德国古典哲学的对话》，《哲学动态》，2013年第1期。

其意谓与必要性》进一步阐释了他的观点,他指出:"考察马克思哲学与德国古典哲学的关系,便绝不能仅仅关注于其与黑格尔哲学的关联。黑格尔哲学处于(最后)之地位,但这种时间上的(最后)决不似黑格尔哲学史观念所主张的那样,等同于逻辑上的(最高),而这就意味着,对于马克思哲学与德国古典哲学关系的考察,至少必须将康德哲学分别出来,予以专门的对待。"①因此2013年第6期《哲学动态》上贺来教授在对这场关于马克思主义哲学与德国古典哲学的对话的反思中指出:"德国古典哲学作为人类思想史上的伟大成果,是一个可供后世不断解读并吸取思想资源的宝库。但每一代人对它的解读与吸取都会有着不同的关注重点和侧面,这是因为每一代人都是在特有的历史语境中,带着其特有的问题意识、时代眷注和生存价值旨趣来展开与它的对话的。"②他从反思哲学史的维度将德国古典哲学看作是一个"合乎逻辑的必然进程",在这种进程之中存在着康德哲学以及黑格尔哲学对于马克思主义哲学的前理解立场,我们更重要的是要在反思这些前理解立场的前提下敞开那些凝聚在马克思主义哲学中的德国古典哲学精神以及贯穿在其中的哲学发展的自我品格,并且在理论上升的过程中反思中国的社会现实。对于为何在现代又出现了近康德阐释的研究方法,也是符合哲学发展的内在逻辑的,如果说我们已经习惯于用传统的方式包括用黑格尔的哲学为马克思主义哲学加码,那么近康德阐释方式的出现也许为马克思主义哲学的现代发展打开了一条新的路径,用贺来教授的话就是"撕开了一条裂缝"。

　　毋庸置疑的,从这些马克思主义哲学研究路向的拓展看来,马克思主义哲学与德国古典哲学在更深的层次上开始"对话",这不仅提示了马克思主

---

①　王南湜:《马克思哲学的近康德阐释(上)——其意谓与必要性》,《社会科学辑刊》,2014年第4期。

②　贺来:《重思马克思哲学与德国古典哲学关系的真实意义》,《哲学动态》,2013年第6期。

义哲学中国化研究所具有的发展潜质，同时表明了德国古典哲学在马克思主义哲学中国化语境中所具有的研究的必要地位。正如杨祖陶先生指出的："德国古典哲学对于马克思主义哲学来说，就不像对于其他现代西方哲学那样仅仅是源头、土壤和背景，而是它产生的直接的理论前提和理论来源。……那就是(马克思)打碎德国古典哲学坚硬的外壳，检验其全部内容，从而批判地继承和独立地发展其蕴含着的所有合理内核，创造出了哲学史上划时代的、崭新的'实践的唯物主义'。所以我们说，马克思主义哲学是德国古典哲学的逻辑结论和最后成果。马克思主义哲学的这种与德国古典哲学之间的逻辑的连贯性和自觉的批判继承性，正是它不同于现代西方哲学的根本性的特点和优点。"[①]马克思主义哲学中国化的发展决定了德国古典哲学当代发展的立场，而德国古典哲学在马克思主义哲学中国发展的这条路径中，诠释着其重要理论背景和价值诉求。

(三)融入中国文化格局的积极尝试

以"科玄论战"在中国思想史纵向延伸为坐标，直至20世纪五六十年代，形而上学与科学主义争论下衍生的中西方文化关系问题一直是中国学者开辟学术化道路的不二路径。除了直面学术本身的兴趣转向之外，中国学者逐渐找到了影响着整个中国文化格局的新形态，即在哲学的发展调和西方哲学与中国哲学的尝试研究。这样的研究更加展现了中国的哲学发展逐渐转向理性与自由形态的学术化研究特点。"康德哲学、黑格尔哲学、马克思哲学与中国传统文化之间，也经历了一个对冲、共存、融合的过程。未来中国更需要一个能够把中国哲学与整个西方哲学结合在一起的新的哲学话语和哲学形态。从现代中国哲学的发展过程和方向来看，中国人对康德的吸收是多层

---

① 杨祖陶：《德国古典哲学研究的现代价值》，《哲学研究》，2001年第4期。

面的,康德对新儒学的影响极其深刻,中国大陆、中国港台曾经激发过几代人对康德的追慕与研判,儒家思想不断从康德哲学中汲取思想资源。"①

在德国古典哲学研究方面,康德哲学与中国传统文化的融合研究尤为突出。"我们知道,最有影响力的当代新儒学哲学家牟宗三(1909—1995)从中国哲学的视角(包括儒学、佛教和道教)去翻译和评价康德哲学,这占据了他整个学术生涯的后半部分。"②因此才有了一系列以中国化的眼光书写康德哲学的诸部著作,从《认识心之批判》到《智的直觉与中国哲学》,再到《现象与物自体》,牟宗三围绕康德哲学与中国传统哲学这两个话语主题诠释着步入学术化语境的中国哲学理性与自由意识的觉醒。正如他在《智的直觉与中国哲学》序言中自称:"自民国以来,讲康德的尚无人能做到我现在所做的这点区区工夫,亦无人能了解到我这点区区的了解。如果中国文字尚有其独立的意义,如果中国文化尚有其独立发展的必要,则以中文来译述与讲习乃为不可少。……你若借此机会能真切地读士密斯的英译文,并关联着我的疏解,且贯通着我对于儒家与道家的综诠表以及对于佛教方面之多就天台华严之原典所做的疏解,而真切地体会之,则我想即于西方人士亦不为无帮助。我由康德的批判工作接上中国哲学,并开出建立'基本存有论'之门,并借此衡定海德格尔建立存有论之路之不通透以及其对于形而上学层面之误置,则我此书所代表之方向即于当代哲学界亦非无足以借镜处。"③

康德哲学在中国的传播与发展进程中,牟宗三对康德哲学的别样诠释使得康德哲学具有了更加明显的中国式烙印。那种外化于康德哲学自身,强烈的突显中国传统文化与西方哲学之间差异的做法逐渐被真实的学术化思

---

① 唐艳:《读不完的康德经典,道不尽的哲学智慧》,《衡水学院学报》,2018年第4期。

② 中国人民大学国际中国哲学与比较哲学研究中心译:《康德与中国哲学智慧》,中国人民大学出版社,2009年,第9页。

③ 牟宗三:《智的直觉与中国哲学》,中国社会科学出版社,2008年,序第3页。

考所掩盖,中国人在时代的需求中学习康德哲学中科学主义、民主精神的渴望,以更加深邃的形式凝练在对康德哲学更加全面、审慎的分析之中。牟宗三把他对康德哲学,更可以说是对西方哲学的诠释注入了"架构的思辨",以相迥之理架构中国哲学的较全之貌。牟宗三提出了运用康德的知性分析发掘中国文化特质中的内在的缺陷和发展局限。他指出在知识方面缺少了"知性"环节便会出现难分义理之嫌,研究康德哲学的目的之一便是向中国哲学之中灌注"知性"的意义。使中国哲学真正具有完整的系统,做到"其初也,依语以明义。其终也,'依义不依语'"①。以西方哲学思维中的分析明理的优势弥补中国哲学综合造境之失。

因此牟宗三十分重视对康德哲学中"知性"部分的分析,并在一定意义上发挥了康德"知性"理念在中国新儒学养成中的重要作用,康德的"知性"在牟宗三那里被称为一种"智的直觉",发挥了康德理念中的两个重要内涵,即一是"在内直观方向上对某种非对象的、不显现的'超越论对象'的'悟性直观'②。二是"在'本原直观'意义上的创造性直观或创造性的想象力。'智性的'在这里被理解为'具有创造能力的'。但原则上只有神才具有它。在人这里,它相当于'想象力'。这个意义上的'智性直观'可以简要地诠释为'创造的直观'"③。

牟宗三启用了被康德否定的"知性直观",试图解释康德无法诠释的现象与物自体的二分的困境,牟宗三虽然认同知性是一种中西通用的有效的认识方式,但对于如何直觉知性内部是康德遗留下来的重大难题。因此牟宗三认为在这个问题上中国哲学中"智"的存有方式不同于西方,它既是有对象的直观,同时它也是"无知之知",是无对象的,整体的直觉,是道的本原直观。牟宗三以中国哲学的视角赋予了西方哲学在中国发展出来的新意蕴,不

---

①　牟宗三:《现象与物自体》,吉林出版集团有限公司,2010年,序第7页。

②③　中山大学西学东渐文献馆主编:《西学东渐研究》(第二辑),商务印书馆,2009年,第163页。

可不称之为是对西方哲学的一种典型的、特殊的中国化尝试。

因此有学者总结道："牟宗三对'智性直观'的阐发带有两个基本的目的：一方面试图用它来重新阐释中国文化中儒、释、道思想的基本特征；另一方面则是意欲依此来弥补康德哲学乃至整个西方哲学之不足。"①康德哲学与中国传统哲学之间具有相亲性，"儒家的大部分道德范畴在康德那里都可以保留，但它们的根基应该变成理性和自由意志，而不是那种狭隘的自然情感（孝悌等）。这样一来，儒家的道德观就不再是那种自我纯洁感和自恋，而是包含有彻底的反躬自省成分。儒家伦理在今天日益走入困境，特别是日益暴露出其乡愿的本色，其根本症结在于他们的人性观中缺乏自由意志的深层次根基，因此需要经过一番理性的加工和阐释，而这种加工在康德哲学里面可以找到更多的理论工具和资源"②。

除了康德哲学表现出的与中国哲学的特殊关系之外，黑格尔哲学也在比较的视角下对中国哲学的研究及发展产生了一定的影响，在学界研究的过程中，道家的老子和儒家的朱熹是与黑格尔比较研究较多的两位。朱熹的太极、理和黑格尔的绝对理念，老子的道、有无和辩证法与黑格尔的绝对理念、有无以及辩证法，一直是人们关注的焦点。有的学者期望运用德国古典哲学的哲学诠释方式带入中国哲学语境中凸显其合法性地位，也有的强调差异，将这种差异视为延续中西哲学各自发展的积极意义等。实际上，无论是何种研究，人们已经打开哲学研究的现代视野，努力在实现觉解哲学自我发展路径的过程中积极地建构融合范式。

（四）接轨现代西方哲学多元思潮的创新视角

德国古典哲学的当代研究与发展不得不思考与现代西方哲学思潮的相

---

① 中山大学西学东渐文献馆主编：《西学东渐研究》（第二辑），商务印书馆，2009年，第181页。

② 邓晓芒：《论康德哲学对儒家伦理的救赎》，《探索与争鸣》，2018年第2期。

关性。改革开放以来,德国古典哲学研究的整体语境发生着转变,在与现代西方哲学思潮的比较中进一步拓展哲学的现代化发展成为时代课题。

在中国的哲学理论发展的宏观背景下,德国古典哲学的研究出现了新的建构方式,即更加注重融入现代西方哲学法人更新历程,更关注现代西方哲学思潮的新鲜素材,比如语言学、解释学、现象学、西方马克思主义等。德国古典哲学中国研究出现了研究范式上的现代转型:"德国古典哲学的研究者不仅试图比以往更客观、更准确地把握德国古典哲学同马克思主义哲学的内在联系,而且越来越自觉地意识到要把德国古典哲学的研究推广到研究它对现当代西方哲学的影响、研究现当代西方哲学与马克思主义哲学在继承和发展德国古典哲学时的异同等诸多方面。"[①]世界格局的演变使得哲学之间的交流更加便利,以世界性的视角了解西方哲学的研究在中国发生了的变化已经不再是一桩难事。也正是由于这种不可忽视的文化交流的便利性,使得中国文化、中国哲学在自我发展中不能彻底地屏蔽西方哲学现代转向所带来的影响。

而就西方哲学的自我发展来看,西方哲学在"以倡导理性为旗号,以主客心物分立为出发点,以建立无所不包的理论体系为目标的近代哲学思维方式在整体上陷入了危机和困境,从而失去了其现实性和合理性,必然被符合新的现实性的新的哲学思维方式所取代。同样,现代西方哲学的形成也并不是指个别的哲学家提出了超越近代哲学思维方式的理论,而是西方哲学发展的总的趋势已经开始越出近代哲学思维方式的范围,一种能够体现社会历史时代发展和哲学本身的发展的要求的新的哲学思维方式开始建立"[②]。发生在西方哲学自我发展内部逻辑中的哲学思维方式的转型警醒着所有研究哲学的学者们一个不争的事实:我们需要在更为符合哲学本身的发展逻

---

① 舒远招:《德国古典哲学——及在后世的影响和传播》,湖南师范大学出版社,2005年,第469页。

② 刘放桐:《马克思主义哲学与现代西方哲学研究》,北京师范大学出版社,2012年,第123页。

辑以及更加符合现代性的思维逻辑的双重维度下进一步展开西方哲学的研究。

现代西方哲学发展越来越注重语言的意义，这是一个深深设置在现代西方哲学转向中的重要逻辑。哲学是表达思想的一种重要的语言，同时也是综合思想的重要方式，语言的逻辑在反映思想内涵中有着重要的意义，这是现代西方哲学所发现的具有创新意义的方面。因此对德国古典哲学理论的意义分析和对真理的揭示，需要通过分析考察语言，总结经验性的特征。通过对现代西方哲学所表达的基本逻辑的总结反观可知，德国古典哲学也需要在语言对意义的揭示中下功夫，目的是为了展现一种更加立足于生活世界的德国古典哲学，或者说为了清晰地把握住德国古典哲学中关注现实世界的思想精髓。而这些都可以通过新的逻辑命题——语言，开出可能的征途。

此外，西方哲学在现代历史中发展的转型还意味着西方哲学的研究必须符合现代性的目标。德国古典哲学实际上是一个通过揭示异质文化在中国文化境遇与现实经验中具有公共交流意义的建构性理论，而如何使这种途径变得更加具有现代性、具有面向中国社会发展需求的合理性以及具有实践的意义，对于现代从事西方哲学研究的学者们是一个挑战。无疑，德国古典哲学的研究首先需要克服"译读"现象，诚然，"译读"现象的存在首先是合理的，从文化接受的客观过程来说，"译读"都是一种试图修正、调整、补充传统文化的意识前提，而从现代解释学的角度来看，"译读"带来的"成见"，是历史效果，是现代话语嵌入传统思维的一种进步，也可以称之为理解的"前结构"。因此中国人研究德国古典哲学需要首先认同这种"译读"的合理性，在从"译读"走向更新甚至融合的过程中展现现代哲学研究方法的重要性，也就是尊重和理解研究者对于德国古典哲学中国研究过程中纳入西方哲学自我发展批判式转向的意义与方法。从这两种维度重新考量德国古典哲学所需要进行的现代性"改造",能够真正推动中国哲学、马克思主义哲学中国化向多重相面合理发展的空间尺度。

从对现象的德国古典哲学研究状况的反思到开始广泛地探讨现代西方哲学转向意义上对德国古典哲学的批判性解读开启了以哲学的分析方法对德国古典哲学意义追寻的现实化道路。如果说中国人对于德国古典哲学的研究最初体现的是中规中矩的"译读",那么随着现代西方哲学的涌现,在现代哲学方法的启示下拓展德国古典哲学的现代性内涵具有了可能性。如以哲学的分析方法反思德国古典哲学的研究。在康德哲学的研究方面,除了继续在以往常常聚焦于康德的《纯粹理性批判》《实践理性批判》《判断力批判》的翻译与研读中透视康德先验哲学的认识论意义、方法论意义以及本体追求之外,结合现代西方哲学的重要发展趋势研究、探索、反思康德哲学逐渐占据了较大的比重。

戴茂堂在1998年至2007年间发表的三篇关于康德美学方面的论文,就体现了以现象学观照康德哲学现代性研究的重要视角。他指出:"把握康德美学最好是从方法论着手。康德不能算是严格意义上的鉴赏家,他既不热心也不擅长具体的审美鉴赏。康德美学的意义在于确立了一种美学的独特方法并以此去努力超越传统,其优势主要在方法论层面上体现出来。我们相信,研究康德美学的方法论就是研究甚至是更深入地研究康德美学本身。现代方法论的日新月异和极大丰富,为我们重新把握康德美学提供了多种多样的可能,其中胡塞尔的现象学方法对重新把握康德美学具有特别的意义。"①戴茂堂在康德美学具有的超越自然主义,"回到事情本身"的意义上阐释了其具有现象学的本质特征,将康德美学与现象学在共同面对人性危机的意义上联系起来,是一种现代性的哲学解读方式。

---

① 戴茂堂:《超越自然主义的美学革命——康德"审美判断力批判"的现象学解读》,《哲学研究》,2007年第11期。

余慧元也在论文《康德向现象学的逼近——从〈纯粹理性批判〉到〈判断力批判〉》中认为,康德哲学需要以现象学的方法展开具体的研究,即康德虽然在《纯粹理性批判》中以知性的纯粹概念建构的知识体系悬搁了经验主义,但由于其不彻底性使得这种批判性认识没有走上现象学道路,而在《判断力批判》中将现象学方法鲜明地运用起来。余慧元指出:"康德在《判批》中悬搁了物自体,类似于现象学的还原;其引入了一种积极创造的自由,类似于现象学的意识主动构造功能;其隐含的知性直观思想类似于现象学的本质直观;其主观目的论思想类似于现象学的意向理论;主体间的审美共通感也类似于现象学的'主体间'性理论。可以说康德有了初步的现象学的思维模式,但我们不能说他已跨入了现象学的门槛……"①

可以看出,以现象学反观康德哲学的方法在中国学者当中正在流行,特别值得一提的是,2014年由中国现象学专业委员会主持编辑,上海译文出版社出版发行的《中国现象学与哲学评论》第十四辑收录了我国学者最新研究的现象学与康德哲学融通研究的优秀成果。其中包含以历史分析的手法论述康德哲学的现象学渊源;在"自我"以及transzendental概念释源的意义上探索康德哲学与现象学的重要不同;运用现象学方法探索康德哲学开启的经验之可能性问题等。

在黑格尔哲学的研究方面,也逐渐呈现出以现代西方哲学融入黑格尔哲学具体研究的态势。比如,张世英在论文《现象学口号"面向事情本身"的源头——黑格尔的〈精神现象学〉——胡塞尔与黑格尔的一点对照》中提道:"西方现当代现象学的标志性口号是'面向事情本身',而这个口号实质上最早是黑格尔在《精神现象学》的序言中提出的。这个口号的内涵,即使在现当代现象学这里,其实质也只有从黑格尔《精神现象学》关于'实体本质上即是

---

① 余慧元:《康德向现象学的逼近——从〈纯粹理性批判〉到〈判断力批判〉》,《江苏社会科学》,2003年第3期。

主体'的命题和思想中得到真切的理解和说明。"①从而努力的以现代性理念重新梳理黑格尔哲学的重要价值,此外,越来越多的德国古典哲学研究者们都注意到了在现代西方哲学转向中挖掘德国古典哲学理论的当代内涵。

中国学界普遍认为,现代西方哲学在非理性转向、存在主义转向、语言学转向、西方马克思主义转向以及后现代转向等多重维度上开启了西方哲学划时代的发展,而对于哲学转向的揭示主要体现了现代中国的哲学研究人员立足于以哲学的方法反思西方哲学发展逻辑,积极地建构及表达现代性视域中西方哲学的中国化发展的理论实践。基于这些重要的成果可以看出,德国古典哲学的当代研究逐步纳入现代西方哲学方法论的重要意义。正如王树人在《思辨哲学新探》中指出的:"在任何文化领域中,那些具有深刻内容的东西,即凝结和反映一个时代思想文化精华的东西,除了有些内容需要漫长时间才能发现或消化外,从其可发挥这个角度上看,都是具有永恒价值的。"②德国古典哲学在中国经历了时间性的漫长演变以及空间性的移植生长,在现代如何能够在漫长岁月中积累下来的宝贵资源中重新出发,开创出更加具有现代价值的理论旨趣,是德国古典哲学中国研究的真正意义。

从另一个角度来看,改革开放以来,西方思潮在中国大地上引发了许多热议,20世纪八九十年代一种普遍的文化转型现象出现在大学校园里,"国学热""人学热""类哲学热"等字眼频频层出,代表着中国新一代青年学术势力对于西方哲学等思潮的热诚期盼,这种期盼蕴含着德国古典哲学当代研究与发展的巨大内在动力。许多学者在这一文化转型中开始着重关注德国古典哲学的多元内涵。如齐良骥在《康德的〈纯粹理性批判〉的启蒙思想》一文中表达的那样,法国启蒙运动所倡导的人本精神同样也需要导入德国古

---

① 张世英:《现象学口号"面向事情本身"的源头——黑格尔的〈精神现象学〉——胡塞尔与黑格尔的一点对照》,《江海学刊》,2007年第2期。

② 王树人:《思辨哲学新探》,中国人民大学出版社,2012年,第2页。

典哲学的研究领域。德国古典哲学的异化问题、人文精神的透析，以及对德国古典哲学的实践思维方式、概念的现代阐释等更为深入地挖掘都成了中国学者开启现代德国古典哲学中国研究的重要维度，从不同角度推进了德国古典哲学的研究层面。对德国古典哲学的解读融入更加具有包容性与客观性的自觉因素。

1981年6月，由贺麟担任荣誉会长，朱德生、汪子嵩、汝信担任执行会长，王树人担任秘书长的中华全国外国哲学史学会正式成立，这也标志着西方哲学在中国的研究具有了一个独立的平台，具有了能够真正站在西方哲学自身的视角中推进马克思主义哲学、中国哲学研究的独特地位。而此时，德国古典哲学的研究也因此出现了新时期的转折特征。就在刚刚恢复西方哲学研究的几年内，我国学者就开始了与国际德国古典哲学研究频繁交流的良好开端。

1979年8月至9月，"以中国社会科学院哲学研究所贺麟教授为团长，王玖兴、王树人、贾泽林为成员的中国社会科学院代表团应邀参加了在南斯拉夫贝尔格莱德举行的第十三届国际黑格尔大会。出席此次大会的有来自欧洲、亚洲、非洲、拉丁美洲和大洋洲的33个国家的150多位代表"[1]。

1981年4月，中国学者同样受邀参加了西德美因兹举行的第5届国际康德大会，讨论了康德哲学中关于认识论等问题。

1981年9月9日至12日，纪念康德、黑格尔学术讨论会在京召开，中国学者在德国古典哲学发展研究中的实践为其现代化的革新提供了重要的现实依据。正如贺麟在纪念康德、黑格尔学术讨论会开幕式致辞中所讲："中华民族是有哲学素养的民族，中国古代就有许多伟大的哲学家，中国也敬仰外国哲学家。康德、黑格尔的哲学丰富了世界思想的宝库。这次纪念性的学术讨

---

[1]　中国社会科学院哲学研究所编:《中国哲学年鉴(1982)》,中国大百科全书出版社,1982年,第292页。

论会将推动中国对西方哲学思想的研究工作。"①中国学者的国际眼界为德国古典哲学在中国的多元化发展提供了基础和契机，因此在八九十年代出现了不同于以往德国古典哲学一元图式的理解方式，较多的学者着眼于以比较的视角揭示德国古典哲学的现代意义。例如张世英在德国古典哲学研究中充分体现了受现代哲学思潮影响的视角的转变。他认为在德国古典哲学的研究过程中，"从对康德黑格尔理论体系的概念分析转换到人的主体性精神分析"②是一个值得注意的方面。中国思想界的解冻带来了人的主体性的张扬，这也促成了张世英先生在80年代之后研究德国古典哲学的主要立足点，即将关于人的哲学进一步发展、研究。

　　1986年张世英写作出版《论黑格尔的精神哲学》积极地表达了以哲学多元化发展回应时代心声的意图。张世英发现德国古典哲学中弘扬的主体性主要还是基于理性主义而达到的思维与自由的统一维度，并不是现实的多样性的维度，这样的理论实质虽然属于凸显人的主体性的范畴，但却没有更多的实用性，因此他开始实施其哲学研究的转向，即批判的反思主体性思维方式，他指出："我长期研究西方古典哲学，特别是德国古典哲学，主客二分的思维模式和主体性原则紧紧框住了我、束缚住了我。"③因此他在比较中西哲学的诸多不同中试图超越以往形成的主客二分方式理解人的主体性的思维定式，这种转变的发生也预示着其哲学研究的路径走向"后主体性"是具有合理逻辑的。张世英先生以哲学面向学术以及敢于超越的立场践行的自我哲学研究中的变革，说明了现代我国德国古典哲学同时代表着西方哲学的研究已经进入了学术形态的自觉展开阶段。

　　此外，杨一之对康德不可知论意义的重新揭示以及从"有"与"无"关系

---

①　中国社会科学院哲学研究所编：《中国哲学年鉴（1982）》，中国大百科全书出版社，1982年，第263页。

②　杨河、邓安庆：《康德黑格尔哲学在中国》，首都师范大学出版社，2002年，第260页。

③　张世英：《天人之际——中西哲学的困惑与选择》，人民出版社，1995年，第1页。

的辩证理解尺度来看待黑格尔哲学体系；齐良骥特别重视对康德提出的时间观、想象力、范型论等理念，在他的遗作《康德的知识学》中可见他对康德哲学表现出的知识结构的深入思索；侯鸿勋对黑格尔历史哲学的研究、叶秀山对康德先验论的研究、薛华对精神现象学的研究，以及宋祖良和张慎等开凿出的对黑格尔早期思想的研究等都反映出了新时期德国古典哲学面向自觉探索与发展的现代性品格。

　　德国古典哲学当代研究试图在自觉发挥理论内涵的方面超越传统马克思主义哲学研究的束缚，更加注重以德国古典哲学自我逻辑为立场深化发展其应然内涵。改革开放以来，从德国古典哲学在中国的发展进展来看，德国古典哲学中国研究面向"哲学"的学术形态已经具有了合理开展的基础和环境。

三、强化对话原则

(一)对话的基本原则：平等与自主

　　"对话"意味着在平等、自主、创建中实现哲学的现代化发展。可以说，中国人引进、学习和研究德国古典哲学是跨越了德国古典哲学的理论时空。中国人首先面对的是德国古典哲学作为一种异质文化如何与中国文化进行外在嫁接的问题，而在这种外在地了解德国古典哲学的环境下，不可能实现对德国古典哲学"平等"地发展。然而经历了新文化运动以及新中国成立初期两个时期的促进，德国古典哲学的研究才逐渐走向了"平等"发展的可能。这其中马克思主义哲学中国化也起到了至关重要的作用，正是在马克思主义哲学研究处于一片热潮时，德国古典哲学的研究才被以相对公正的态度加以对待，尽管那一时期人们的目光还大量地聚焦在唯物主义与唯心主义的对立发展上，对待德国古典哲学难免进行立场分析，但随着改革开放逐渐放宽的文化环境，德国古典哲学在这种对立的反思中得到了更加切近"平等"的研究势头。而我们强调的"平等"也就是指在中国哲学发展中不仅需要在"德国古典哲学在中国"这种表面上的时空对碰中研究德国古典哲学，更加需要尊重德国古典哲学内涵的自我特点，并在研究中给予德国古典哲学平等展现这些特点的机会。

正如王国维曾指出的："学术之所争，只有是非真伪之别耳。于是非真伪外，而以国家、人种、宗教之见杂之，则以学术为唯一手段，而非以为目的也。"①"平等"是探求学术资源的最重要前提，如果我们不能首先平等地对待异质文化，又何谈在批判中发扬民族精神以及建构自我的文化体系呢？因此在平等的意义上展开德国古典哲学的研究是实现哲学"对话"的前提条件。

"自主"即希望在以"对话"的价值理念进行德国古典哲学的研究时，能够自主地展现德国古典哲学中国研究的理论自觉，也就是自觉地将德国古典哲学的研究融入到中国的理论现实中，也就是能够以这种研究促进马克思主义哲学中国化的现代研究范式的创新发展。"自主"揭示了以"对话"为方式进行价值理念传递的研究范式，也就是强调在"对话"中发展中国化的理论形态，强调进行"自主"研究的总体方向。当今，我们无法将德国古典哲学隔离在自身的知识体系以及价值体系之外，但是如果德国古典哲学的研究仅仅是为了还原德国古典哲学便失去了以中国人的身份研究德国古典哲学的真实意义。我们研究德国古典哲学必然会烙上中国人特有的思维特征和文化的印记，这同时也是必要的。将德国古典哲学转基因入中国本土文化，催生"中国化的德国古典哲学"，继而实现异质文化的转变是我们进行德国古典哲学研究的真实目的。因此不可否认，所谓的"对话"发展中的自主，

---

① 王国维：《王国维学术经典集》(上册)，江西人民出版社，1997年，第99页。

也就是自主充实哲学的"中国化"的合理内涵。实际上,我们今天所谈及在自主"对话"的维度下实现德国古典哲学中国研究的理论自觉也并不是穿凿附会,早在20世纪初期发生的"东西文化论战"就为我们今天谈论德国古典哲学在中国的理论自觉做出了合理的先导。

这场论战也是中国人第一次集中地、正面地表现出在面对西方哲学之重大背景——西方文化深入中国文化领域时的应对态度,这其中不乏能够提供一些重要的线索。在东西文化问题的探讨中,梁漱溟是一位典型的人物,他曾在《东西文化及其哲学》中专门提到了两个概念,"西方化"以及"东方化",梁漱溟试图解读这两个概念时指出:"如何是西方化? 西方化是以意欲向前要求为其根本精神的,或说:西方化是由意欲向前要求的精神产生'塞恩斯'与'德谟克拉西'两大异采文化。"[1]西方化的科学精神与民主精神是我们都不得不承认的两种"新"的精神,而对于"如何是东方化?"这一问题的回答方面,自觉地植入与西方文化的对比视角,梁漱溟认为:"我对这两样东西完全承认,所以我提倡的东方化与旧头脑的拒绝西方化不同。"[2]不简单的拒绝"西方化"是论述"东方化"的意欲,是在"东方化"未来中加入的新的认识。然而这样的观点不等同于"全盘西化",因为梁漱溟同时指出"东方化"与"西方化"的一个共同的论域,即"你且看文化史什么东西呢? 不过是那以民族生活的样法罢了"[3]。归根到底,梁漱溟将"东方化"放在与"西方化"的比较视阈中加以生成,承认"东方化"在中国文化保持传统方式的意义,另外也试图在"西方化"的解读中启示"东方化"的发展路向。

当时许多学者也都意识到了中国文化转型的问题,张申府(张崧年)也曾认为:"中国旧有的文明(或文化),诚然许多是应该反对的。西洋近代的文

---

[1]　梁漱溟:《东西文化及其哲学》,商务印书馆,1999年,第33页。

[2]　同上,第29页。

[3]　同上,第32页。

明。也不见得就全不该反对，就已达到了文明的极境，就完全能满足人的欲望。但反对有两个意思，一为反动的，一为革命的。我以为囫囵地维护或颂扬西洋近代文明，与反动地反对西洋近代文明，其值实在差不多。我以为现代人对于西洋近代文明，宜取一种革命的相对的反对态度。"①对于西方文化的"革命"带来了一种新的启迪，而这种启迪在中国文化中得到了持续的酝酿。20世纪40年代，贺麟先生以西洋文化之"华化"用度作为思考的进路，进一步具体地提出了儒家思想能否具有新展开的探讨。贺麟先生在《儒家思想的新展开》一文中指出，中国传统的儒家思想能否在西洋文化大量输入的考验下取得新展开，"成为儒家思想是否能够翻身、能够复兴的问题，也就是中国文化能否翻身、能否复兴的问题。儒家思想是否复兴的问题，亦即儒化西洋文化是否可能，以儒家思想为体、以西洋文化为用是否可能的问题。中国文化能否复兴的问题，亦即华化、中国化西洋文化是否可能，以民族精神为体、以西洋文化为用是否可能的问题"②。可以看出，文化论域中的"华化"当然包括对传统连续性的发展视角以及对新思想的自主融合。

德国古典哲学在中国的发展研究在文化论域中传续西学东渐的文化进路，与此同时德国古典哲学又是在不断开创主动自觉的文化意识中成为一种显现的创新式理论形态。赵敦华于21世纪初提出了"用中国人的眼光解读西方哲学"，所谓"中国人的眼光"即是在自主解读西方哲学的角度上发展哲学理论的重要认识。"用中国人的眼光解读西方哲学，是基于'五·四'运动以来中国现代文化建设的历史经验教训而提出的。"③用中国人的眼光解读西方哲学意味着尊重传统的重要维度。"我们不仅要在西方哲学的研究领域和

---

① 张申府：《张申府学术论文集》，齐鲁书社，1985年，第11页。
② 贺麟：《文化与人生》，商务印书馆，2005年，第6页。
③ 赵敦华：《西方哲学的中国式解读》，黑龙江人民出版社，2002年，代前言第1页。

西方学者竞争,更重要的是促进中西文化的互相理解。"①"运用中国人的眼光是中国文化意识的自觉,用中国人的眼光解读西方哲学,更是我们在文化建设中面临的新任务。"②用中国人的眼光解读西方哲学意味着文化发展中的创新自觉,也就是发展西方哲学理论形态的自觉认识。这一点同样适用于德国古典哲学的中国化。

　　李景源在《21世纪的马克思主义哲学创新》一书中也提出观点:将西方哲学中国化视为一种探讨中国化形态的马克思主义哲学不可或缺的前提性"潮流"形态,认为中国化马克思主义哲学"是在西学东渐、中西方哲学文化由冲突走向融合、中国人努力将西方哲学中国化成为潮流这样一种哲学文化历史大背景下产生的,是西方哲学中国化潮流的一部分,同时更是一种超越、一种创新发展。"③西方哲学中国化作为一种在西学东渐中形成的思想潮流构成了中国化形态马克思主义哲学的理论铺垫和重要论域,这实际上说明了西方哲学中国化所具有的接续文化发展使命的合理维度,表达了一种在连续性的文化生成史中解读包括中国化形态的马克思主义哲学在内的理论形态的方式。

　　另外,陈卫平也对我们今天论述的德国古典哲学在中国的进程进行了整体性的阐释,他认为,"西方哲学的中国化是指它们在中国取得了新的理论形态,有着与其在西方不尽相同的貌。……西方哲学在中国之所以取得了新形态,是因为中国传统哲学成了其重要的思想资源。所以,西方哲学中国化的理论建构始终贯穿着如何对待中国传统哲学的问题。而在这个问题上

---

①　赵敦华:《西方哲学的中国式解读》,黑龙江人民出版社,2002年,代前言第4页。
②　同上,代前言第11页。
③　李景源:《21世纪的马克思主义哲学创新:马克思主义哲学中国化与中国化马克思主义哲学》,江苏人民出版社,2010年,第92页。

存在着三个互相联系的普遍性的环节:变革、融合、制约。"①中国学者在探索中国传统文化论域中的自我革新道路时，也十分注重西方哲学这一不可忽视的重要因素,从一个层面反映了西方哲学,包括德国古典哲学在内,其中国化理论的自觉向度,真正体现了以自主的哲学理念建构意识推进马克思主义哲学中国化发展的重要思路。

(二)对话的目标要求:推进面向现实的哲学出境

德国古典哲学能否在中国具有可持续发展的根本动力及现实意义关键在于如何使哲学面对现实问题。哲学通过现实问题的积极出境才是推进哲学不断凝聚时代精神、创新理论的关键所在。德国古典哲学的当代发展同样有着这样的要求。而且这个要求并不是独立存在的,而是与能否揭示未来哲学研究的现实意义密切相连的。

从这样的要求来看,德国古典哲学的研究首先要坚持"中国特色"。无论是哪一种哲学理论,在当代都构成了中国现代哲学的重要板块,关键在于以什么样的态度面对不同的哲学理论。汤一介先生曾指出:"中国现代哲学的建构至少有三个重要'接着讲'的路径:一是接着中国传统哲学讲;二是接着西方某种哲学讲;三是接着马克思主义哲学讲。……中国现代哲学必须适时地'接着'中外哲学家已有的成果讲,这样才有生命力,才能对中华民族的复兴、建设'和谐社会'以及为全人类做出贡献。"②

中国现代哲学的建构说明了哲学理论的发展既需要坚定同一性的原则,也需要适时地注重思考新意,而这些都是围绕着中国哲学本身的现代化做法,都无疑没有超出"接着讲"的主旨。拿到中国的理论环境中来说,任何

---

① 陈卫平:《西方哲学的中国化与当代中国哲学的建构》,《学术月刊》,2004年第7期。
② 汤一介:《西方哲学冲击下的中国现代哲学》,《文史哲》,2008年第2期。

哲学理论的研究都不能完全地独立思考，而是应该拿起哲学融入现实的责任感，这种责任感必须看到是来源于我们对于马克思主义科学理论的持守当中。德国古典哲学也需要"接着讲"，不仅要接着西方哲学讲，更要结合中国传统哲学讲，最为关键的是要接着马克思主义哲学讲，因为作为基本原理的马克思主义哲学能够适用于当代社会的现实问题才是德国古典哲学研究应该着重思考的问题。那么德国古典哲学所具有的对话的功能就应该是"宣传""澄明""深化"等，德国古典哲学的研究也要通过这样具有中国特色的方式反过来走进其他文明当中。

德国古典哲学在中国的研究是哲学理论普遍性与特殊性的统一，这种统一必定包含了一个重要内核——中国特色。虽然德国古典哲学不像马克思主义哲学那样一开始就与中国革命进程、社会实践那样密切相关，但作为马克思主义的思想背景，作为世界性的文化，它在中国的发展同样构成了中国文化变易的重要因子，同样具有"中国特色"。德国古典哲学是一种异质文化，但它的研究与发展像一个有力的武器一样刺透了中国旧社会的思想文化，为人们带来了理性、科学、自由、民主，德国古典哲学以一种内化于思想的方式变革了中国人对于世界观的传统思维，这在一定意义上等同于加入了中国革命的潮流，等同于与中国社会现实发展同呼吸共命运的旨趣。因此可以说，德国古典哲学旁敲侧击地促成了"中国特色"理论的持久发展，是以自我理解的中国化的方式回应着"中国特色"的基本目标。

德国古典哲学当代发展同时应注重吸收和容纳马克思主义哲学中国化的价值追求及发展机制。冯契曾指出的："中国人之所以需要马克思主义哲学，是为了用它来回答'中国向何处去'的问题。而要做到这一点，就必须把马克思主义哲学同中国革命的具体实践密切结合起来，使之为中国人民所掌握；就必须使它取得民族的形式，使它与中国优秀传统结合起来，也就是说,使它成为具有中国特色的哲学。"①

马克思主义哲学中国化不断发展的价值追求是解决中国自己的问题,是在传统的基础上创建中国特色的哲学,实现哲学内部的真实转化,形成一种新的哲学传统的共识。而这一点正是中国的德国古典哲学所应关注的重要前提。高清海先生曾指出:"学习西方先进的哲学理论,最终目的还是为了创建属于我们自己的当代中国哲学。别人的理论终究无法代替我们的哲学思考。西方哲学是以西方人特有的生命形态和生存经验为基础,它的问题意识和思想旨趣基本上生成于西方人特有的生命历程之中,它的审视和追问方向也主要是西方人特有的生命经验,我们不可能期望让他们代替中国人去理解、反思我们自己的生命境遇和生存意义,仰仗他们的理论具体解决中国的现实问题。中华民族的生命历程、生存命运和生存境遇具有我们的特殊性,我们的苦难和希望、伤痛和追求、挫折和梦想只有我们自己体会得最深,它是西方人难以领会的。我们以马克思的哲学为指导,对于这类具体问题也仍然需要有我们自己的理论去回答和解决。"②

马克思主义哲学中国化代表了中国传统哲学向现代的转型,也可以说中国化的马克思主义哲学就是中国哲学的有机组成部分,德国古典哲学如何在这一有机统一整体中合理出境?他的发展又具有多大的现实意义?实际上,一方面德国古典哲学始终作为"马克思主义哲学中国化"的思想背景而存在,即作为马克思主义哲学产生的思想资源或者马克思主义哲学中国化的参考对象、批评对象而存在。德国古典哲学在中国的价值通过马克思主义哲学中国化体现。马克思主义哲学中国化再进一步解决中国的现代化问题过程中需要德国古典哲学加以进一步诠释。另一方面,审慎地看待马克思主

① 冯契:《中国近代哲学的革命进程》,人民出版社,1989年,第398页。
② 高清海:《中华民族的未来发展需要有自己的哲学理论》,《吉林大学社会科学学报》,2004年第2期。

义哲学中国化蕴含了对德国古典哲学研究的合理期待。德国古典哲学在中国的研究及发展与马克思主义哲学中国化的关联性，不断地促生了马克思主义哲学的现代性内涵，也促成了中国人进一步深化德国古典哲学研究的目的性与必要性。

因此在辩证地认识德国古典哲学发展内涵时，需要不断揭示德国古典哲学在与中国文化相互碰撞中形成的独有"中国形态"，也就是不同于马克思主义哲学中国化生成的中国哲学的有机组成，不同于传统文化现代转型意义上的形态新筑，而是在以方法、文化思维、理性需求等方面体现的以德国古典哲学中国研究为进路的另一种哲学理论形态的加注。这种加注认识因素大于本体因素，发展因素大于变革因素。正是在这种不同理解之下，德国古典哲学在中国的研究才显得具有了积极的作用和可供探索的实践路径。

德国古典哲学在当代中国的理论自觉为我们在"对话"的意义上实现马克思主义哲学中国化的现代发展提供了丰富的动力。德国古典哲学作为在中国不可忽视的重要文化资源，与中国文化的自身建设具有统一维度。在德国古典哲学的当代研究中，那种努力实现自由对话、自我阐释的理论发展目标与文化建设的现实目标相吻合。正如2013年8月19日习近平总书记在全国宣传思想工作会议上指出："中华民族创造了源远流长的中华文化，中华民族也一定能够创造出中华文化新的辉煌。独特的文化传统，独特的历史命运，独特的基本国情，注定了我们必然要走适合自己特点的发展道路。对我国传统文化，对国外的东西，要坚持古为今用、洋为中用，去粗取精、去伪存真，经过科学的扬弃后使之为我所用。"①文化的发展既需要坚守"独特"，又需要在创造性中实现"中国化"，如果说德国古典哲学在中国发展至今的历

---

① 习近平:《胸怀大局把握大势着眼大事 努力把宣传思想工作做得更好》,《人民日报》,2013年第1期。

程中我们能够认同的是文化的对话与会通已经逐渐成为中国哲学理论自觉形态形成的重要机制,那么在多元文化融合的景象之下既坚守中国文化"独特",又主动求变,才能更好地创造中国哲学的未来。如此看来,德国古典哲学的理论自觉是必要的和具有现实意义的。

主动求变、融合会通的德国古典哲学为中国哲学的未来发展提供了重要的价值取向。在现代展开的哲学理论研究更是侧重以"中、西、马"融通发展为核心的"对话"研究,强调在较为全面掌握具体的哲学思想的基础上,对其进行全面而深入地反思和批判。正如季羡林先生指出的:"交流是推动人类社会前进的主要动力之一","由于文化交流,世界各民族的文化才能互相补充,共同发展,才能形成今天世界上万紫千红的文化繁荣景象。"①

楼宇烈、张西平也认为:"凡有生命力的文化都不会是'独语'的文化,唯有'对话'才能促进思想的发展,唯有宽容才会有文化的繁荣与昌盛。"②"中、西、马"三个维度的对话促进的不仅仅是文化资源层面的交流,更重要的是将学术研究真正拉回到思想的平台中,拉回到对时代问题以及人的问题的真正关切当中。21世纪的中国在尊重"对话",发展"对话"的理念引导下积极地实现着包括西方哲学在内的哲学新变革。

2003年,主题为"全球化语境中的文明冲突与哲学对话"的学术讨论在桂林召开,引发了当代中国学者对于中国哲学如何实现思想意义上的"对话",建构中国哲学的新形态展开了热议。2005年,第五届马克思哲学论坛承续着探讨哲学"对话"的话题深入开展了马克思主义哲学研究新视角的探索。更在2007年,由深圳大学国学研究所及《中国社会科学》杂志社联合主办的"对话、融通与当代中国哲学的新开展"专家论坛掷地有声地提出了关于

---

① 季羡林:《文化的冲突与融合》,北京大学出版社,1997年,序言第2页。

② 楼宇烈、张西平:《中外哲学交流史》,湖南教育出版社,1998年,序言第2页。

中国哲学创新发展的新思路。①中国哲学的整体研究已然处于一个全新的阶段，即需要在认真地理解中国哲学所处的时代境遇和现代性问题的前提下，最大发挥融通维度下哲学创建的积极意义。

正如孙伟平在论文《马克思主义哲学中国化的路径选择——从"结合论"走向"创建论"》中指出的："放眼现实，中国特色社会主义实践还在不断向前推进，实践的发展还在不断提出理论上的要求，要求理论给予合理的令人信服的解释，要求理论通过创新予以恰当的指导。中国特色社会主义实践的新颖性和复杂性表明，改革开放初期那种'摸着石头过河''跟着感觉走'，已经不能满足实践的全部需要，也远远不能令人们满意了。……因此当前时代的'马克思主义哲学中国化'不得不超越一般性的'结合论'阶段，而必须进入依据马克思主义哲学的本真精神、以发展和创新为核心的中国化新形态的'创建'阶段。这种独立自主、与时俱进的'创建'本身，既是批判的革命的马克思主义哲学本身的内在要求，也是中国特色社会主义理论建设的有机组成部分。"②对中国哲学的整体发展来说，德国古典哲学在中国的经验与启示能够为其带来更加多元化的选择空间，也是探索马克思主义哲学中国化未来发展的合理参考。德国古典哲学的积极研究在哲学的内在逻辑与符合中国文化面向世界性发展需求的双重维度中提示着哲学创新的目标方向，在一定意义上，深入地揭示、理解德国古典哲学与马克思主义哲学中国化"对话"研究的可能及其意义，是推动马克思主义哲学中国化发展的重要思考路向。

---

① 参见孙正聿主编：《中国高校哲学社会科学发展报告：1978~2008.哲学》，广西师范大学出版社，2008年，第215~216页。

② 孙伟平：《马克思主义哲学中国化的路径选择——从"结合论"走向"创建论"》，《哲学动态》，2007年第4期。

第四章
从传统走向当代的"问"与"鉴"

经过长期研究，我们在德国古典哲学很多方面都取得了十分重要的成果，同时存在无法回避的问题。这些问题同研究理念及研究方法紧密相关，但更深层的根源于"中国需要什么样的哲学研究"的反思。问题的反思关键在于总结经验，明确中国哲学理论特有的文化背景中的共性问题，从而更加自信地解答或推进当代中国哲学的现代发展。

一、德国古典哲学中国研究的问题呈现

德国古典哲学从最初引入到哲学体系化的自觉发展为我们提供了重要的启迪，也表露出多重问题。这些问题是德国古典哲学在中国发展自我新陈代谢的必然产物，同时也是开启进一步推进德国古典哲学当代发展的重要经验认识。

（一）范式转换问题

德国古典哲学的中国研究曾经面临范式转换的问题。新中国成立之后，

哲学社会科学工作以"教科书"范式推进，

把20世纪80年代以前的哲学从总体上界说为"教科书哲学"，其主要依据在于：其一，把全国通行的哲学原理教科书作为标准的马克思主义哲学概念框架，以这个教科书模式去宣传、讲授、解释和研究马克思主义哲学，并以这个教科书模式为标准去区分马克思主义哲学与非马克思主义哲学；其二，以这个教科书模式作为最基本的哲学理论框架和解释原则，去建构包括中外哲学史、伦理学、宗教学、逻辑学、美学和科技哲学等在内的全部哲学学科，并用它去研究、评述和批判古今中外的各种哲学理论、哲学流派和哲学思潮；其三，以这个教科书模式作为最高层次的真理体系，去规范自然科学和社会科学研究以及文学艺术创作，并用它去论证包括政治生活在内的全部社会生活中的各种重大举措，从而规范人们的精神生活和实践活动。[1]

在"教科书"范式的总体影响下，德国古典哲学的研究呈现出震荡式发展的情况，这一震荡由马克思主义意识形态领域影响及反思德国古典哲学学术形态两种振幅构成。这一震荡同时显明"曾一度被定为一尊的苏联官方'教材体系'，虽然强调马克思主义与现实实践的密切联系，但是由于简单、粗暴地处理理论与实践之间的应有关联，即不是把马克思主义研究变成一堆'实例的总和'，而是把它变成对现实进行抽象说教的语录和口号，进而使大约半个世纪的马克思主义研究处于学术性与现实性双重缺失的窘境"[2]。

德国古典哲学确实在挖掘马克思主义意识形态科学性中起到了重要的

---

[1] 孙正聿主编：《中国高校哲学社会科学发展报告：1978—2008.哲学》，广西师范大学出版社，2008年，第3~4页。

[2] 李景源：《21世纪的马克思主义哲学创新》，江苏人民出版社，2010年，第397页。

作用。我们所研究的德国古典哲学必定经历与时代同频的塑形阶段，"马克思主义（包括其哲学）是社会主义中国的政治意识形态，这是在中国的（任何）马克思主义研究（都）必须面对的基本处境"①。不尊重马克思主义意识形态的指导地位就没有符合德国古典哲学中国研究的完整语境。但不能仅仅停留在满足这样的德国古典哲学研究，而是需要继续在德国古典哲学现实境遇矛盾的触发中逐渐实现研究范式的转换。

> 哲学作为时代精神的精华，要求哲学自身面向现实、关注和发现现实中的问题，从而真正体现自身的时代性。同时，哲学面向现实不是一味地解释现实和附和现实，而是以理论的方式去批判现实问题和引导时代精神，从而体现作为思想中所把握到的时代。坚持和发展21世纪的哲学研究，需要提出和探索新的重大理论问题和现实问题，同时也要正确认识理论与现实的关系问题，哲学研究如何实现理论与实践的有机统一？如何达到在提出重大的理论问题和有效地解决现实问题之间一种恰当的张力关系？如何处理好哲学研究的学术性与现实性的关系问题？②

这也是摆在德国古典哲学研究面前的重要问题。诚然，学术形态的德国古典哲学在中国成为一种显学代表了中国哲学发展的重要力量，但偏重在哲学的学术形态挖掘中超越以往意识形态的框架约束是否会造成对于哲学与现实的某种脱节？而实际上，学术形态的发展既是思想本身的需求，也是另一种现实性的表达。

---

① 徐长福：《马克思主义研究的学术化探索》，社会科学文献出版社，2010年，第17页。
② 孙正聿主编：《中国高校哲学社会科学发展报告：1978—2008.哲学》，广西师范大学出版社，2008年，第194页。

（二）机制创新问题

进入20世纪80年代的德国古典哲学中国研究无疑迎来了创新发展的春天，一方面，德国古典哲学与马克思主义哲学越来越密切的发展逻辑不得不使我们进一步加深理解德国古典哲学在创新的层面上发展需求；另一方面，德国古典哲学在诸多论域中不断被强调和诠释，更加增加了德国古典哲学在中国创新研究的必要性。但同时以这两种思考角度展开的德国古典哲学研究出现了不可避免的分歧。汤一介在《20世纪西方哲学东渐史》总序中提出这样的观点：西方哲学在现代化的进程中出现了两种哲学的分离建构原则，即"旧瓶新酒"和"新瓶旧酒"。改革开放以来，这样的原则认识同样适用于德国古典哲学的创新机制问题分析。

德国古典哲学研究在马克思主义哲学视域下的开展仍然占有重要的地位，但在研究方法上的突破体现了"旧瓶新酒"的发展机制。如前文提到在马克思主义哲学中国化语境中德国古典哲学研究不断突破单一的批判式研究模式，进而凸显马克思主义哲学与德国古典哲学相互阐释中的关系维度的发展转变，以及在哲学史的层面上不断深入探索马克思主义哲学与德国古典哲学内涵关联的研究等，都体现了德国古典哲学在马克思主义哲学中国化的"旧瓶"中不断凸显新的生命力的创新研究。然而所谓"旧瓶"也并不是一种否定。

正如陈寅恪先生在1933年发表在《冯友兰中国哲学史下册审查报告》一文中的观点："真能于思想上自成系统，有所创获者，必须一方面吸收输入外来学说，一方面不忘本来民族之地位。"[1]关键问题是如何达到创新的效果？创新发展德国古典哲学是为了更加合理地在新事物与本民族的两种维度中

---

① 陈寅恪：《金明馆丛稿二编》，上海古籍出版社，1980年，第252页。

找到平衡,或者说任何一种文化演进都有着相似以及不同的因素,只要我们清醒地认识什么是需要坚守的原则,什么是需要创新的部分,中国文化的发展才能真正具有持久性和感召力。陈先达也曾指出:"学术思潮和社会思潮一样,是无法用强力阻挡其涌现和发展的。应该把任何一种思潮的变化,看成是对从事马克思主义哲学研究的学者的一次洗礼、一次考验,也是对我们的研究方法、思维方法,乃至学风和文风改进的大促进。……对个人来说,各种研究都是一种选择,是一种学术自由。我们的思路要宽阔,眼界要开放:只要有助于丰富和创新马克思主义哲学的研究,都应该举双手赞成,表示欢迎。但有一点必须明确……我们全部的研究都必须建立在坚持马克思主义哲学的基础之上,并以其作为分析问题的基本理论和方法论。"[1]因此德国古典哲学中国研究与发展需要以开放性的研究机制创新德国古典哲学的理论进路,而这种创新的实质还在于研究方法的变革。

(三)研究方法问题

语言学、解释学、现象学等现代西方哲学转型带来的现代性研究方法逐渐成为德国古典哲学当代发展研究的"新瓶",控制论方法、系统工程方法、信息工程方法也被运用在德国古典哲学的探索之中。如1981年梁志学在论著《从康德到黑格尔的德国自然哲学中的目的性与因果性》中首次尝试用控制论来研究德国古典哲学中的自然哲学;雍建雄在论文《系统论与黑格尔》中联系系统论原则研究黑格尔哲学;李海涛在《从系统论看哲学史——兼评黑格尔哲学史观中的几个问题》一文中也指出黑格尔哲学中蕴含着的系统工程研究方法的价值与内涵。虽然这类研究在国内尚属少数,但也说明了中国人在进行德国古典哲学研究时已经开始运用创新的思维试图建立德国古

---

① 陈先达:《论马克思主义哲学创新之路》,《哲学动态》,2014年第1期。

典哲学中国研究的新面貌。可以看出,在德国古典哲学的研究发展需要不断在思考适用方法的基础上促进研究范式的转变,结合自身发展的土壤凸显时代价值与理论的现实意义。

二、以哲学思维反思哲学发展

德国古典哲学在中国的传统及发展经验来看,可以从认识论上反思哲学的发展逻辑;从本体论上反思文化的启蒙价值;从方法论上反思理论的发展可能。

(一)从认识论上反思哲学的发展逻辑

德国古典哲学在中国的研究与发展与时代诉求、社会发展特征相关,同时也是彰显中国哲学理论的自我逻辑。对这一问题的反思不应局限于德国古典哲学的狭小视野,而应以整个西方哲学为宏观背景进行规律性总结。德国古典哲学是一种典型的西方哲学理论,在德国古典哲学中国发展的历程中显示了与西方哲学同一的逻辑:在不断地"描述与修正"中成为中国哲学的有机组成。

西方哲学以形而上学批判自我的发展及演变逻辑展现着西方哲学的气质与精神。即在描述与修正的逻辑上诠释哲学本身;形而上学内涵的内在转化又表达了一种哲学视野的扩展,即从本体论到人文精神的转变。在此意义上对照我们研究的德国古典哲学的中国发展形态,表明了德国古典哲学在中国同样经历了西方哲学在中国的描述阶段以及不断注入中国力量、中国话语的修正阶段,进入新时期的德国古典哲学在中国的研究及发展更是在描述与修正的辩证统一中彰显中国化哲学理论的发展未来。德国古典哲学在中国发展历程的描述与修正现实地诠释了哲学形而上学的内在意境,在形而上学语境中研究西方哲学中国化是在哲学意义上解读德国古典哲学在中国生长与发展形态的有力尝试。

从某种意义上来说，形而上学的自我批判历程代表了西方哲学的整个发展逻辑，即哲学总是在不断地自我描述与修正的过程中表达时代问题与思想归旨的辩证统一。正如形而上学从亚里士多德开始被认作哲学本真的"是其所是"问题，是追寻"作为存在的存在"和"那些自身属于它的东西"的本体论问题。形而上学以一切学科的基础和前提的"第一哲学"身份成了人们探讨本体世界实在性的知识根据。然而，使得形而上学真正成为具有不竭发展动力的是形而上学发展历程中所展现出的形而上学自我描述与自我修正的辩证批判逻辑。海德格尔在反思形而上学的最初形象时曾做出过论断："一切形而上学(包括它的反对者实证主义)都说着柏拉图的语言。"①

形而上学首先存在着遵循传统进行描述的特质，这种特质持续地出现在以存在者的合理性以及终极性思索为目标的哲学理念的抽象表达之中，然而传统形而上学所进行的描述在以存在者"是其所是"的执着中缺失了"存在"的维度，缺失了哲学原发于人的存在性的思考立场。也正是在这一点上，近代哲学家们批判传统形而上学的实体逻辑是以人类主体为核心树立的近代唯理论的形而上学形态。其中典型的代表就是笛卡尔，他为唯理论的形而上学提供了一个重要的命题——"我思故我在"，将形而上学的重心转移至以"思"的认识路径打破了传统形而上学描述中的抽象实体形象的一元追求。

笛卡尔将主体观照描述"在"的存在之中，在这一过程中，形而上学得到了近代以来的一次明显修正。即从"在场形而上学"到"主体性形而上学"②的

---

① [德]海德格尔：《面向思的事情》，孙周兴等译，商务印书馆，1996年，第81页。

② 俞吾金：《形而上学发展史上的三次翻转——海德格尔形而上学之思的启迪》，《中国社会科学》，2009年第6期。

修正。"在场"即是指近代不断突破的那种以实体维度塑造形而上学应然内涵的传统形而上学,而从"在场形而上学"到"主体性形而上学"的修正不仅扩大了"形而上学"一词的使用范围,即把探讨真理和错误的本性以及观念的起源和性质的问题同样包含其中,更加突出了人类主体对于形而上学发展的重要意义。

在笛卡尔的形而上学"转型"之后,康德对于形而上学的批判性认识更加确立了近代形而上学的主题。如果说笛卡尔对形而上学的批判与修正发生在以"我思故我在"的主体确立为契机的传统形而上学之中,那么延续着"'我思'必须能够伴随着我的一切表象"[①]的这一认识,康德再一次对形而上学进行批判。康德认为变革认识方式才是把握形而上学真问题的重要途径。他认为,人的认识本身是"自发性的行为",而"在直观中被给予的这些表象全部都属于我"[②],人的认识能力本身所具有的自发性、自觉性的综合能力造就了对给予我的杂多表象在一个自我意识中被理解的可能性,康德称之为统觉。统觉地提出成了奠定康德形而上学形象的重要依据,也使得形而上学走向了对理性的严谨审视的认识领域。

在康德看来:"这个时代不能再被虚假的知识拖后腿了;它是对理性的一种敦请,要求它重新接过它的所有工作中最困难的工作,即自我认识的工作,并任命一个法庭,这个法庭将在其合法要求方面保障理性,但与此相反,对于一切无根据的非法要求,则能够不是通过权势压人的命令,而是按照理性永恒的和不变的法则来处理之;而这个法庭就是纯粹理性的批判本身。"[③]康德批判自笛卡尔以来的为了确立人类主体性而被无限放大的理性所致的近代形而上学的危害,这种危害不是显现的,而是在思想之中蔓延开来的。

---

① ［德］康德:《纯粹理性批判》,邓晓芒译,人民出版社,2004年,第89页。

② 同上,第90页。

③ 李秋零主编:《康德著作全集》(第4卷),人民大学出版社,2005年,第74页。

与笛卡尔不谋而合的是，康德继续在超越传统形而上学本体论描述的维度上发展了形而上学对于自身的"承诺"，即以不断地修正形而上学的内在逻辑支撑其哲学探险的承诺。因此康德在其哲学中表达了对理性独断的剔除意识，并显示出了他不断探索重新建构形而上学的可能途径。

在这个意义上，我们便可以赞同德里达在谈及20世纪科学主义思潮时做出的论断："当时人们谈得最多的是哲学的局限，有时甚至是哲学的'终结'或'死亡'。就我个人而言，那时我虽然对于形而上学的关闭充满兴趣，但我从不赞成哲学已经完结的说法。因此我尝试在关闭和终结之间寻找某种道路。"①这种出路在探索延续至现代哲学的内部，如同实用主义者罗蒂认为，以打破从古希腊到近代康德乃至现代哲学基础主义与本质主义的权威才能够真正走出形而上学的新希望。罗蒂在《哲学与自然之镜》中指出了这条新希望的实现路径："摧毁读者对'心'的信任"②，在罗蒂眼中，所谓"心"的信任和"知识"的信任是形而上学在发展当中的内设屏障，"心"的信任即是形而上学的本质主义基础，而"知识"的信任即是形而上学的基础主义倾向，他们都根植于人们以往对于形而上学的一元理解方式，将世界以及人类自身看作是具有某种本质规定和可追溯基础的确定性观念，在罗蒂看来这样的认识只具有"逃避的企图"，而很难在现实世界与人类理性之间达成契合。他批判的是康德所一再重申的主体与客体对立的基础知识催化了这种困境。

罗蒂主张需要认真地反思这样一种哲学的境遇："在康德之后的学院哲学语境里，以希望取代知识意味着相当科学的某种东西。它意味着放弃康德的如下观念：存在着所谓的'人类知识的本质''人类知识的范围和限度'或

---

① [法]德里达：《书写与差异》，张宁译，生活·读书·新知三联书店，2001年，第2~3页。
② [美]罗蒂：《哲学和自然之镜》，李幼燕译，生活·读书·新知三联书店，1987年，第4页。

'人类的知识处境'有待于哲学家去给予探索和描述。"①用希望代替形而上学的基础主义、本质主义的一元认识方式，意味着用差异取代同一，用多元贬斥绝对。

实用主义对形而上学的认识是寄希望于对真理的多样化、差异化地理解，突破"知道事物"和"使用事物"之间的区分，从而从根本上剔除存在之物与客体世界分离认识的前定。取消一类问题，即描述事物与事物存在方式的关系问题。在罗蒂看来，实用主义正是因为大胆地取消了阻碍人们确信符合人类现实生活的真问题，才成了能够带给形而上学新希望的现代哲学。这种哲学无疑是多元的、丰富的和具有流动性的实用主义。因为实用主义没有继续给予形而上学僵硬的"本体的承诺"，而是赋予在哲学中发展"形而上学"的另一种路径。现代哲学并没有遗弃所谓的在黑格尔之后遭到拒斥的形而上学，因为对形而上学的修正才能够真正打开哲学发展的现代之门。如果说我们曾经厌恶了形而上学"专制的女王"的形象，那也不等同于对形而上学本身的遗弃。毕竟彻底的否定形而上学就是否定哲学为人类思想带来的意义，只有在哲学的自我逻辑中认真地品味形而上学不断自我修正的历程，才能表明我们对哲学认识的恰当思想立场，才能在这样的思想立场中展开作为一门学科发展的成熟判断力。

从形而上学的批判史中映射出形而上学具有一种解释哲学本身发展规律的逻辑方法，也就是描述与修正的辩证统一。然而不仅是形而上学的这种方法论使得形而上学乃至西方哲学具有了不断衍生发展的不竭动力，形而上学内在气质、精神的变化也使得形而上学在现代仍旧具有了重要的地位和意义。形而上学从诞生之际便以符合"真""善""美"的统一维度为尺度不断修正自己，近代哲学在"真"的层面上夸大了形而上学的本体化、本质化、

---

① ［美］罗蒂：《后形而上学希望》，张国清译，上海译文出版社，2003年，第18页。

基础化形象,形而上学得到了理性之真层面的敬仰,但却失落了形而上学理应追求的真实与崇高。最终理性未能摆脱与物自体世界的分离,这种形而上学尝试的本体论路径仍然缺少人文精神的关联与追求。因此在形而上学的争辩声中遭遇否定,但这也同时意味着在形而上学的路途中期指一种更加合理化的形而上学理解,即现代是哲学发展应以形而上学的希望形象展现哲学自我形象的祛魅,展现人类生活世界的人文精神。

形而上学以本体论为传统的形式出现终结黑格尔,但并不意味着形而上学本身的终结。形而上学走进了现代哲学的新思考角度,以希望的形象,在反本质主义的构架中超越对真理的绝对理性化认知。体现着不断铺叙人文化的精神追求,展现形而上学的新的批判形象的未来形而上学之路。形而上学将超越本体论的狭隘束缚,呈现出更加具有张力、更加面向事情本身的形象。这不仅是形而上学自身逻辑的指向,也是形而上学蕴含的人类思想范式的转化。罗蒂批判康德式的真理定义,将形而上学的思考拉入实用主义的思考层面。以实用主义的观点关联形而上学的"善"与"美"。罗蒂还认为形而上学应该在道德的层面进行理解。因此他认真地分析了道德与审慎。

罗蒂认为虽然它们都是人类适应其生活环境的产物,其目的是共同的,即要对人类的环境起到无可争议的适应作用。然而"对于像杜威这样的实用主义者来说,在有用的事物和正确的事物之间,不存在类的区分"①。然而,近代哲学"像康德一样,一些人把道德看作源自一种为人所持有的称作'理性'的能力,却把审慎看作人和其他哺乳动物所共同具有的某种能力"②。这种将道德理性与审慎划界开来的方式在实用主义者眼中是不敢认同的,因为他们认为道德只不过是审慎不同程度的进化,而不可做出类的区分。因此"从杜威的观点看,鲜明地区分了理性和经验、道德和审慎的那些哲学家千方百

---

① [美]罗蒂:《后形而上学希望》,张国清译,上海译文出版社,2003年,第57页。

② 同上,第58页。

计地把一个重要的程度差异转变为一个形而上学的类的差异。他们借此为自己建构了一些问题,那些问题既然是人为的,就无法解决"①。

然而在实用主义者罗蒂眼中,在道德形而上学的领域不存在对普遍道德真理的追求途径,如果存在形而上学的道德,即是要追求人们如何适当地信任他们环境问题,追求一种内在本能与自身环境相契合的能力,而不是某种确定性的道德形而上学依据。因此罗蒂认为,超越了形而上学之"真"的执着才能真正在实践的层面上发挥形而上学的人文精神启示作用。而一切传统的、康德式的道德权威的确立,只会使人在实践中望而却步。因为康德只是"企图根据'可普遍化'的唯一理念而对'实践'给出忠告"②,而没有顾及道德行为的后果是否符合人类的生活境遇这一关键问题。

实用主义认为,只有严肃地对待传统形而上学的弊端,才能在实践的层面上提供一种更加具有可观性与有效性的道德理念,引导人们通过对人类心理状态的真实认知去接受、去实现社会的实践以及人的实践。实用主义倡导摒弃"上帝的眼光",不以理性判定为目的,而将人的差异性与社会的复杂性融入到形而上学的实践当中,认为以审慎的眼光面向形而上学的生活世界才能够带来对形而上学更为全面的理解。才能使现实的世界与真理的世界在崇高的"善"与"美"的维度中得到某种契合。因此现代哲学的发展思路告诫我们,不要在妄想用形而上学的理性形象指导人类的行为中停留太久,因为根本没有一条符合人"心"的要求指定了对"同一"的诉求,只是当人们惯于用这样的方式限定人类的思考之时,形而上学的形象才成了不可跨越的障碍。然而当我们允许个人为了差异性的目标追求(这种目标蕴含在人文精神当中)差异性的共在时,人类的幸福才可能不断增加,形而上学才会具有面向未来的无限可能。

---

①② [美]罗蒂:《后形而上学希望》,张国清译,上海译文出版社,2003年,第59页。

形而上学在历史上的几次转化为我们提供了认识一个知识或学科发展的基本依据：在描述与修正的辩证统一的方法之中逐渐完善、提升自身的精神与气质。西方哲学在中国（尤其是新中国成立以后的中国）发展的数十年经历与形而上学之经验有着同一性逻辑。在形而上学的语境下，即在形而上学发展认识的逻辑方法及精神实质的现实走向中，德国古典哲学的发展历程才能被理解为一门学科发展的合理轨迹。

新中国成立以来，德国古典哲学研究经历的首个阶段便是知识论阶段。所谓知识型即把德国古典哲学理解为马克思主义哲学的一种注脚，按照真与假、对与错的真理标准把其规定为唯物主义与唯心主义斗争的知识。1949年至1979年间的中国，思想文化的起初解放都在探索中逐渐倾向于政治立场，无疑在这一时期思想文化的解放依赖于政治指导，也往往直接产生于政治的需要。政治上的"一边倒"影响了哲学简单地接受日丹诺夫模式，以一种最直接的方式呈现了当时政治发展所需要的知识论原则及内容，注重探讨以唯物主义、唯心主义区分政治阵营，使得中国的哲学成为面对意识形态层面的教条式的政治宣讲。

面对政治而非学术的哲学发展局面，德国古典哲学并没有体现走出自身的特色。这些都与当时中国自身的时代特点相关，社会的解放不能代替思想的全面解放，在思想领域中，马克思主义哲学几乎成了全部哲学的代名词，成了西方哲学在中国的最早范式。马克思主义哲学最早也是最好的在中国实现了中国化的认同，而对其他范式的西方哲学的严厉批判和简单否定也正说明了西方哲学中国发展的特点，即西方哲学在中国受到政治性主导而具有鲜明的中国属性。对马克思主义哲学的全面接受为中国哲学带来了自信，但马克思主义哲学的植入典型地表现为德国古典哲学中国研究的一元化特征，即马克思主义哲学因其以政治立场的凸显作为其存在的合理性依据具有了绝对的基础性地位，是作为中国哲学在一个时代中不可撼动的思想源泉。

以一种理论形态发展的内在逻辑来看，德国古典哲学的发展同样经历了哲学形而上学最初的传统描述阶段，然而德国古典哲学的描述阶段典型地受到了一种特有文化环境的影响，这种特有的基础形成了描述对象与描述内容的某种疏离。受马克思主义传播影响，德国古典哲学最初并没有直接将其自身作为构成中国哲学的直接对象，从事德国古典哲学研究的学者大都以哲学史的形式展开梳理，而这样的哲学史研究并未体现德国古典哲学的应有之义，然而兼顾中国政治背景是一个无可争议的前提，以简单的介绍性形式勾勒了德国古典哲学在西方哲学史中的轮廓，在此情境下德国古典哲学在中国没有形成深刻的思想性的影响，作为一种知识、一门文化被接受似乎更加具有合理性。

1978年10月西方哲学讨论会在芜湖召开，西方哲学的研究迎来了春天。伴随着现代化建设的新契机，德国古典哲学也从教条式的研究走向了新的景象。哲学面向学术，哲学回归思想家本身成了德国古典哲学中国研究新时期的主题。1979年至2000年，德国古典哲学的发展进入了新阶段，即以思想创新的时代，这一时期的德国古典哲学在研究方式的整体改革以及哲学思维方式的扩展也形成了创新。

如果说改革开放之前德国古典哲学在自我描述的过程中偏离了轨道，那么改革开放之后，德国古典哲学以凸显人的解放的精神内蕴进行的修正才使得德国古典哲学真正具有了理论的现代内涵。改革开放之后西方哲学整体研究方式、研究内容、研究思路的变革，深刻地影响了德国古典哲学的研究。最主要的表现在，人的回归表达了对"思"的自觉认识。

人给予了德国古典哲学成为西方哲学呈现独特魅力的契合点，这样的人并不是经验的人，也不是概念的人，而是承载着哲学面向广泛对象的理性思考的维度，也就是说是更加灵活的立场，脱离教条的宣讲模式而以人的视角、人的现实需求挖掘德国古典哲学的重要价值,凸显学术形态特征。因此一时间德国古典哲学开始走向更为多元化的研究路径,现象学、存在主义、分析主义、语言学等研究的拓展加强了德国古典哲学研究的视野,德国古典哲学中国研究从知识论到多元化建构论,不断彰显人的主体"思"的过程。

进入21世纪,德国古典哲学正是在还原哲学本身的思想实质以及思维方式的深化发展中,努力挣脱了形式的束缚,逐渐融入中国哲学发展的现实需要层面。可以说,德国古典哲学的研究与发展在更加具体化、现实化的层面上实现了自身修正。21世纪的哲学发展带有更加鲜明地面向生活世界、回到事情本身的特点,德国古典哲学在中国的研究正是需要以回到事情本身为原则努力实现中国化的现代性转型。而这一转型必定依托于人文精神的倡扬,建立在对人的生活世界的全面理解之上。

从德国古典哲学作为一种知识形态、文化资源进入中国人的视野开始,德国古典哲学必然经历着描述与修正辩证统一的发展逻辑,因此对于德国古典哲学的发展历程的理解一方面应该建立在尊重人类认识的普遍性上,另一方面也要承认德国古典哲学中国研究所具有的特殊性。德国古典哲学的发展不是为了进行与马克思主义同质的中国化研究,而是不断在描述与修正的过程中实现理论与实践的双重维度上的自觉,即依循西方哲学整体从被动接受走向自觉通融的形态转变,真正主动建构德国古典哲学中国发展未来形态的逻辑理路。德国古典哲学在中国呈现的自觉化认识是修正中国哲学发展过程中错误倾向的重要依据,是开启西方哲学创新中国哲学人文精神、实践智慧的重要方式。哲学唯有以体现西方哲学本有的精神、气质,自觉地承担中国哲学研究的重要角色的方式出场,才能真正还哲学以本来面目,充实哲学的发展基础,成为促动马克思主义哲学现代化的真实动力。

（二）从本体论上反思文化的启蒙价值

　　德国古典哲学在中国的传统与发展需要进行的第二个反思就是学术理论形态与现实文化诉求的关系问题。如前所述，德国古典哲学在中国的传统，即德国古典哲学的科学形态，因"进化论"引起关注，而其受到推崇的根本原因还在于科学的思维方式显示出来的明显优势。德国古典哲学虽然在最初的阶段没有如我们所想象的是一种纯粹文化的引进，而是合目的性的文化发展，这种合目的性建立在当时特殊的、复杂的社会环境以及人们急迫地想要打破传统思想桎梏的意识之上，但正说明德国古典哲学所具有的启蒙意蕴。如果我们能看到在这种合目的性的维度下发生的文化事件只是人们对于异质文化的简单接受意义上的知识性启蒙，那么就不难理解德国古典哲学在不断走进中国文化，并能够与中国哲学理论实现合理融合所起到的真正的启蒙意义。

　　"进化论"阶段的德国古典哲学中国研究带给中国社会、中国文化的"进化尺度"不仅在救亡、变革的社会改造运动之中，而且还在中国人逐渐认识到西方文化与自身差异的思想意识也存在于对启蒙的预想当中。因此可以总结，正是由于最初的启蒙较为有效地实现了中国人对于某种合目的性的文化引进的目标需求，才进而持续地触发了关于这场启蒙的争论，才进一步在启蒙的诱发下深入到政治、理论甚至生活诸层面中实施变革。因此也可以说，"启蒙"孕育着文化的变革、思想的升腾，同时启发着德国古典哲学中国研究形态的持续演化。

　　德国古典哲学的最初启蒙意识不得不还原在中国文化所具有独特立场上加以诠释。在这种独特立场中生成了德国古典哲学在中国研究及发展的本体论场域，德国古典哲学沿着"启蒙"本体论意义上的发展逻辑，在最初阶段成了以民族革命意识为主旨的"救亡图存"选择的不二途径。从明末清初具有的明显的文化引进倾向到新中国成立之前，这种选择倾向始终在"启蒙"之中激荡，以至于德国古典哲学中国发展最初展现了强烈的革命本体论意图，而忽视了学术、自由等构造德国古典哲学发展的其他丰富的本体论内涵。"启蒙"发生于多样性的文化购置之中，它不可否认的被"救亡"运动所需要，被"革命"所需要，这样的"启蒙"内含着激烈的思想冲突，也就是中国文化与西方文化之间的冲突。从"全盘西化"到中西文化的争论，再到布尔什维克革命的胜利催生的中国本土马克思列宁主义的全面盛行，启蒙在想要实现救亡目标的意义上得到了认同，但是这种启蒙是否仅仅意味着启蒙所应用的全部真理？特别是在救亡的启蒙日益成了社会变革的重要思想依据，而其产物成了在救亡运动中苗壮起来的无产阶级的纲领性指导。

正如李泽厚在反思近代中国思想发展中所发生的文化变革时指出："尽管新文化运动的自我意识并非政治，而是文化。它的目的是国民性的改造，是旧传统的摧毁。它把社会进步的基础放在意识形态的思想改造上，放在民主启蒙工作上，但从一开头，其中便明确包含着或暗中潜埋着政治的因素和要素。"①"启蒙"被社会变革所需要，然而这样的"启蒙"内含着较为鲜明的立场意识（政治立场）。我们并不是否定这样的"启蒙"在历史中所具有的合理地位，但需要认识到的是，对这样的"启蒙"还需要进行什么样的认识？而这是进一步发展中国文化，特别是实现在中西文化交融中凸显文化自觉的必要前提。

在"启蒙"之中的许多重要因素容易被忽略，比如在革命斗争的事实下容易隐藏个人主义的追求，在面向集体对于国家政权的建设、稳固之时出现的个体自由、个人思想压抑的现实状况。然而这些分歧根本源于中国社会发展的现实问题更加迫切地需要"启蒙"某种更加利于走向总体性的自由与解

---

① 李泽厚:《中国现代思想史论》，生活·读书·新知三联书店，2008年，第6页。

放,但这并不意味着仅仅将"启蒙"停留在这种状态之下,否则"启蒙"将是危险的,是康德所说的"未成年状态","如果我有一本书代替我拥有知性,如果我有一位牧师代替我拥有良知,如果我有一位医生代替我判断饮食起居,如此等等,那么,我就根本不需要再操劳了。我没有必要进行思维,只要会付款就行了,其他人会代替我承担这种伤脑筋的工作"①。因此无论是为了救亡的"启蒙"还是革命中的"启蒙","启蒙"都希望走向成熟状态,而这种成熟表现在它作为一种彰显人类知性能力的表达方式时与自由相关联,自由就是"启蒙"成为文化发展史上的必然因子的原因所在。

为什么要启蒙?为着自由的"启蒙"才能囊括所要在它发展之中蕴藏的内涵:救亡、变革以及文化自觉。经过这样一番概略性的表述我们大抵清楚了德国古典哲学在中国文化演变过程所展示的"启蒙"本体的部分内涵以及在这种启蒙本体之中存在的问题。即德国古典哲学作为西方哲学中国演进发展历程中的典型文化形态,如果说在其"启蒙"发生的意义上鲜明地体现着为民族救亡、社会变革的现实意义,以"启蒙"的视角看待德国古典哲学更好地化解了我们关于学术形态与实践意图之关系的疑虑。尤其在现代,我们更加清醒地认识到德国古典哲学的"启蒙"仍然具有鲜活的生命力。

德国古典哲学诚然是在"启蒙"的机制作用中成为能够代表中国文化演进、哲学理论发展的范式被提出的。无论是在其最初的发生阶段还是后来的发展阶段,德国古典哲学总是代表着一种文化需求:如果说在最初阶段,"启蒙"开启的德国古典哲学展现了外来文化与中国文化在现实需求中的相互博弈,使得中国文化不断地发生争论,一度陷入"六经注我"与"我注六经"的非此即彼的困境,那么德国古典哲学在不断自我反思,不断深入发展的过程中,在强烈的现实诉求之外的领域中能否开启新的"启蒙"真意是一个更加

---

① [德]康德:《康德书信百封》,李秋零译,上海人民出版社,2006年,第268页。

值得思考的问题。德国古典哲学实际上正是在以不断地超越原有的哲学理性（救亡的、革命的传统）的启蒙方式彰显新的哲学理性（自觉的、创新的、自由的发展）启蒙现实。在德国古典哲学的发展历程中蕴含着启蒙的现实需求，也就是回到启蒙责任的需求，无论是以何种启蒙形态彰显的中国文化对于中国人、中国社会的责任意图，都是我们研究西方文化，认同德国古典哲学理论价值的重要初衷。

德国古典哲学在中国的传统与发展提供了重要启示，一种先验哲学的曲折发展中凸显的人类理性与自由的现实张力，不仅开创了哲学革命的完成，也使得西方哲学在中国的这片土地上拥有了不一样的声音。而这种不一样的声音一定会带来西方哲学更深一层的反思，并不断在"启蒙"的新增长中实现与中国文化的多样性的融合相生。

"20世纪中国的政治革命、思想革命、文化革命运动都与'启蒙运动'的遗产结下了不解之缘。由此，今日的中国不仅要重新思考'什么是启蒙'，也需要对启蒙进行反思，以建立起'继续启蒙'和'反思启蒙'的平衡。"①时至今日，"启蒙"对于中国文化而言不再具有时间、空间上的局限（虽然我们不得不在一种启蒙的进程中去理解启蒙），那些对于"启蒙"的定义并不等同于我们所要追求的启蒙真义。"什么是启蒙"所要探究的是何种内涵的启蒙能够成为催生中国文化成为持续、有效地灌注中国人精神生活与现实生活的合理依托。我们着眼于德国古典哲学中国研究来探究在中国文化中发生的启蒙内蕴，也正是看到了一种事实：在我们并不那么了解"启蒙"，甚至将"启蒙"当作一场革命时，能否真正注意到德国古典哲学不同于洋为中用、西学东渐的应有内涵，也就是能否在整个文化启蒙的背景之下，看到德国古典哲学为中国文化继续启蒙、反思启蒙带来的合理地位和重要意义。

---

① 陈来：《纠结于启蒙与学术之间》，《中国社会科学报》，2013年第8期。

　　在这里需要认识的启蒙内蕴并不是某种具体的启蒙运动造成的人们对于启蒙的某种狭隘理解，而是在广义上探究内含于西方哲学中国发展历程之中的启蒙所经历的内涵演变以及在这种演变之中萃取的能够给予现代性的文化的重要启迪的启蒙精神。当我们这样理解时，德国古典哲学作为一种西方哲学的典型样态，贯穿于其中的启蒙内蕴的自身发展代表了西方哲学在中国走过的真实线索，在对德国古典哲学发展的真实诉说下，有理由相信西方哲学实际上正是以不断地超越原有的哲学理性（救亡的、革命的传统）彰显新的哲学理性（自觉的、创新的、自由的发展）的现代理论范式，当然无论是何种哲学理性。它的前提必然蕴含着对于现实实践的真切理解。

　　反思德国古典哲学的学术形态并不是希求否定学术形态的现实性，而正是希望在现实维度与理论维度相关促进的层面上继续开展哲学文化的启蒙，开展人们思想精神的启蒙。德国古典哲学理论研究在"启蒙"的意蕴中树立了以立足于中国特有文化的现实需求，推进中国哲学学术形态发展的理论发展势态，由于它作为中国文化发展的重要参照系凸显了中国哲学发展的未来路径。现代中国学者研究的德国古典哲学正经历着中国方案的德国古典哲学研究，它必须面对发生在最早期启蒙运动的德国古典哲学不可同日而语现代性问题，而德国古典哲学在认识现代性问题、把握现代性问题、解读现代性问题上做出的努力能够成为中国哲学发展自身、超越自身、走向传统与现代通融的反思基点。

　　正如我国学者在德国古典哲学研究历程中展现的基本规律一样，德国古典哲学最早是以传播新知的形式出现，新知代表了当时社会对于西方哲学"功用"的首肯，德国古典哲学中关于科学的、民主的、自由的新知让中国人拥有了拯救思想腐朽，抨击无能政府的"武器"，然而这种新知长期在"中体西用"的根本原则之下没有将这种文化变革进行彻底。"救亡图存"的启蒙意识是诱发并且引导这种"西学"的最大因子，因此最早时期的德国古典哲学更加接近于以知识型的哲学理论为表现形式的文化引进阶段，然而如此的哲学理论为随之展开得更加丰富的德国古典哲学提供了良好的基奠。随着时代发展因素而不断触发的中西思想的交流，在一种更加深层地理解德国古典哲学本身以及西方哲学对于中国文化发展的意义具有了新的发展模式与规律。以马克思主义的传播为最主要的契机，德国古典哲学一方面实现了对知识型的超越，对救亡图存原意识的扬弃；另一方面在政治意识形态中树立了"另类理性"的发展标准。这种理性虽然带来了相对于传统"中体西用"更多的自由维度，更大程度地实现了启蒙所要追求的理性精神，但是政治主体不能代替思想主体，因此改革开放之后，德国古典哲学在中国的研究在反思中逐渐走上了"成熟"。

德国古典哲学无论是以知识型的方式推动中国文化内容的丰富，还是以思维创造型、方法启迪型的方式与中国文化发生互动，都是在以中国化的启蒙形态成为一种不容忽视的理论范式。"在中国，西方哲学无疑是来自西方世界的外来文化，从传入以来经历了'接受—辨识—认同—融通'的过程，逐渐由西方的哲学转变为西方哲学在中国。这样的过程，既是西方哲学在中国的传播、发展并逐渐走入中国文化的过程，更是西方哲学自身容纳中国式的思维而重塑自身形态的过程。"[1]因此在进一步探究这种德国古典哲学的理论范式如何能够造就新型的启蒙内蕴？如何能够在新的启蒙内蕴中展现德国古典哲学对中国文化发展所起到的合理影响？需要我们慎重地厘清西方哲学对中国文化启蒙内蕴在历史进程中逐渐形成的真实旨趣，即西方哲学对于中国文化的启蒙内蕴是在逐层升腾的进程中扬弃狭隘走向更多可能。

可以说，从"启蒙"开出的德国古典哲学的本体论之花，即是在努力地凸

---

① 韩秋红：《西方哲学中国化的研究范式》，《东北师范大学学报》，2013年第5期。

显德国古典哲学在中国的发展历程中所呈现的启蒙内蕴的宏大场域之内，表达的德国古典哲学从"启蒙救亡与革命"到"启蒙政治理性与适度自由"走向"启蒙理性与自由"的启蒙意蕴。这一意蕴引证了康德对于启蒙的基本认识：从"未成年状态"走向"成熟状态"，从解答"实践"的启蒙走向解答"理性"的启蒙再到解答"实践与理性"的双重启蒙。

(三)从方法论上反思理论的发展可能

中国学者注意到内含于德国古典哲学在中国发展的迫切需求，20世纪80年代以来，改革开放将我国社会的发展推向市场经济浪潮，国内的哲学理论研究也随之呈现出合乎逻辑的转向，即由教科书哲学转向反思教科书的哲学改革的阶段。而这种转向意味着"在哲学原理界内部改革的同时，包括中外哲学史在内的各个哲学学科也出现了自身的改革，从而深化了哲学原理界的教科书改革。西方哲学领域在翻译和评述西方传统哲学和现代西方哲学论著的基础上，逐步从研究对象自身出发，把一系列新的哲学范畴、新的哲学问题和新的哲学提问方式渗透到哲学理论探索之中，并展开了马克思主义哲学与包括现代西方哲学在内的整个西方哲学的对话。中国哲学领域在反省其研究方法、研究态度的基础上，在学术交流中拓展了学术资源并拓宽了理论视野，对中国传统哲学乃至整个传统文化的利弊得失进行反思，探索'返本开新''融会中西'的途径与意义"①。在德国古典哲学研究方面，创新研究方法的出现是显而易见的，但对于良莠不齐的创新机制如何能够有效地促进德国古典哲学在中国的进一步发展需要进行必要的反思。

实际上，德国古典哲学的创新研究，需要在充分地理解它的发展目标的基础上进行。20世纪初期，德国古典哲学中国研究最初便带有"实用性"的方

---

① 孙正聿主编：《中国高校哲学社会科学发展报告：1978—2008.哲学》，广西师范大学出版社，2008年，第5页。

法论原则。其研究在以现实民族精神发展为需求成了宣传科学主义、理性主义的重要途径，同时越来越多地触及德国古典哲学唯心观、观念论等新思想，促使中国社会思潮的发展以融会西方文化的方式向民主、自由等理念迈进，这些都立足于德国古典哲学的"实用性"方法论原则。

可以说，正因对德国古典哲学重要思想基于"实用性"方法研究才推动了德国古典哲学的持续发展，这种研究方法有益于推动中国学者进行民族、历史、时代问题反思的文化借鉴与参考。作为哲学研究的"实用性"方式来自哲学境况之"鉴"，这种借鉴有利于认识社会发展的当下情形，但不一定有利于推进哲学发展的真实路向。新中国成立以后，德国古典哲学的研究更是以"实用性"的方式成了背景。而当我们在德国古典哲学中国研究的整体视域下看到以经典诠释的方式进行的研究，就能够很鲜明地指向哲学研究在启发真正的哲学问题，并在形成理论对现实问题反观的加持中不断表现出自觉发展的意欲。如果说德国古典哲学"实用性"方法论，是立足于哲学发展需要不断探索民族性、时代性及大众性的研究方式，那么在当代，德国古典哲学更加需要在方法论的转变中反思其创新的可能以及发展的重要意义。

"哲学的方法乃是哲学内容展开和显现其自身的方式、次第、程序和历程，并非某种独立于内容之外的、可供重复性操作的现成的工具和技术。哲学的方法内在于特定的哲学系统，与哲学的内容是密不可分的。"[①]哲学的方法与内容是统一的，哲学的方法在一定意义上是使哲学内容显现出了的思想通道。德国古典哲学的创新研究方法必须立足于对想要凸显的实际内容的表达，而不是对于其外在周围环境的描述。当然作为背景的理解是必要的，但对于应不应该创新发展德国古典哲学以及应该怎样研究德国古典哲学，在方法论意义上需要直指其哲学内容的完善性、整合性、提升性的认识，

---

① 李景林、马晓慧：《将方法收归内容——中国哲学研究方法之反思》，《天津社会科学》，2019年第2期。

特别是要真实地研究德国古典哲学当中的重大问题对于发展创新中国哲学的实质意义,以此来回应价值意义问题。

德国古典哲学是促进我们充分发掘和弘扬中国传统文化中的优秀成分,保持和发扬民族文化中的优秀传统重要机遇。进入近代后,面对西方文化的冲击,中国传统文化以坚韧的文化底蕴顽强抵御着不平等的强制性文化输入,保持中华民族及文化的完整性。新中国成立以来,中国文化在维护国家统一、推进国家文化建设方面发挥了积极作用。著名历史学家汤因比教授认为:"就中国人来说,数千年来,比世界任何民族都成功的从政治、文化上团结起来,向世界显示了这种政治、文化上的统一本领,具有无与伦比的成功经验,是中华传统文化基本精神的集中体现,这样的统一是今天世界的绝对要求。"因此如何在文化交流和融合中,充分发掘和弘扬中华文化中的优秀成分,是一个永恒的课题。我们需要从西方哲学在中国的发展历程中探寻出文化交流和整合的最佳"熔点",在中国文化未来的发展中保持和丰富中华传统文化的优良传统。德国古典哲学恰恰以此为轴心逐渐凸显了它的重要价值和研究意义,塑造了中国哲学研究的现代方式。

我国哲学理论界对于"什么是哲学","中国是否有哲学"等问题做出过探讨,而这些问题之所以一直存在,较多的原因是由于中华传统文化、中国哲学往往呈现出独特的文化特质而不具有可供其他文明理解的系统,因此一时间围绕"哲学史就是哲学"这一话题纷纷纠正西方哲学的研究样貌,同时也启示了中国哲学现代研究方法的转型。这其中,德国古典哲学成为塑造这种方法的典型参考。对于传统社会来说一个文化整合的过程就是方法融合的过程。中国的哲学现代化既要移植西方的文化形式,又要保持中华文化传统的有益成分,需要一代又一代的文化遗传与创新。德国古典哲学从在中国起意到充分发展内在蕴含着哲学研究的合理方式,一个重要的方法就是"用概念的方式把握世界""用逻辑的里路梳理问题",这些都有助于帮助中国哲学理论界提升主体意识,辩证地看待中国哲学发展的未来。

三、以哲学追求彰显当代价值

德国古典哲学的发展研究历程表明了尊重"哲学就是哲学史"就是彰显哲学理论价值。列宁在《哲学笔记》中曾经指出:"哲学史,因此简略地说,就是整个认识的历史。"[1]不能简单地将"哲学史"理解为哲学发展的历时性过程,而是要从人如何认识哲学本身去认识它的思想性历程。"哲学史也就是哲学,哲学是作为思想性的历史而存在,哲学和哲学史的关系也正是思想性研究范式的一种体现, 思想性的历史是具有自己独特的思想逻辑和发展轨迹的, 用其特有的思想轨迹来规约其发展脉络才能更好地理解西方哲学历史的固有逻辑和丰富内涵。"[2]德国古典哲学也应放在思想性发展的历史中去认识与反思。一方面是实事求是的在时间性的历史中宏观对待哲学转型的客观发生条件;另一方面,寻找哲学发展的思想性内在依据,充分运用哲学就是哲学史的价值内涵,提供德国古典哲学当代发展的底气与自信。

(一)哲学是文化发展的内在推进力

德国古典哲学是西方哲学发展中的关键一环, 它一方面促进了哲学史向前推进,另一方面提示哲学恰恰可以作为我们理解社会历史、文化发展的一种重要的方式。实际上包括德国古典哲学在内,西方哲学在中国的传播及发展在一定意义上反映了我们对于哲学的本能要求,也就是我们总是在"人本身面向启蒙""人在关系性存在中面向矛盾""思想文化本身面向范式自觉"的哲学思考中推进文化本身的进展。特别是当我们自觉建构当代中国文

---

① 《列宁全集》(第38卷),人民出版社,1986年,第399页。

② 韩秋红、史巍:《我们还可以在何种意义上理解西方哲学史》,《江海学刊》,2008年第4期。

化之时,哲学思维方式转变的哲学传统就出现了实际的效用,这个传统既包括中国文化中特有的,又包括西方哲学等文化占有的。也就是当文化自我解剖,面向自我内因时,文化的变革现实才能发生。中国的文化发展恰恰符合这样的规律。

融入中国哲学的哲学精神成为内在推进马克思主义在中国传播的内生力量。马克思主义在中国生根发芽离不开思想文化领域的自我革命,这种自我革命超越了思想文化的择别向度,体现了社会革命的精神追问。马克思主义在中国的传播以不断延展的纵横坐标深入中国社会革命内部,当不断追问社会革命的精神实质时,马克思主义无疑透过自身引起的思想文化的自我革命回应了这种追问。

马克思主义理论本质体现了立足世界观和价值尺度的哲学追问,当马克思主义遭遇中国社会变革时,理论的现实力量被激发,哲学的追求与现实的变革在逻辑的统一性中成了实现社会变革的重要动力。马克思主义的中国传播与发生在中国的社会革命具有相同的思想向度,都是以人自觉的实践在场方式彰显自我革命的思想宽度、历史维度与时代温度。马克思主义在中国的传播需要用"人把握思想文化的内在方式"进一步考察其发展的内在依据,在"人本身面向启蒙""人在关系性存在中面向矛盾""思想文化本身面向范式自觉"三种推进力中把握马克思主义作为社会革命思想动能的内在依据。

马克思主义在中国能够迅速传播不仅仅在于马克思主义占据了中国人的思想深处,更是中国人在思想深处中选择了马克思主义,是中国人自我启蒙的真实反思。漫长盘旋的封建制度风俗、文化礼俗缠聚成为中国人的价值核心,更在官僚政治以及独尊儒学的文化传统中禁锢了对自我思想的寻求,直到19世纪末至20世纪初,中国人曲折结识了马克思主义,并不断扩充自我认识,马克思主义成了代表中国人不断在自我需求中决断启蒙方向与前进道路的经典。在这段历程中，马克思主义的传播凸显出在自我决断中不断突破传统、不断暴露问题、不断创造条件，使马克思主义的推行既符合历史逻辑，又是人本身面向自我启蒙的内在逻辑。中国人在马克思主义中找回了"安身立命"，找回了中国人应有的对自我思想的把握和认同，找回了从救亡思想意识到救亡民族真正的革命方法。

五四运动前后的中国既是一个具有复杂民族情绪的中国，又是一个具有尖锐现实问题的中国，任何一种思想在这个时期的引入都在某种意义上透视着想要借助新的思想解决旧的问题(旧的问题指的就是中华民族面临的最深处的问题——文化身份)的期盼。因此这一时期的中国思想界出现了很多积极的尝试。一些改良派学者如胡适、陶行知、张东荪、郭秉文、蒋梦麟、傅斯年等人曾经试图通过积极推动实用主义在中国的发展解决中国思想文化界的顽疾。实用主义一度成为中国文化自我革命的高潮部分，它的出现是中国一定时期需求的积极表达，只不过"实用主义宣扬对旧世界实行一点一滴的改良主义的主张"并没有如它初衷所指使新的思想改变旧的世界，而从根本上旧的世界只有彻底得到解决才能够拥有新的希望。这点认识通过残酷现实的经验教训得以证实。

戊戌维新运动、辛亥革命以撼动人心的现实反映了那种寄希望于资产阶级改良或实行资产阶级革命的幻想总会遭到破灭。陈独秀就曾经深刻地感悟到："共和政治为少数资产阶级所把持，要用他来造成多数幸福，简直是妄想。"[1]中国人在面对西方思想文化的新势力时首先体现出来的思想文化虽有开明，但其反思之处仍然指向了非理性，也就是没有在彻底面向人自身思想启蒙的根本意义上提出最为合理的立场，没有彻底地看清革命与改良实践在场的最终作用力。但恰恰是这种非理性让我们更加理性地看待马克

---

① 胡绳：《中国共产党的七十年》，中共党史出版社，1991年，第16页。

思主义,看待面向人本身启蒙的革命激发之处。

中国人只有面对实践的在场，也就是形成革命的必然的外部条件以及形成革命的必然的内部动因的集合,才能够真正发现革命的前提,正如马克思指出:"我们开始要谈的前提不是任意提出的,不是教条,而是一些只有在臆想中才能撇开的现实前提。"①我们所要实行的社会革命并不是一场理论上获胜而在现实中得不到变革的社会革命，而是要强调理论或思想文化的指引之处正是引起现实发生变革的内在动因，正如马克思所总结:"全部问题都在于使现存世界革命化,实际地反对并改变现存的事物。"②革命化的改变现存事物的重要依据是思想文化所表现出的社会化形态,在这个意义上,马克思主义恰恰引起革命性能够成为有效凝聚中国人自身启蒙要求的思想理论,当抱有这一意图开始面对社会革命的内在需求时,中国人也就开始努力地在自我思想把握和认同中获得了现实的力量。

自我思想把握和认同有不同的方式，只有当这种认识和把握以实践为基调才能绽放真正的革命化花朵。如果我们能够对不同的社会革命中思想文化的内在作用方式稍做比较,不难发现中国人将马克思主义深刻地结合在以自我革命为转型的社会革命的实践逻辑中。德国古典哲学在理论上的革命性很难运用在革命实践当中，这与它产生于资本主义发展的独特条件密不可分。正如恩格斯批评黑格尔时所指出的:"当黑格尔在他的《法哲学》一书中宣称立宪君主制是最终的、最完善的政体时,德国哲学这个表明德国思想发展的最复杂同时也是最准确的温度计,就表示支持资产阶级。"③被资产阶级用来维护统治进行发展的德国古典哲学所表现出了的唯心主义思辨思想也就只能从理论上软弱地发挥变革现实的作用，而没有真正刺激革命

---

① 《马克思恩格斯文集》(第一卷),人民出版社,2009年,第518~519页。

② 同上,第527页。

③ 《马克思恩格斯文集》(第二卷),人民出版社,2009年,第361~362页。

的发动，德国古典哲学作为一种思想理论无法从其内部作用于社会实践，因为它并没有将社会革命看作是自我革命的必然结果，而是从形成起源上来说和资产阶级同路。与德国古典哲学同一故乡的马克思主义的产生也正是西方资本主义制度确立和产业革命的开展，但与德国古典哲学所代表的孱弱资产阶级的传统社会理论不同，马克思主义代表着具有较强革命精神的政治运动理念。

在新民主主义革命时期，马克思主义形成了早期的广泛传播形态。这一时期中国社会革命的核心议题是"道路问题"，即中国革命应该走何种道路以及建立起来的新中国应该走何种道路的问题。之后，中国进入新的革命时期，工人革命运动频繁出现，特别是由现实运动引发的理论反思为马克思主义在中国滋长提供了客观条件。

曾有记载显示，仅1919年全国罢工就有66次，但大多数罢工运动都以失败告终，这样的现实后果引起人们的反思，一个无法回避的事实摆在眼前，即社会革命需要正确的指导思想。"工人阶级由自在阶级向自为阶级过渡需要马克思主义武装。"[1]在这种迫切的形势下，1921年中国共产党成立，基本将马克思主义视为指导中国社会进行新民主主义革命的总纲领。在革命的大形势下，马克思列宁主义的研究格外受到重视，远远超过了其他文化思潮，中国学者认为马克思列宁主义具有能够指导革命实践的重要意义。1922年7月，党的二大宣言中指出了新民主主义革命时期的中国国情，并合理地分析了中国社会和革命的性质，以此确定了党的最低纲领和最高纲领。马克思列宁主义经过了实践的证明和理论的分析被确立为无产阶级政党的指导思想，然而零散地认识马克思主义关于社会主义的学说、关于经济的理论以

---

① 吴艳东、李强：《马克思主义在中国的早期传播与大众化》，《湖北大学学报》（哲学社会科学版），2008年第5期。

及其中蕴含的唯物史观等理念已然无法满足中国革命积极进取的时代特征，因此马克思主义研究"由介绍的时期进到实行的时期了"，就马克思主义自身的理论诉求而言，它建立在对历史上资本主义国家社会变革的规律性总结之上，虽然中国与西方国家在社会形态的演变中存在着差异，但马克思主义理论同样适用于以政治革命、生产方式变革等方式改造社会形态的发展中国家。

由此便可看出，人面对自身的启蒙关键在于把握革命的实践在场的重要性，在对自身启蒙的实践语境的认同下，才能够进一步以思想理论、文化创新指导中国社会变革实践，取得历史效用。而在这个过程中尽管我们看到了对西方文化的接纳或多或少地表达了中国人试图改良文化的自身意愿，但尤其重要的是我们能否接受并实际地创生属于中国自己的文化，在更重要的意义上将中国的思想大局引向通达的道路。因此马克思主义在中国的广泛传播恰恰打消了我们这方面的顾虑，更多的在转向我们能做什么的意义上正名了马克思主义对于思想文化领域引领的变革性。所以说马克思主义关注思想文化革新与实践变革的统一，是社会历史发展与思想逻辑发展的统一，这种统一也印证了中国人在自觉启蒙中必然会经历一个如马克思所描绘的从"自在的阶段"到"自为的阶段"的转变，而进入自为阶段的人的启蒙恰恰是马克思主义不断推进发展的巨大推进力。

如果人面向自身的启蒙仍然缺少一定的现实性，那么当思想文化不断以关系性的存在面向自我文化的思考时，思想文化从"内"与"外"，"破"与"立"的统一中得到了现实性的发展意图与途径。20世纪初在西学东渐的展开进程中中国人在思想文化领域与他者开展正面相较，思想文化的自我革命以更加直接、深刻的方式探索人们在关系性存在中的矛盾问题。

新文化运动面对的文化关系以及在这种文化关系中横生出对于人的生存依据的精神追问是推进中国思想文化发展内在转化的内因。从"全盘西化"走出来的文化开明,再到布尔什维克革命胜利带来的马克思主义极大影响,文化的觉解以力图实现文化的现实功效为目标,在中国文化的内向性中完成了社会革命的重要思想依据,反映了社会革命所要变革的人的关系性存在的实践基础。但这种实践的基础首先来自文化差异性中寻找到的最恰当的根基。中国人面向思想文化转变的路途中,自我转向了自觉面向人的关系性存在的思考,这种思考一方面强调人的存在的关系性首先是面对差异的文化存在,需要通过文化辩择的运动夯实其作为现实存在内在依据的合理本质;另一方面人的存在的关系性是面对具体历史时空的现实存在,文化能否适应当下人的思想程度与现实情况的契合关系关键在于如何处理好人的当下的关系性存在。因此我们发展的文化总是体现了自我文化与异己文化的统一,我们的文化选择总是反映了存在现实与人的愿望的统一。

在这个意义上西方文化中可借鉴的"武器"在一定程度上打破了中国封建思想中的"天""道"这些看似无法撼动的东西,也反映了中国人已经意识到要想在思想文化内部实现重大转机仅仅通过外在形式上的比较与吸纳几乎是不可能,需要从推动思想文化走向的人们的自身境遇中进一步觉解自我是关系性的存在,并不断寻求关系中的有效发展的内在动因。而这其中关键问题是什么样的文化关系能够推进思想文化的发展? 以及这种文化关系能不能面向中国人自己的矛盾问题本身?

20世纪初的中国以开放的姿态积极地接受了各种途径而来的马克思主义理论,同时,也正是在这种开放的关系中明确了自我文化关系的真实需求。马克思主义在中国的传播发展史中逐渐形成了马克思主义在中国的独特理论形态,并在文化的现实领域也逐渐突出了中国人从思想文化关系中探索文化存在意义、解答文化发展矛盾的现实努力。

中国的马克思主义传播及其理论发展,一方面依赖于文化的关系性存在,马克思主义强调人能动地认识世界源于对世界统一性的深刻认知,世界的统一性必须基于客观实在性的物质,这就意味着在看待任何现象时,文化现象都必须基于客观实际,而这种客观实际反映的恰恰是作为关系性存在的文化发展语境,因此在这样的语境下,面对各种各样思潮的正面冲击,中国文化的发展在寻求定位的过程中发生过多次转变,从"保守主义"到"全盘西化"再到"西学中源""中体西用"直到"中西会通",越来越体现了关系性存在的本质要求,即打开关系的绝对对立走向关系的相对和谐,而这正反映了马克思主义哲学在文化领域的精神担当。

另一方面马克思主义也创造了关系性的存在,而这种创造关系性存在的主体就是中国共产党。十月革命的胜利使得马克思主义在青年学生中掀起了热潮,当时刘少奇、任弼时、萧劲光等人由上海的共产党组织承办的外国语学校派送到苏俄留学,更有不同的渠道产生的苏俄学习背景或旅欧留学、工作等经历,这些都使得他们都成为传播马克思主义的关键主力,也为推动中国的马克思主义发展提供了实质性的建设。随着中国共产党成立,马克思主义被深刻标记,并具有了更为鲜明的思想旗帜,也更加体现出通过文化关系的链条创造关系性存在的实践作用。文化的发展开启了更符合实践经验与现实要求的维度,保持自我与解构自我成为以文化推动自我革命的重要方式。

文化主体发生变化同时意味着在面对自身境遇过程中逐渐明晰的身份感与文化价值认同,在这一历程中不难发现,中国革命文化与马克思主义相融合并不是采取文化整合的简单形式,而是更加深层地探寻了思想文化发展的有机方式,也就是逐渐形成了"马克思主义中国化"的共识。同时,文化主体的突出,也更加鲜明地展现了我们将马克思主义在中国传播的这一事实放在哲学思考中进行展开,马克思主义内含的鲜活生命力及其积极弥合现实的感召力往往以逻辑事实与实践事实的双重尺度作为衡量标准,因此明晰马克思主义的理论影响与必要发展内容,才能以自觉建构思想理论的角度开启马克思主义在中国思想文化领域挥的引领作用，才能更加深刻地理解马克思主义中国化饱含的真理之道。

因此在这个意义上马克思主义进入中国的社会革命领域与进入中国人的思想文化革新领域的内在原因是一致的，而这种一致性的发生恰恰以解决人的关系性存在矛盾为前提。正如汤一介所言："马克思主义要在一个国家(民族、地区)生根，从某种意义上说，就必须与原有的传统思想文化相结合，或者说必须通过对原有的传统思想文化进行批判地继承，否则就不能真正起到作用。"[①]因为文化承载的是人的本性与存在性，对于中国人来说传统思想文化恰恰是这种本性以及生存性的根基，基于这种文化基础而产生的关系性维度的考量才能够真正反映"人的需要"、确定社会实践的需求，因此我们对马克思主义在中国的传播需要超越文化形态的外在转变方式，而从人的文化关系性、生存论关系维度加以理解，由此一来，马克思主义在中国的传播才能够被理解为"真正的理论自觉"。

回归到马克思主义在中国传播的现实来说，任何现实及理论诉求必然以相应的范式成为可描述的思想形态，马克思主义在中国的传播在一定意义上正是以创新方法、追求正道、发展范式的方式推进了中国思想文化的自觉发展。在这个意义上，马克思主义在中国的传播实践体现了文化属性。

马克思主义在中国的传播及发展可以从两个维度理解，中国人对马克思主义的接纳与融合既是从具体的、实践的层面体现思想理论的需求，又是从文化本身的现代性体现其文化属性。从马克思主义在中国的整体事实来说，中国人对马克思主义不仅站在了接纳外来文化的立场形成了文化的发展传统，更是站在了现代性的立场形成了创新、建构的文化范式。

在文化传统方面，正是在马克思主义同中国的民族特点、现实问题的积

---

① 汤一介：《汤一介集·佛教与中国文化》(第4卷)，中国人民大学出版社，2014年，第32页。

极融合中,使其成为中国文化的传统,这种传统与中国自有的传统文化不仅没有相分离,而是起到了相互支撑和"魂与根"的辩证关系。马克思主义具有鲜明的现实特征,更能够将中国传统的文化底色彰显为把握现实的文化价值。马克思主义从文化属性中蕴意着推进思想文化面向现代性的范式自觉,这种自觉恰恰是马克思主义中国化理论发源的内在动因。

1938年,毛泽东在党的六届六中全会中提出"马克思主义中国化"的概念,在逐渐明确思想文化面向实践、面向理论自觉的前提下,加强把握思想文化理论发展的逻辑和内部成分。中国的社会革命在反复实践与思索之后都指向马克思主义的创新范式,即马克思主义中国化。范式的自觉与创新不仅仅要求在马克思主义的自我立场上做出合规律的正确诠释,更加要求在马克思主义的文化立场上做出合目的的丰富发展。马克思主义中国化是一种高度的理论自觉与实践自觉。马克思主义与其他文化思潮的碰撞过程中,出现了前所未有的化学反应。思想文化的相互阐释打通了理论探索在关系维度中的凝练,有利于凸显中国人自己的文化选择。

马克思主义不断在历史延展中进一步深化了与他者的关系,也更加为马克思主义中国化提供了广泛的视野。同时马克思主义中国化延伸了马克思主义与中国实际问题相互结合的立体空间,并在当代越加凸显思想文化范式的自觉建构的成熟形态。无论如何,马克思主义中国化必然体现的是中国主体,尽管一段时期中国学界对于"中、西、马"打通研究有着较为强烈的诉求,但是这一诉求只有在不断坚持发展马克思主义中国化的内在要求中才具有合理性的发展机制。

马克思主义中国化在哲学自我方法与自我追求的意义上实现思想方式的创新与内在精神的持守。其发展总是以不断修正自身的有限性体现对"更好的""向善的""现实的"统一追求,哲学精神的时代形象与理论发展的生命力总是交相呼应,正如习近平总书记曾指出,建构中国特色哲学社会科学

"要体现继承性、民族性,坚持古为今用、洋为中用,善于融通马克思主义、中华优秀传统文化和国外哲学社会科学的资源"①。马克思主义理论本身的不断反思与创新发展也成了马克思主义在中国传播的内在规律。对马克思主义的持久探索推动中国人从更深层次、更多维度对革命的自我形态进行自主的确立。

改革开放以来,马克思主义伴随着中国人精神的现代性,实现了社会革命的问题语境与自我革命创新语境的积极融合,马克思主义在中国的现代认识中更加自觉地实现了马克思主义所倡导的实践维度的真正意义。从根本上来说,只有我们清醒地认识什么是需要坚守的原则,什么是需要创新的部分,中国文化的发展才是真正具有持久性和感召力的。真正的文化自信必须在取得辨识与甄别的确证后才能够自觉地建立起了,大胆就意味着不封闭,意味着经得起考验,更加意味着富有批判精神的合理建构。如何辨识与甄别?我们需要超越"适用性判断"的暂时局限性,在当代重新建构的"适用"与"哲学自我要求"一脉相承的文化关怀,即基于对中国文化特征正确定位之后做出的现代性判断与文化关乎人类社会历史发展意味的判断。

马克思主义中国化以文化立场的出场更加强调了文化发展的实践规律,同实践一样,文化的发展也必然经历了从感性认识到理性认识,从而进一步上升到新的实践再认识,实践—认识—实践—再认识是实践的本意,也是思想文化发生发展的客观要求,马克思主义中国化的理论自觉恰恰体现了思想文化本身的实践经历,这种经历的内在逻辑深刻地推进着马克思主义的现代性思考,即马克思主义中国化就是要求解决理论本身与实践要求如何结合的现代性问题,就是要在现代性思考中凸显现代性的方法论自觉,

---

① 中共中央宣传部:《习近平新时代中国特色社会主义思想三十讲》,学习出版社,2018年,第199~200页。

也就是解放思想、实事求是、与时俱进。在现代性的方法中体现推进理论自身发展的主体自觉。

从文化发展的角度来说，如何觉解这种自觉最重要的就是合理运用哲学关怀的时代共性与问题个性，认真甄别与考量适用于、根植于、发展于中国社会的最合理的理论，这是思想理论能够久而久之成为精神家园、创造美好精神世界的可持续动因。我们不仅需要在事实的层面叙述马克思主义传播对于中国文化发展、树立文化自信的伟大意义，更加应该在此过程中清晰今天我们仍然要研究马克思主义传播的当代意义，也就是积极地传承文化发展中的重要方法与精神追求。这种方法就是突破"旧瓶新酒"，体现内在革新的创生方法。

马克思主义在中国的传播正因我们看重时代精神并期望以不断的中国化的形态保有这种理论的精神气质才成为经久的课题，马克思主义在中国从肯定到发展再到创新，始终与社会革命的实践要求息息相关，也始终保持着自我革命的理论状态和现实关照，在不断地坚持和发展马克思主义中国化的过程中，真正将中国人的思想文化融合到社会现实中，当马克思主义中国化不断尝试丰富性的内涵递增，不断生成中国理论的共识，才有了我们每一次实践与理论相结合的重大突破。马克思主义在中国传播应被赋予更加深远的研究意义，因为它不仅代表了文化领域的交融，更加提示着中国人在面对自我启蒙、多重关系、自我文化形象时需要不断追溯源头。深刻地认识马克思主义需要不断推进其现实意义，需要加强何以推进的积极探索，而在这个意义上，将马克思主义传播问题的探讨赋予哲学性的反思，将思想文化的内在品格追求纳入历史性参考不失为一种解答不忘初心，坚持发展马克思主义，慎思马克思主义的现代性问题的创新思路。

从哲学史中走来的思想性发展是展开哲学理论与时俱进的重要前提，德国古典哲学在中国的传统给予中国人的文化自觉恰恰铸造了推进中国思想文化不断向前伸展的合理内核,同时表明将哲学理论生根于历史性、思想性来挖掘德国古典哲学发展过程中不同的形态就是塑造德国古典哲学在中国的特殊哲学史,是以哲学的内在要求为线索指引德国古典哲学发生更多当代形态的重要理念基础。在全面认识德国古典哲学的这种哲学史时,任何固定僵化的解读都会阻碍德国古典哲学的进一步发展。正如马克思主义哲学"试图以自己生活于其中的资本主义社会为标的,通过鞭辟入里的分析,展示人类'往何处去'的合理之路。在这种情况下,马克思的理论思考就由民族性上升到世界性的层面,并始终保持这两个层面的渗透互益,也使自己的问题域更加紧密关联、更加切近现实生活世界。由此,我们理当明白马克思理论的真正旨归——全人类的解放事业"①。德国古典哲学也应该为中国人带来一种生动的、合理想象的理论根据。抽象的解读虽然能够满足自我意识领域的想象,但在哲学的现代化建构中难免尴尬,因此需要转变对德国古典哲学理论价值的塑造方式,以思想性发展体现与实际相结合的目标要求。

我们强调在德国古典哲学当代发展中凸显"哲学就是哲学史",转变理论研究价值取向,并不等于认为哲学的研究就是哲学史的研究,而是希望在对文化发展的分析中注入主体性精神,也就是在理论形态形成中主动地进行思想性的认知,不断地凸显德国古典哲学在与当代文化形态交织发展中呈现的重要意义,不断探索德国古典哲学未来研究的创新性发展可能。

(二)哲学需要关照生活

德国古典哲学在中国的研究与发展越来越关注理论与现实的关系维

---

① 汪信砚、陈立新:《反对教条主义与推进马克思主义哲学中国化》,《武汉大学学报》(人文科学版),2005年第2期。

度,中国的德国古典哲学研究正实现着哲学追求的积极转变。但在迎接这种转变的同时需要做好充分的准备。"康德黑格尔哲学的研究,实际上是处于中国传统哲学、现代西方哲学和马克思主义哲学三种话语的冲突和交流之中。由于每一种话语在解读康德黑格尔哲学中都不是唯一的和绝对的,解读的有效性往往取决于它们之间的比较结果与现实的关系,所以过去在用中国传统哲学解释康德黑格尔哲学时的'误读'、用新康德主义和新黑格尔主义解释康德黑格尔哲学时的'偏颇'、用在'左'倾路线占支配地位时的被曲解的马克思主义哲学解释康德黑格尔哲学时的'简单化'等问题,都在一定意义上可能得以避免。"①而这种避免的关键之处就在于如何解读的有效性。这种有效性并不是简单的还原论,否则就会全面否定历史中的德国古典哲学中国研究形态,这种有效性必须参照现实情况加以判断。因此德国古典哲学需要两个层面的工作,一是加强对于德国古典哲学研究现状的跟踪;二是加强德国古典哲学面向中国问题的开放深度。

就第一个层面而言,一方面中国的德国古典哲学研究有着很好的前期基础,几代学者深沉致力于发掘德国古典哲学的充分资源,另一方面也逐渐展开了与德国哲学、欧洲当代哲学的积极交流。在交流中增进了文化交流,也更加体现了以哲学理解为原点的人类话题的共建。就第二个层面而言,既要尊重生活世界选择哲学的现实,又要加深"让哲学说中国话"的现实。这两种现实性是相辅相成的,生活世界选择哲学是指我们在进行哲学研究时要关注那些对于改善人们思想家园有益的哲学问题,特别是在进行西方哲学研究时,特别注意不能一味地追寻西方的价值标准而忽视了中国人的自我需求,要让生活世界不仅成为哲学主动展开的新话题,更成为运用哲学理论主动构建的现实方面。

---

① 杨河、邓安庆:《康德黑格尔哲学在中国》,首都师范大学出版社,2002年,第466页。

实际上人们总是根据生活世界的实际要求选择哲学。从德国古典哲学的东渐来看，第一阶段民主、科学的西方哲学更加符合时代发展的要求，实用主义、逻辑实证主义成为主流；第二阶段，中国人在德国古典哲学唯心主义中发掘了接着讲的合理性，陆王心学发展的需要以及马克思主义的现实发展促进了德国古典哲学研究的深入；第三阶段，以改革开放为背景，意识形态出现了多元的趋势，加之资源的多元化，保守主义如存在主义与激进主义如西方马克思主义共存。

中国人总是根据自身的文化需要有选择地演进，同时也有选择地解读哲学本身。根据文化、政治需要的选择与西方哲学自身发展趋势和本质有一致的一面也有不一致的一面。造成了中国人最初对德国古典哲学的需要更多是外在的需求，因此对于其"古典"持完全保留的态度。但随着向内追寻的加深，德国古典哲学在当代出现了发展转型，越来越表现出祛"古典"的意味，即其哲学旨趣越来越转向生活世界，期待哲学的现实功能的发挥。这就为德国古典哲学的研究提出新的要求，在哲学领域普遍表现为以经世致用的实践主义哲学对传统西方功能提出挑战。在新的条件下德国古典哲学研究应该进行更加个性化的选择。

我们不难发现，在西方哲学的研究中德国古典哲学一直处于研究的中心地段，其最重要的原因表现在两个方面：一是德国古典哲学以最为直观的、鲜明的观点对西方哲学的传统形而上学进行了批判以及自我建构，在中国哲学严重缺少哲学体系参照时，德国古典哲学的出现无疑为建构中国的哲学体系、促进哲学思维方式的变革等诸方面提供了思考的向度；二是德国古典哲学与马克思主义哲学的渊源不得不将中国人的视线牢牢地锁定在德国古典哲学身上，马克思主义的"手指"指向的德国古典哲学在一段时期内具有了特殊的价值与意义。在纷繁复杂的环境中，德国古典哲学经历着与其他西方哲学相同而又不同的命运。

　　无论是出于何种原因,中国的德国古典哲学的研究都没有停止。然而这是否意味着我们可以不假思索地继续"享受"德国古典哲学的"实惠"? 抑或是,我们应该慢下来认真地思考德国古典哲学对于中国哲学未来的新意蕴? 诚然任何文化、观念的发展都需要在合目的性的前提下进行,德国古典哲学也不例外,并且德国古典哲学的研究越来越不可推卸责任地成为"中国化"理论形态的一员,因为在中国,德国古典哲学的研究不仅是关于哲学层面上自我发展的问题,更加关涉到文化发展格局的问题。因此德国古典哲学在中国的研究发展更重要的是凸显在传统研究优势上的合理转变,解决理论与现实之间的矛盾,慎重地"规划"中国的德国古典哲学研究的未来道路。

　　德国古典哲学在中国的研究需要与马克思主义哲学、中国传统哲学的融合中揭示"让哲学说中国话"的现实价值。德国古典哲学中国研究强调哲学在中国社会中所引发的文化变异和形成的"中国范式",它并不是致力于将德国古典哲学"转化""变"成中国哲学。因此,德国古典哲学的当代发展研究应该侧重于哲学理论范式的转变,即以西学东渐为整体的历史前提为基础形成的"中国特色"德国古典哲学研究形态的转变研究为重点,突出西方哲学在中国发展的真正目标和现实意义,从中提炼文化发展的内在因子,推动中国哲学的合理发展。解读德国古典哲学的重要文化形态与理论范式,是中国人以鲜明的主体意识和主动精神不断地创生德国古典哲学中国研究形态的实现范式。德国古典哲学的创新发展恰恰是站在中国文化的立场上合理地吸收异质文化的生命力和活力,展现了中国文化独具的包容性和创造力,凸显西方哲学思想理论形态对于中国文化自身检视能力和理论自觉的重要作用。

　　加强德国古典哲学面向中国问题的开放深度更要实现"让哲学说中国话"。实际上在哲学的研究领域这已不是一个新课题,我国学者在丰富发展马克思主义哲学中国化的研究已经充分阐释了这一问题的重要性。2010年,由吉林大学孙利天教授写作出版的《让马克思主义哲学说中国话》一书中就曾指出："如何让马克思主义哲学说中国话，显然是把马克思主义哲学变成我们的民族财富，变成指导中国革命和建设实际的科学世界观和方法论的一个重要问题。"①让马克思主义哲学说中国话代表了现实的中国国情以及人们的精神层面对于哲学发展的真实需求。

从五四运动以来的中国思想文化的几个阶段的跨越式发展都能够品味出，无论是中国人最初被动地结束西方哲学，还是处于革命的意愿主动开始建构包括马克思主义哲学在内的西方哲学，都不能否认中国人是在不断地让哲学说中国话的过程中点滴塑造着具有中国特色的文化形态，并且这种做法的意义在现代显得更为重要。如果我们能够清醒地认识百年来的文化演变史、思想发展史，在中国文化融合西方文化的前提下，跨越语言障碍，从思想文化的译介向更深层进行探索，才能最终真正提炼出中国哲学、马克思主义哲学当代发展的合理走向。哲学文化的发展需要不断地反思，这种"思"不是形而上学意义上的"沉思"，这种"反思"更多应体现对具体对象的反思。

就德国古典哲学所代表的西方哲学的中国化的"思"而言，需要跨越有两方面，也可以说需要注意解决两个不一致：一是反思对象选择的不一致，德国古典哲学在中国的现实选择与作为哲学的自我选择的不一致；二是反思目的的不一致，德国古典哲学在中国的研究融入西方价值观还是中国价值观的不一致。然而提出这两个不一致并不是企图建立一种非此即彼的对立，而是重申我们在从事哲学研究时所必须注重的基本立场与原则。就中国的德国古典哲学的研究而言，不能孤立的以自我选择为出发点从而建立一套单独的西方化的体系，德国古典哲学还需要坚持"让哲学说中国话"，也就是需要在与马克思主义哲学中国化的融会发展中坚定自主的信念，把持基

---

① 孙利天：《让马克思主义哲学说中国话》，武汉大学出版社，2010年，第397页。

本方向，以西方哲学的现代化发展推动马克思主义哲学中国化新进程，而这无疑就是在如何让哲学说中国话的反思意义上做出的理论实践，也是我们进一步开"思"马克思主义哲学的重要方式。

第五章
哲学流转中的文化审视

德国古典哲学在中国的传统与发展说到底寄予了促进文化发展的内涵旨趣，德国古典哲学的中国研究实际上立足于西方哲学与中华文化相互结合及当代中国文化建设的要求之下，不再把德国古典哲学进入中国的过程仅仅看成一个外来文化对中国的影响过程，或单纯地看成一个借鉴和接受的过程，而是强调其在新的文化语境下的再造和新建过程，把进入中国的西方哲学看作是中国文化建设的一部分。这既是中国国力强大后的一种文化软实力的必然诉求，也是我们对外来文化的一种理论自觉。

进入20世纪以来，特别是20世纪末21世纪初以来，文化全球化的趋势（也可以说文化相互碰撞、相互影响、相互融合的势头）明显增强。不同国家和民族文化领域的交流、影响也日趋强烈。特别是当前我国在改革开放和现代化建设不断深化的进程中，哲学理论的交流日益频繁并作为文化交流最为重要的组成内容。但问题在于，今天的这种发展和交流虽有国家色彩，但不乏自发因素，并缺少理论上的指导（特别是在哲学交流方面）。文化交流发生在两种或者两种以上的异质文化之间，才可以相互交流和相互受益。哲学交流是文化交流的一个重要组成部分。如何达到文化交流，在交流过程中需要强调基本立场,更需要有底气地强调基本原则。因此总结德国古典哲学在中国的传统及发展特征,揭示这一理论事实背后的文化视域,对坚持和发展中国特色的哲学研究,彰显中华民族文化自信发展的自信来源,具有重大的社会价值。

一、站在人文精神与文化自信的关系维度中审视

在中国思想史中,自新文化运动以来的文化发展历程是透视新思想,挖掘传统与现代梗阻,锻造文化自信的重要研究场域。作为鲜明文化发展标志的新文化运动是中国人以民族为基点,打开人文精神畅想的开端时期;而就中国人自身精神力量的塑造和以此发展而来的中国文化的自我形象更是以凝聚具体历史的方式,固化了人文精神的时代价值,并不断昭示着文化自信当代树立的应有话题。因此关注文化发展中发挥着至关重要、超越传统的新观点、新方法、新追求,在面向未来的角度,挖掘具体历史凝聚的具体精神,以人文精神为主语继续探索文化自信的现代内涵是本文的重要议题。

(一)"引进来"的具体历史与"取法乎上"的人文精神

"超越时代的'思想的根本精神'和思想受派生其时代所支配的具体观念,应当学习前者体现的智慧,而后者往往随着时代变迁而过时。"①思想的根本精神是我们在今天需要继承并且不断锻造文化自信的根基所在。这根基从何而来? 中国传统文化诚然是最根本的智慧源泉,但是在中国现代化的历程中,不能忽视的是随着西方文化的传入,世界文明的碰撞,中国文化逐渐挺立为一种"独特性"气质,在代表着近代以来中国民族意识与自主精神

---

① 陈卫平:《新文化运动反传统之辨析》,《中国社会科学》,2015年第11期。

糅合的时代背景下,这种独特性恰恰是巩固文化自信的重要方式。

文化自信的思考与树立不得不放在中国文化发展的历史长河当中,并且要放在文化发展轴心时期去挖掘其中的思想、精神之转变。在历史逻辑中演化文化自信的应然形态,也就是更好地保存自己、成就自己、发展自己,叶秀山先生曾指出,中国文化只有走出去,才能更好地保存自己。这是文化自信的重要前提,是我们在中国文化"和而不同"的精神实质中得以发生文化自信、巩固文化自信、建立当代文化自信的内在诉求。

"走出自己"的前提一定包括"引进来"和"自己说",实际上在中国历史上,文化发展的轴心时期,也就是新文化运动时期已经具有了这种贯通的逻辑。至今已百年的新文化运动是文化"引进来"的生动叙事。在西方文化传入的背景下,科学、民主、自由在中国大地萌芽。以整体观来看新文化运动,中国思想文化发展的源流以及内在支柱的形成集中在这一时期,特别是新文化运动文化发展的自身特点,即对于外来思想的自觉甄别和现实考量使得新文化运动标志性地成为我们思考文化自信的重要资源。

1915年开始的新文化运动奠定了中国"取法"西方的文化观,此后持续的十年历程中又主要展现了在文化建构态度与方法上转向马克思主义观照现实的文化观。新文化运动实际上正是在中国人接受西方文化"引进来"的前提下,自觉反省文化需求,选择了与中国文化现代化条件相符的文化走向。强调"取法"的目的,即不是为了传扬西方文化的绝对优势,而是要在中西哲学方法论的碰撞当中实现更为符合我们自身文化以及人文精神的发展需求。

文化自信的初期锻造凸显了在文化碰撞中出现的方法论借鉴,即为了体现中国文化的自我特色的有效借鉴。比如中国人在接受西方科学主义精神、自由民权意识、国家观念以及早期社会主义理论等方面都颇为敏感,一方面中国传统文化中缺失了以理性精神为主体的逻辑开发;另一方面更是在民族危机、文化更新及塑形的意义上采取了启智开言的重要引领。比如在对待德国古典哲学的态度上,虽然相比英、美国家哲学的输入,德国古典哲学在西方文化大量引进之初从数量和认同度上远远落后,但德国古典哲学在思想方法、世界观、人生观的表达上具有更为深远的影响。从新文化运动时期开始,中国人就认为德国古典哲学是有科学性的,是代表了理性精神的典型的文化资源。

(二)人文精神中自觉塑形的文化自信

新文化运动时期当中国人向外寻求知识型、理性化、科学性的人文精神的蕴养时,就酝酿了铸造中国文化自我形象的靶向,新民主主义革命时期恰是这种自我形象的形成时期,在这一时期人文精神对于文化自信的自觉建构作用十分明显。第一,在人文精神的凸显中,中国革命领导人关注革命前提,努力寻找符合中国革命的思想文化内涵;第二,正是这种用心寻找,打通了文化自身与中国思想发展史的共生壁垒,即中国思想文化的发展,恰恰在突出了人文精神的自觉塑造过程中成为中国文化自我形象的发展资源,塑形了文化自信的应有内涵;第三,人文精神自觉塑形中呈现的文化转型是马克思主义中国化重要的思想准备,是文化自信在马克思主义中国化视域内成为实践结合、现实需求的重要节点。

实际上,除了在学术领域颇有造诣的学者大家中凝练中国文化自信的权威话语,一个更加不容忽视的方面是在中国社会发展转变历程中付出过理论实践的中国革命家的文化思想,这些思想是基于对人文精神的揭示,并在实践中不断践行文化力度的重要方面。而这些人文文化的觉解包含着对西方文化比较性、超越性、破解性发展的重要内涵。比如在毛泽东的文化思想当中,尤其是其青年时期,曾深受西方文化思想观影响,对此后文化自我认识的养成以及对中国文化自信形态的树立起到了一定的影响及推动作用。

毛泽东青年时期因其老师兼岳父杨昌济等人皆承教西方哲学特别是德国古典哲学的关系,很早便接触并思考关于世界、人以及物质之间的关系,世界观从唯心主义向心物二元论发生了重要的转化,也为毛泽东完成对于中国革命现实性、实践性探索提供了思想准备。青年时期的毛泽东是在充分结合自我认识的前提下,对外来文化进行了独立地思考,特别是关注到并相继对康德以及康德主义哲学、黑格尔哲学辩证法、德国近代哲学展开踏实的研究之后,毛泽东对于中国革命的现实所要坚持的文化方面的真理,有了更为清晰地认识。

毛泽东最早接触到的康德哲学中的"二元论"思想,是在康德主义专著《伦理学原理》中充分体现的,而这部著作是毛泽东精心研读并颇有感悟的一部,他曾这样指出:"这本书的道理也不那么正确,它不是纯粹的唯物论,而是心物二元论。只因那时,我们学的都是唯心论一派的学说。一旦接触一点唯物论的东西,就觉得很新颖,很有道理,越读越觉得有趣味。它使我对于批判读过的书,分析所接触的问题,得到了新的启发和帮助。"[①]这种趣味也不得不说与毛泽东对于德国古典哲学辩证法之趣味相关,此后对于世界与真理、"心性"与"体魄"、唯物主义与唯心主义更在辩证法之中有了更为清晰的认识。

在选择中扬弃,在实践中得出真理,毛泽东对于中国革命思想的确立形成恰是对于中国文化融合状态的有效提炼,而这种提炼是在人文精神意义上的。因为只有在人文精神意义上的思想文化转变才不是文化的简单移植,而是结合国情在与社会实践结合中的主动改造。"唯有科学的态度和负责的

---

① 金冲及:《毛泽东传(1893—1949)》,中央文献出版社,1996年,第27页。

精神,能够引导我们民族到解放之路。真理只有一个,而究竟谁发现了真理,不依靠主观夸张,而依靠客观的实践。"①人文精神更加体现为是文化自信的基石,革命时期这种基石就是红色精神,也就是革命本身,就是为了实现真理的精神本身。正是在这样的人文精神的指引下,许多革命家都自觉地选择了马克思主义,因为马克思主义恰是凝聚了我们所要追求的科学精神与实践精神的伟大思想源泉,而我们更是能够在马克思主义中国化的意义上不断发展中国思想文化,发展中国文化的自我与自信。

从另一个方面来讲,中国对马克思主义的关注带来了人们超越中西文化优劣的争议,从而真正进入了现实思考文化自信的向度。马克思主义唯物史观解答了中国社会革命道路问题,在提出唯物史观具体的能够知道中国革命及社会发展的方向问题之后,就马克思主义理论的深入分析更是渗透到了它理论本质的方法论当中。也可以说马克思主义融合新文化运动开始时期被国人看重西方文化的科学精神、革命性精神,同时将这种科学性融入现实性的考量当中,成为文化自信现实路径开展的重要内容。正如李大钊指出:"近来,思想界才发生一种新倾向:研究各种科学,与其重在区分,毋宁重在关系;说明形成各种科学基础的社会制度,与其为解析的观察,不如为综合的观察。这种方法,可以应用于现在的事实,亦可以同样应用于过去的记录。唯物史观,就是应这种新倾向而发生的。"②文化思想的发展指明了唯有自觉地研究、运用、发展马克思主义,以现实实践构造中国人自己的文化是我们实现文化自信的重要突破。可见,人文精神昭示的是文化自信的重大号召力,在文化发展的路径当中不断开启的以分析的、实证的方法反思传统文化、意欲与西合流等方式才能进一步在中西文化的本质差异中发觉中国文

---

① 《毛泽东选集》(第二卷),人民出版社,1968年,第623页。

② 李大钊:《唯物史观在现代史学上的价值》,《新青年》(第8卷第4号),1920年第12期;林代昭、潘国华:《马克思主义在中国——从影响的传入到传播》(下),清华大学出版社,1983年,第132页。

化需在何种维度上树立自信，能够在何种意义上使这种自信成为文化发展的不竭动力。

中国革命思想家对于中国文化的理解认识恰恰说明了中国人在对待人文精神的态度上具有了面向现实问题，面向时代需求的真实转变，这种转变既是文化观层面的转变，更是根植于中国的人文精神的重大转变。这种人文精神的转变表现为从技术性、实用性崇尚到实践性、综合性崇尚，更深层则体现为是从科学主义文化观到人本主义文化观的本质转变，这种转变凸显的人文精神始终映衬在什么是中国社会、什么是中国人、什么是中国人的现实生活的考量当中，是面向活的生活、动的历史的具体历史的认识，也是在具体历史中不断凸显以中国人为主体的民族精神的历史性。不可否认，这种对于文化的塑造本质上恰恰体现了是以一种人文精神的塑造为动力与目的，不断地补充、完善、创生、发展文化自信的重要方式。

(三)凝聚文化自信的"开新"路径

在思想文化的发展历程中，无论是对中西文化差异的辨析还是马克思主义的理论探索都促成了中国文化在自我内部不断自觉"开新"的形态。而这种"开新"恰恰是巩固文化自信重要的当代启示。

正如新文化运动时期学者提出的："物质上开新之局，或急于复旧，而道德上复旧之必要，必甚于开新。""凡欲前进，必先自立根基。旧者根基也。不有旧，决不有新，不善于保旧，绝不能迎新；不迎新之弊，止于不进化，不善保旧之弊，则几于自杀。"①强调文化的发展无疑在一定意义上是包含人文精神的"开新"与加持，是在积淀中萌生的自觉的文化意识，而文化意识增强的一个重要路径在于理解一个内在逻辑：文化的发展总是沿着自在—自觉—自

---

① 章行严:《新时代之青年》,《东方杂志》(第16卷第11号),1919年11月。

信的路线前进。而关键问题首先在于凝聚何种文化意识，从而走出文化自信，使中国文化真正走出去。

新文化运动以一种历史的、革命的现象实际上向我们揭示了文化传承的重要途径，即以树立文化意识（也就是突出人文精神）为前提的文化教育、宣传与深化。文化意识的形成往往是主观和客观两方面的辩证统一，反观整个新文化运动的发展历程不难发现，在现实与理论需求的催逼之下，反思批判与动态革新是新文化运动中蕴含的重要文化转型机制。当中国文化遭遇西方文化带来的冲击时，中国学者诚然首先站在了"实用"的立场上大胆对传统文化加以"整形"，而在对这种"实用"的殷切期盼下，文化转型并不明显，而是引来了诸多争议。由于这种"实用"缺乏伸张人的主体性的合理维度，为了成全时代矫枉过正，而当我们开始主动自觉地面对"实用"带给中国文化的更多空间时，另一种在西方文化方式的渗透更加值得我们反思，并且在以西方文化、哲学中获得的认识方法的启示下真正迎来了中国文化的有效转型。

基于对中国文化特征正确的定位后，马克思主义承担了新文化运动中的重要使命，完成了中国人意欲达成的文化转变的主要目标，也促成了文化自信的重要根基。因此现代有的学者总结道："西学东渐把西方各种人文社会科学理论介绍到中国，使中国思想界成为西方各种社会政治思想和哲学理论的竞技场，也使各种西方学说在中国社会受到了鉴别和实践检验。在这一过程中，近代中国先进的知识分子逐渐认识到各种西方学说都不能适应中国社会的需要，最后自觉地选择了马克思主义哲学。"[1]文化意识的形成需要我们不断地研究时代问题，并且主动对其进行反思，反复实践，形成自觉发展的合理模式，而在文化意识的催生下，人文精神必定蕴含其中，并且人

---

① 汪信砚：《西学东渐与马克思主义哲学中国化》，《中国社会科学》，2012年第7期。

文精神是隐含在文化发展中的重要隐线和最持久的生命力。

如何挖掘当代人的人文精神,推动文化自信的内化于心?在文化意识的觉醒之后,还需要进一步加强教育与宣传,因为人文精神必定体现的是我们对于时代问题的深刻认知以及在这种认知之下进而采取的文化态度、文化方式。我们的认知形成的结果是人文精神的表现形式,我们应该沉下心来认真地思考什么是我们真正需要进行锻造的人文精神。"我们今天所要的是世界性观念,能够仅与任一时代的精神相合,而且与一切时代的精神相合。我们必须了解与拥有通过时间考验的一切真善美的东西,然后才能应付当前与未来的生活。这样一来,历史便成为活的力量。也只有这样,我们才有希望达到某种肯定的标准,用以衡量人类的价值标准,借以判断真伪,与辨别基本的与暂时性的事物。"①如今我们面临的时代是大数据的时代、互联网的时代、新媒体的时代,我们以往认识世界的方式都需要新的变革,包括我们需要什么样的精神食粮、需要什么样的价值认同等。而这些问题恰恰是回应了文化的时代发展的必要性。

而反过来,文化的教育和宣传应该更加注重人文精神方面,从历史的角度来看,恰恰是人文精神蕴养了具体历史中的文化本身,而从社会发展来看,人文精神的突显是创造性、发展性的源泉。我们探讨人文精神就是在探索文化发展的重要维度,我们在文化发展历程中得到的启示也恰恰指明了人文精神是具体历史的人文精神,但却始终推动着文化的历史发展,因为总的来说人文精神需要关注的始终是生活世界的问题,是人类从事什么样的实践的问题。而文化在现代社会的意义不仅仅是宏观层面的民族大义,它更加关切在每个个体的文化发展的基础上重塑整体文化观的走向,文化从一个大词变为与生活最为贴近的词语,物质的极大丰富拉近了人们对于文化

① 眉睫:《梅光迪与新文化运动》,《中华读书报》,2013年第11期。

的距离,越是物质富足的国家,文化的地位越是显著、重要,这一点也正是我们需要在今天更加看重人文精神自觉塑造的重要原因。

实际上中国共产党强调的文化自信,与道路自信、理论自信、制度自信齐头并进恰恰说明了文化对于一个国家、民族的未来至关重要。而文化自信的展示往往不常常以群体性方式出现,我们关注的文化现象、文化产业、文化建设、文化教育等都是以链条的方式出现在判断形态当中,而这个链条中的每个环节都不能忽视具体历史中的人文精神,就今天的具体历史而言,我们不得不无比重视文化自信对于中华民族的深远意义。

二、站在推进马克思主义哲学中国化的视角中审视

德国古典哲学在中国的发展需要积极参与到哲学社会科学的理论创新当中,特别是需要积极地成为推进马克思主义哲学中国化的重要资源。马克思主义哲学中国化发展面临的一个重要的当代问题:如何创新性地探索马克思主义哲学中国化的现代形态。马克思主义哲学中国化有着自我发展的内在逻辑,同时需要不断多层次地反映于哲学社会科学的整体研究当中。

(一)马克思主义哲学中国化的研究现状

马克思主义哲学中国化研究发展呈现出了多重路径的选择空间。如今,马克思主义哲学中国化的研究主要在三种路向中展开,即唯物史观(基于中国社会实践)中的马克思主义哲学中国化研究路向;中国传统文化与马克思主义哲学中国化融合、比较中的研究路向;结合西方马克思主义哲学推进马克思主义哲学中国化的研究路向。这些路向散落在众多马克思主义哲学中国化的理论研究成果当中,比如,陶德麟、何萍在《马克思主义哲学中国化:历史与反思》中首先站在唯物史观的立场上详细地总结了马克思主义哲学

中国化的历史进程,结合中国社会思想变革中的事实因素,在反思的基础上探索了马克思主义哲学中国化的方向和方法论等问题。

在遵循唯物史观上,马克思主义哲学中国化的基础性研究成果还有:张奎良在《当代马克思主义哲学中国化的新起点》中指出,马克思主义哲学中国化不能忽视在中国革命实践中积累的重要成就,包括毛泽东思想、邓小平理论,都是推进认识马克思主义哲学中国化之新起点,即和谐社会主义中"以人为本"的历史资源和实践前提,展现了在唯物史观范畴下,基于中国社会实践的事实进行马克思主义哲学中国化的真实研究;郭建宁写作出版的《马克思主义哲学中国化的当代视野》也在社会实践以及理论实践的双重视野中提出了马克思主义哲学中国化的基本精神和重要品格;此外,谢地坤、李俊文编著的《马克思主义哲学中国化的实践反思》更加鲜明的将马克思主义哲学中国化的理论与现实社会实践的实际案例结合起来进行论述,体现了我国发展马克思主义哲学中国化的基本原则。

而在将中国传统文化与马克思主义哲学中国化相结合论述的成果方面,毕国明、许鲁洲写著的《中国哲学与马克思主义哲学中国化》着重强调要在正确认识和对待马克思主义哲学与中国传统哲学的关系维度上实现马思主义哲学科学内涵的认识,指出中国传统文化是中国人改造马克思主义哲学进而使其中国化的合理依据,在与时俱进的理论创新发展的时代更加值得注意。吴昕炜在论文《结合西方马克思主义哲学推进马克思主义哲学中国化研究——葛兰西哲学对马克思主义哲学中国化研究的启示》中揭示西方马克思主义研究马克思主义哲学的方法论转向和探讨主题的转变,从中获得启示并指出:"葛兰西对马克思主义哲学传统的继承和更新表明了马克思主义哲学的发展并不是原理的积累和应用,而是一种哲学传统的创造。它既包括对马克思主义哲学传统的发展,也包括对本民族哲学精华的汲取。"①
这些中国学者自主开展的马克思主义哲学研究的多维向度说明了马克思主义哲学在现代具有了缔造新语境、打造新空间的认识前提,因此也更加能够为积累丰富的学术理论资源提供多条道路。

在诸多路径并存的马克思主义哲学中国化研究现状可以看出,注重实践和理论、学术发展是在中国的两条轨迹。因此有的学者将这几种路向总结为马克思主义哲学中国化的两个版本,即实践版本和理论版本,并且认为马克思主义哲学中国化的实践版本是理解马克思主义哲学中国化合理性的重要前提。陈晏清、杨谦在2006年《哲学研究》第2期发表的论文《马克思主义哲学中国化的实践版本和理论版本》曾指出:"任何一个研究马克思主义哲学的中国学者都应该首先成为这个实践版本的毫无偏见的解读者。马克思主义哲学的中国化是否可能,是否应当成为当代中国哲学发展的主流,或能否成为中国哲学的现代追寻,如何推进马克思主义哲学的中国化,这一系列问题都只有在这个立足点上才能得到根本的解答。"②

而理论版本的开拓性发展是凸显实践版本,为实践版本提供现代性问题等可完善空间的重要向度。中国学者越来越关注马克思主义哲学中国化的自觉解读和自觉发展问题,无论是以何种向度解读的马克思主义哲学中国化,立足于何种支点开挖马克思主义哲学中国化的深化发展,都说明马克思主义哲学中国化在现代期待进一步拓展及探讨的必要性和重要性。因此这样的理论诉求需要我们开阔眼界,纵深地持续发展马克思主义哲学中国化的实践维度和理论精神。

越来越多的学者开始进一步探讨马克思主义哲学中国化的创建研究问

---

① 吴昕炜:《结合西方马克思主义哲学推进马克思主义哲学中国化研究——葛兰西哲学对马克思主义哲学中国化研究的启示》,《马克思主义研究》,2014年第14期。

② 陈晏清、杨谦:《马克思主义哲学中国化的实践版本和理论版本》,《哲学研究》,2006年第2期。

题,并取得了丰硕的成果。比如,2010年由李景源主编的《21世纪的马克思主义哲学创新》中指出了马克思主义哲学中国化创新的依据与可能路径的探索,在深化马克思主义哲学中国化的全面理解维度上认为:"目前马克思主义哲学中国化的内容和目标在于,根据马克思主义哲学的基本特质、思想方法和本真精神,通过深入到中华民族救亡图存、争取解放、建设现代化、和平崛起的历史进程,全面分析和研究全球化、信息化和现代性背景下中国特色社会主义实践中形成的哲学思想观念、价值取向、思维方式以及精神风韵,特别是将之具体的实践形态总结、提炼为抽象的理论形态,创建出全新的'中国特色、中国风格、中国气派的马克思主义哲学'形态。"①

此外,王南湜教授提出,在实践哲学的视野中深化马克思主义哲学中国化的理解和研究,在一定程度上是对以往马克思主义哲学中国化实践版本与理论版本两种研究范式的创新性结合。他指出:"对于马克思主义哲学中国化,人们可能会以不同的方式去理解。从理论哲学的立场去理解,这一举动就是一种对于以现成状态存在的普遍性的马克思主义原理的具体应用过程,是外在于原本普遍原理的;而基于实践哲学的立场,则这一举动绝非外在的,而是马克思主义就其本质来说所内在地要求的。毫无疑问,从后一立场看此问题,当能深化我们对于马克思主义哲学中国化之理解。"②

还有学者指出,马克思主义哲学中国化的现代化发展需要深化以往所表达的理论版本,李广昌认为,从"哲学问题"视角出发能够为马克思主义哲学中国化理论版本的丰富提供合理的想象力,"'马克思主义哲学中国化'不是中国的'现实问题',而是现实中国的'哲学问题'。当我们基于历史和现实的理由把这一问题置于哲学想象力的平台时,已经在民族主体性的现代觉解中,给出了哲学自身发展的理论期待。后者又取决于我们以何种方式和在

---

① 李景源:《21世纪的马克思主义哲学创新》,江苏人民出版社,2010年,第47页。
② 王南湜:《马克思主义哲学中国化的历程及其规律研究》,师范大学出版社,2012年,第2页。

何种程度上提升我们的想象能力,放飞哲学的想象"①。此外,胡海波教授提出马克思主义哲学中国化的"精神家园"路向也极具特色地表达了当代学者对马克思主义哲学中国化问题的创新式思索。

(二)西方哲学在马克思主义哲学中国化研究领域中的凸显

毫无疑问,马克思主义哲学中国化已经走进了一个创新发展的时代,这不仅意味着马克思主义哲学中国化已经具有了开拓新视野的"潜质",同时也为如何进一步展开这样一项工作突出了挑战。在当今中国学者研究马克思主义哲学中国化的诸多创新机制中,值得注意的是一种逐渐显露符合马克思主义哲学中国化现代性理论创新的尝试,也就是以西方哲学的中国化研究为新视角展开的马克思主义哲学中国化研究的现代性思考。

正如李维武在《从20世纪中国哲学的视域看马克思主义哲学中国化》中就曾明确地指出:"从20世纪中国哲学发展来看马克思主义哲学中国化,比之仅仅从马克思主义哲学发展看马克思主义哲学中国化,无疑是一个更为广阔的研究视域。这一研究视域的基本含义在于:把中国马克思主义哲学的发展置于思潮起伏、百家争鸣的20世纪中国思想界之中,通过考察马克思主义哲学与其他中国哲学思潮相互间的激荡、论争、影响及吸取,考察马克思主义哲学中国化在西方哲学中国化与中国哲学现代化这两大哲学运动中的位置与作用,揭示中国马克思主义哲学和20世纪中国哲学的曲折历程和丰富内涵。这对于推进马克思主义哲学中国化研究、对于推进21世纪中国哲学研究,都有着积极的意义。"②

马克思主义哲学中国化在现代视域下的研究越来越注重结合文化多样

---

① 李广昌:《民族主体性的觉解:马克思主义哲学中国化的想象力》,中国社会科学出版社,2010年,第7页。

② 李维武:《从20世纪中国哲学的视域看马克思主义哲学中国化》,《学术月刊》,2003年第11期。

性和思想的自我解读,因此在西方哲学具有"中国化"的事实前提下,透过西方哲学的反思进行马克思主义哲学中国化创新式研究在学界已经获得了一定的共识。许多从事西方哲学研究的学者们也纷纷注意到了这种开创性的向度,在西方哲学中国式解读(赵敦华语)等认识范式的支撑下拓展了马克思主义哲学中国化研究的合理视域。

而我们今天,德国古典哲学在中国研究的经验启示中透视马克思主义哲学中国化研究的另一种参考方式,即在尊重中国文化发展的现实性的基础上,凸显马克思主义哲学当代价值意义上的重要探索。诚然我们能够"大胆"迈出马克思主义哲学得如此创建性探索并不是一时冲动,实际上进入21世纪,中国学者积极努力地在实现马克思主义哲学中国化的创新性探索道路中不断践行。2001年至2019年,陆续召开的19届"马克思哲学论坛",以不同的主题探讨延续着中国学者对于马克思主义哲学中国化创新发展的关注。

2001年第一届马克思哲学论坛的召开正值我国经济全球化趋势逐渐凸显,改革开放日益深化的时代境遇,因此在时代境遇的转换下,如何突出和弘扬马克思主义哲学的时代价值具有重要的意义。正如欧阳康教授在会上指出的:"建构马克思主义哲学的当代形态必须从问题入手:立足新的时代高度去解答历史上的遗留问题,使历史经验获得新的生机;关注人类的现实生存与心灵危机,推进人类的自由与解放进程;奠基于新的实践去回答新的理论难题,促使理论的科学化发展;借助于新的理论去指导和规范实践,促使实践的合理化发展。"[①]

2002年5月,第二届马克思哲学论坛探讨了马克思主义哲学的本体论思想及其当代意义。对于马克思主义哲学本体论的探讨表达了中国学者们试

---

① 欧阳康:《提升马克思主义哲学的当代价值要求建构其当代形态,马克思哲学的当代价值综论》,《中国社会科学》,2001年第5期。

图创建马克思主义哲学体系的当代认知，北京大学的黄枬森教授指出："应给本体论或存在论一个正确的定位，从而为马克思主义哲学的体系创新开辟道路。"①在众多学者的热烈探讨中，开放地理解马克思主义哲学本体论的当代意义得到了共识，从马克思主义哲学本体论的基础性分析到对其认识的方法论变革、生存论转向的解读都表明了中国的马克思主义哲学研究已经开始逐渐走进了马克思主义哲学的理论内部进行自觉的创建。

2003年10月，在古城南京召开的第三届马克思哲学论坛继续拓展新思路，在当代国外马克思主义哲学的基本问题和走向的探索中挖掘新的建构方向，提出了马克思主义哲学在现代不仅要坚持和发展马克思主义哲学的经典文本，还应善于创新，以开放的姿态寻求对话的可能。因此在马克思哲学的论坛中首次重点的对国外马克思主义的基本问题、最新进展进行深入地讨论，拓展了马克思主义哲学研究的国际视野。实际上，此次论坛的召开意味着中国的马克思主义哲学发展，在不断的中国化过程中已经具有了自觉的学术分析、搭建对话平台的意识，这也必然有助于形成马克思主义哲学研究的中国气派和话语体系。

可以看出，西方的哲学文化已经被合理地纳入了马克思主义哲学中国化的探讨范围内，在一定意义上，西方哲学正是我们展开马克思主义哲学中国化现代性创建的重要资源。2004年8月，一个更加鲜明地体现马克思主义哲学中国化研究的创建需求的主题被提出，第四届马克思哲学论坛以"马克思哲学与当代中国的现代性建构"为主题在四川绵阳召开。许多学者认为，现代性是马克思主义哲学不容忽视的创建需求，马克思主义哲学的现代性发展代表着中国在面对风云变幻的现代社会时的理论指向与基础，如何在中国社会的现代性凸显中理解马克思主义哲学是具有现实意义的。

---

① 孙麾：《马克思的本体论思想及其当代意义——第二届"马克思哲学论坛"述要》，《中国社会科学》，2002年第5期。

在对中国的马克思主义哲学研究探讨的积累基础上，2005年召开的第五届马克思哲学论坛对马克思主义哲学创新路径的发展与意义进行了更加具有代表性的集中探索。论坛在挖掘马克思主义哲学新形态的建构问题上提出了具有重要价值的理念。有学者指出："对于21世纪中国哲学的发展与创新来说，当务之急就是'进行学术流派的本土建构'。中国学者只有真正摆脱西方话语自觉不自觉的内在桎梏，从文化买办的角色中挣脱出来，将自己的根须深深地植入民族的土壤中，才能确立具有民族精神的独立人格，从而在与西方哲学的比较、会通、对话和共融中铸造出真正具有中国气派的哲学理论来。"①实际上，在马克思主义哲学中国化的研究中，中国学者越来越能够以清醒的头脑看待其新形态的建构目标和建构方式。

中国人在研究马克思主义哲学时已经主动地在实现合理范式转换的前提下凝练中国化的马克思主义哲学的合理维度。任何一种极端的对待马克思主义哲学发展的观点在现代理论的发展中都是行不通的，只有在深刻地贯彻马克思主义哲学的基本原则，将理论与实践有机地统一发展才能够在开拓性的创建模式中表达真实的理论需求。在这个意义上，中国学者在21世纪进行的现代性的马克思主义哲学的探索没有偏离本质要求，并且在合理的范围内丰富了马克思主义哲学中国化研究的当代视野。

2006年接续上一届马克思哲学论坛关于建构马克思主义哲学创新形态的主题，在政治哲学的方向上具体地进行马克思主义哲学研究的新探索。在会议上，陈晏清教授指出："中国马克思主义政治哲学的建设，应当从两条进路在其互相关联中分别地展开。马克思主义政治哲学包含了理想性和现实性两个维度或两种进路。建构和发展一种基于现实的价值性与事实性之统

---

① 杨学功：《立足文本，开展对话，建构马克思主义哲学当代新形态——近两年来马克思主义哲学研究前沿热点问题评述》，《第五届马克思哲学论坛中国化的马克思主义哲学形态研究会议论文集》（上），2005年。

一的马克思主义政治哲学，并不意味着理想性的马克思主义政治哲学就已经过时，失去了其存在的价值。就其对现实资本主义社会弊端的批判来说，它有着一种无可替代的作用。承续这一批判传统，发展理想性的马克思主义政治哲学的批判之维，是一项意义重大的理论任务。"①

在对马克思主义政治哲学的研讨中透露出中国的马克思主义哲学研究正在朝向实践维度进行转向，以往的多届马克思哲学论坛以马克思主义哲学的当代价值，经典阐释以及中国社会的现代发展为坐标，思考和批判马克思主义哲学发展中的主要问题，涉及理论范式的转换，但对于如何在理论中凸显实践意义的转型没有具体指出。因此在第七届马克思哲学论坛中，探索马克思主义哲学当代价值、理论阐释、现代性要求与中国实际问题之间的有机联系成了重点，认为关键是找到能够结合马克思主义哲学研究多维向度的关节点。在对多年研究马克思主义哲学范式转换的基础上，着眼于当代中国发展的重大现实问题成了串联马克思主义哲学中国化理论形态创建的内在机制。

正如安启念教授指出的："中国马克思主义研究存在的主要问题是经院化、贵族化严重，使马克思主义哲学成了圈子里的文字游戏，与现实严重脱节。另外，哲学研究受市场经济的影响而具有产业化倾向，这是导致马克思主义哲学研究浮躁的一个原因。为此，研究马克思主义哲学最主要的是必须研究重大现实问题，立足现实，以我们正在遇到的问题为中心，把问题中的哲学变成哲学中的问题。"②立足于中国社会发展的现实问题更加将马克思主义哲学的中国化研究核心凸显出来，同时将马克思主义哲学的真实研究

---

① 孙麾：《马克思主义政治哲学：阐释与创新——第六届马克思哲学论坛概述》，《天津社会科学》，2006年第6期。

② 车玉玲：《马克思主义哲学研究范式：创新与转换——第七届马克思哲学论坛综述》，《马克思主义与现实》，2008年第3期。

推向前台，这种真实研究在现代看来就是马克思主义哲学本身的创新发展。马克思主义哲学理论发展的目标实际上同马克思主义哲学中国化建构新形态的目标相一致，都是希求在理论的现代性发展中更加符合理论要求与时代发展规律的双重指导，共同在新的目标下实现对中国社会实践的现实指导。

在2008年的第八届马克思哲学论坛中，以"马克思主义哲学中国化与当代中国哲学建设"为主题，重点探讨将马克思主义哲学的研究提升到更为宏观和现实的层面。在会议中对马克思主义中国化研究中存在的不同思想路向进行了探讨。许多学者将问题视域放在了理论与实践关系的探讨之中，"从理论原则看实践"还是"从实践需要看理论"是一个现代马克思主义哲学发展面临的真实困境。"从实践需要看理论"指出了中国化的马克思主义哲学研究深入发展的道路。

马克思主义哲学中国化的研究不仅是理论自身的要求，也是时代赋予哲学研究的意义。在这样的基本认识下，2009年至2019年十年间，马克思哲学论坛主题的演变也反映了哲学关注现实的程度正在恰恰变化。探讨了从中国发展道路的实践需求出发的马克思主义哲学的创建问题，充分展现了我国新时期马克思主义哲学中国化的理论创新与实践总结、指导相结合的发展宗旨。

第九届至第十二届分别从"马克思主义文化哲学研究""历史唯物主义与中国问题""马克思主义哲学与中国共产党90年""马克思的文化观与当代中国文化发展"展开了探索。

2013年第十三届马克思哲学论坛就以马克思主义哲学史为探讨对象进一步揭示了中国化的马克思主义哲学日益完善的自觉建构体系与哲学创新之间的关系。提出了要在学科反思以及方法论的检视、文本、人物和思想研究、国际视野的哲学史研究等方面的马克思主义哲学中国化研究的创建意见。

2014年10月，以"马克思主义哲学创新的国际视野"为主题的马克思哲学论坛的召开，进一步推进了中国人研究马克思主义哲学的现代视域，也更加具体地提出了"国际视野"的基本内容，即不仅要立足于中国问题、中国道路去探索马克思主义哲学中国化的创新发展，更要注重全面地了解世界社会局势的历史、发展及演变，尤其是在资本主义危机和发展启示下马克思主义哲学发展与研究的经验对于社会主义国家马克思主义哲学发展与研究的重要借鉴，进而深入的理解中国道路的世界意义。通过多样性的文化形态，以及不同路径中的马克思主义哲学研究，推动马克思主义哲学创新的探索，使"中国问题""中国道路"成为最终的落脚点。

第十五届聚焦"唯物史观视域中的现代性问题"，提出马克思哲学与现代性问题中的诸多前沿问题，探讨现代性的中国内涵及其理论建设，现代性理论的挑战、困境与分析视角等。

第十六届阐发"方法论自觉"主题，立足发展21世纪中国的马克思主义哲学，以密切联系改革发展的实际问题与当代中国马克思哲学理论的方法论创新为焦点强化马克思哲学的当代价值。

第十七届"经济变革中的哲学问题"，就改革开放进程中马克思主义哲学的出场与在场、全面深化改革时期的当代中国哲学、中国化马克思主义哲学——中国道路的哲学表达、哲学的困境与当代中国哲学的前景、金融化时代的哲学话语、政治经济学批判与马克思哲学思想的变革等议题展开研讨。

第十八届从如何科学地认识新时代、如何有效地治理国家和社会、如何推动人的全面发展和社会的全面进步、如何为全球发展贡献中国智慧等重大现实问题出发展开研讨。

第十九届主题确定为"公共价值和美好生活"，探讨历史进程中人的全面发展和人类文明的全面提升的紧密关系，立足新时代中国特色社会主理论探索和伟大实践，面向当代世界和中国社会现实，用学术思想回应时代难题。这些鲜明的主题表达了中国学者对马克思主义哲学的研究越来越注重在合理的概括、提升、挖掘中国特色社会主义建设的实践要求中加强文化建设的目标。以文化强国为基本旨趣的哲学研究突显了新时期中国学者强调哲学发展需要建立中国品格、弘扬中国气派的精神指引。十几年的马克思主义哲学探索使得中国学者对于理论创新与实践发展之间的关系有了更加深刻的认识，不难看出，在马克思主义哲学中国化逐渐深化的研究历程中，对于文化融合的积极作用以及文化多元化与创新意识建构的内在机制的认识已经达到了自觉的认识和辨识。

从19届马克思哲学论坛所关注的问题的综述来看，我国马克思主义哲学的探索了经历了几种转型：马克思主义哲学研究范式的转型，实践意义的转型以及国际视野的转型。但无论是何种转型都可以看出马克思主义哲学的中国化研究始终坚持了将马克思主义哲学的基础理论与实践相结合的原则，而转型往往发生在时代的呼声中，发生在中国学者自觉弥合时代需求与理论创新的建构中。因此马克思主义哲学的中国化在今天不再仅仅是提出一种中国化的马克思主义哲学理论，而是具有多重维度和价值期许的。而对于如何实现马克思主义哲学的价值期许又不能单单回到马克思主义哲学本身，而是要不断地在开阔视野的认识中探寻可能的道路。正如赵敦华教授指出的："中国特色社会主义的政治路线的意识形态是中国化的马克思主义，而中国化的马克思主义对马克思哲学的创造性发展，得益于中国哲学的现代研究（否则马克思主义哲学难以中国化），得益于西方哲学在中国的传播（否则马克思主义难以哲学化）。在此意义上，应该肯定中国哲学现代形态对中国化马克思主义的整体贡献。"①所谓的中国哲学的现代形态就是我们

---

① 赵敦华：《中国哲学现代形态的可能性条件》，《学术月刊》，2008年第3期。

以自觉融合的意识建构的具有开放性视域的中国哲学的创建发展形态,其中必然包括对西方哲学中国化的现代性认识以及对中国传统文化的当代理解。

任何文化中的多种因素的相互作用都不应成为阻碍哲学发展的屏障,而是要积极地在解决中国问题、发展中国道路的目标下合理地探索哲学的发展形态。而就马克思主义哲学中国化而言,这种创建意图更加具有当代价值。从这个意义上来讲,我们在德国古典哲学中国发展的经验启示中挖掘促进马克思主义哲学中国化研究的新视角,符合我们对马克思主义哲学中国化形态创新发展的路径,符合我们日益拓展的学术生活以及现实生活的眼界,符合在这些生活的实际需求中所不断探寻的价值诉求。

(三)德国古典哲学在推进马克思主义哲学中国化意义上的现代性内涵

德国古典哲学在中国的发展具有照应马克思主义哲学中国化一般理解的现代性内涵。马克思主义在中国的深化及发展强调在中国化、时代化和大众化三种向度展开。马克思主义需要结合当代的社会革命及发展实践的中国化或民族化向度;需要体现具体实现目标与理论任务的时代化向度;需要凸显深入契合人民群众思想意识的大众化向度。马克思主义中国化的总体要求就是马克思主义哲学理论发展的现实背景和实际参考。马克思主义哲学的中国化也需要在这样的理论认识背景下做出审慎的思考,展现马克思主义哲学在中国长期发展演变过程中的重要特色,即民族性、时代性和大众性。

马克思主义哲学在中国的最初呈现便有着面向民族性、时代性、大众性问题的特点,表达着一种实现社会思想变革的旨趣。早在1938年10月党的六届六中全会上,毛泽东就强调了马克思主义哲学的民族性问题:"马克思主义必须和我国的具体特点相结合并通过一定的民族形式才能实现。……使马克思主义在中国具体化,使之在其每一表现中带着必须有的中国的特性,即是说,按照中国的特点去应用它,成为全党亟待了解并亟须解决的问题,洋八股必须废止,空洞抽象的调头必须少唱,教条主义必须休息,而代之以新鲜活泼的、为中国老百姓所喜闻乐见的中国作风和中国气派。"①不断地反思民族性主体认识的同时体现其理论民族性的现代性内涵的目标是毛泽东对马克思主义于中国之发展的基本认识。换句话说,毛泽东看到了在中国思想界存在着一些封建的残余和教条主义的不利因素。因此需要以马克思主义的真正中国化加以纠正。就马克思主义哲学中国化的发展来说,也需要在不断地调整民族性的同时正确树立具有民族主体性的理论内涵,使马克思主义哲学在突出民族性的维度中适应世界性的共同问题的发展与变化。

正如李广昌在《民族主体性的觉解:马克思主义哲学中国化的想象力》一书中指出的:"'马克思主义哲学中国化'不是某个个人的活动,也不是人类的共同活动,因此它的'主体'一定是民族,它的主体性就是它的民族性的现代伸张。正是在这个问题域内,它凸显出民族主体性的当代哲学内涵。"②对于马克思主义哲学的理解不应该局限于理论本身所能解决的问题,民族性的立场的加入能够使得马克思主义哲学更加具有哲学对于一个时代、一个社会的应有效力。应该加强哲学对于固定模式的突破力,注重在合理模式的建构下思考民族主体性的可能方式,注重在哲学理论生长中所创新的"民族主体由自在走向自为的过程"③的积极作用。

马克思主义哲学虽然创始于德国,然而在其不断发展中被注入了中国的血液,逐渐展现除了民族性的特质,可以说,马克思主义哲学的民族性是

---

① 《毛泽东选集》(第二卷),人民出版社,1991年,第20~21页。

② 李广昌:《民族主体性的觉解:马克思主义哲学中国化的想象力》,中国社会科学出版社,2010年,第227~228页。

③ 同上,第230页。

其在发展过程中不断民族化的结果。"民族性的特点使马克思主义哲学的发展呈现出生动活泼、丰富多彩的面貌。"①因此在民族性的空间维度上理解马克思主义哲学的中国化实际上指明了马克思主义哲学中国化的最重要的主体，以及其发展过程中不可改变的圆心，马克思主义哲学中国化的主体即是哲学民族性的主体，是具有民族个性的中国的马克思主义哲学主体，而这个不可改变的圆心即是发展中国，是在中国这个不变的场域下进行的马克思主义哲学的理论生化过程。民族性的马克思主义哲学中国化才能够真正厘清理论发展的中心和原点，真正在自觉地成为这个中心和原点的动力下不断催生更加生动和丰富的主体意识。

马克思主义哲学在中国与中国社会发展同样经历了时代变迁的洗礼，因此还具有强烈的时代性特征，马克思主义哲学需要在时代性的空间维度的标尺下上升发展。每一个优秀理论的诞生都有着它符合时代发展需求的前提，马克思主义哲学在中国的诞生和进一步研究正是如此。从19世纪20年代初马克思主义哲学作为社会主义思想中的理念之一被引进中国，便带着其自身理论发源的时代特征——无产阶级反对资产阶级的革命特征而被中国人所容纳。那一时期中国社会思想演变的时代主题就是革命，以革命的方式(包括现实的革命运动和思想上的理论改革)改变中国的社会现状是中国人寻求的发展途径。在这种时代的号召下，马克思主义哲学具有了作为历史的产物、时代精神精华的重要意义。正如恩格斯所说的："每一个时代的理论思维，从而我们时代的理论思维，都是一种历史的产物，它在不同的时代具有完全不同的形式，同时具有完全不同的内容。"②对于时代脉搏的准确把捉反映了人类对于历史进行理论思维的总结，理论思维在时代潮流的驱使下

---

① 吴家华：《论马克思主义哲学的世界性、民族性、阶级性的关系》，《思想理论教育导刊》，2001年第12期。

② 《马克思恩格斯选集》(第四卷)，人民出版社，1995年，第284页。

又成就了不同的特色，这也就是马克思主义哲学需要在中国发展中遵循的时代性的维度。

新中国成立初期，在注重经济发展的物质文明建设的同时，精神文明也被放置到了一个重要的位置，宣传马克思主义哲学，使不懂哲学的党内外干部都懂一点马克思主义哲学具有了明显的现实实践途径和意义。马克思主义哲学的着重宣传随着时代的发展也快速起到了提升人民群众思想觉悟的作用。马克思主义哲学在经世与丰富理论内涵的共同盈动下，逐渐走出了困窘，逐渐具有了更为鲜明的理论价值。世纪之交，随着马克思主义哲学理论旨趣在时代的变迁中变化，其中国化的发展也从革命战争转移到和平发展，马克思主义哲学中国化主题的转变使其在新时代精神的填充中获得了新的、革命性的内涵和走向。到如今随着哲学主流问题的演进与丰富，哲学与经济、哲学与人、哲学与现代文化等新型的问题层出不穷，反映的皆是时代给予人们思想的开拓性。而在"以人为本""和谐社会""生态文明"等新理念的彰显下，更为马克思主义哲学的发展提出了新的要求，开辟了新的语境。

如何应对时代的转换对于马克思主义哲学发展带来的新要求？早在1978年12月邓小平在中共中央工作会议闭幕式上提出"解放思想是当前的一个重大政治问题"这一观点中便可以得到启示，"解放思想"不仅成了中国政治改革的重要思想前提，对于文化工作、哲学发展来说，"解放思想"真正引领了马克思主义哲学在新的时代语境创新发展的前景。而实际上，马克思主义哲学中国化面对每次时代浪潮的冲击都以"解放思想"的方式予以了恰当的回应。"解放思想"实际上是"与时俱进"的重要前提和实现根基，唯有思想的真正解放才能在理论的实际发展以及对现实事务的指导方面达到"与时俱进"的高度。马克思主义是科学的理论，是适用于中国社会发展与建设的理论；同时正是由于马克思主义成功地吸收了诸多时代累积的精华，它才具有了向着新时代开拓的可能性和原动力。在这些基础之上，马克思主义哲学才有可能真正解放思想地成为符合时代需求的现代性理论。

因此解放思想实际上必须认识与时俱进的合理性。与时俱进也就是我们所说的时代性这一维度，马克思主义哲学在其发展历程中应时刻注重与时俱进地联系时代需求，在马克思主义哲学的建设发展中以解放思想为前提，与时俱进地形成在时代状况的合理认知中进行理论研究方式的转换。

马克思主义哲学的大众化发展也是其研究中的重要前提性目标。马克思主义哲学最早以西方国家的社会主义理论身份与中国人结识，曾有学者指出："然就我国的现情而论，不独一般劳动的平民不知道社会主义是什么，就是智识界的人，甚至于欢迎社会主义的人能真正了解社会主义之内容的，我敢说是局少数。现今欧、澳、美各洲有组织的工人不知道社会主义的居最少数，而我国智识界的人真知道社会主义的居最少数；两两相较，恰成一个反比例。由此看来，在马克思死去一世纪之内，号称文明古国的中华，恐怕没有实行社会主义的希望了。"[1]可见，理论未经大众化对于现实社会的影响是可预见的，思想理论的大众化能够架起通往现实实践的桥梁，只有真正发挥了思想理论的大众化，才能起到变革社会现实的积极作用。正如马克思所表述的："批判的武器当然不能代替武器的批判，物质力量只能用物质力量来摧毁；但是理论一经掌握群众，也会变成物质力量。理论只要说服人（ad hominem），就能掌握群众；而理论只要彻底，就能说服人。"[2]

一种理论如果能够在其本质揭示的阐释过程中合理地组织群众，使群众投身到现实的实践、革命当中去，这种将理论付诸实践的动力正是马克思主义哲学所要展现的大众化的根本特质。因此中国学者在马克思主义哲学大众化的道路中探索良多，也积极地指出了许多能够彰显马克思主义哲学

---

① 林代昭、潘国华：《马克思主义在中国——从影响的传入到传播》（下册），清华大学出版社，1983年，第206页。

② 《马克思恩格斯文集》（第一卷），人民出版社，2009年，第11页。

大众化维度的有效探索。

曾在40年代，艾思奇就通过对马克思主义哲学中唯物主义辩证法与中国革命实践相结合的思考写著了《大众哲学》，典型地代表了我国早期马克思主义哲学大众化的成果。《大众哲学》着重将理论的诉求聚焦在马克思主义哲学的大众化普及上，艾思奇指出："我们说哲学是人类对于事物的根本认识和根本态度，其意义也就在此，哲学不能单只是说得好听的东西，还要能指导我们做事。"①所谓指导我们所做的事就是要具有一条完备的哲学体系作为支撑，因此艾思奇在《大众哲学》中建构了哲学的辩证法唯物论体系，以此为思路展开了马克思主义哲学观的三种阐释，即本体论、认识论和方法论的阐释。这本面向广大人民群众的哲学通俗化、大众化读本虽然在时代的变迁过程中有过争议，但它作为中国第一本极具影响力的马克思主义哲学大众化读本的重要意义是不可抹杀的。因此冯契先生曾说："这本书之所以能风行一时，主要是因为掌握了时代的脉搏，用哲学的理论深入浅出地回答了当时(抗战前夕)爱国青年与革命群众中切身感受到的那些问题。因此它在理论联系实际特别是联系当时群众的思想方面，取得了显著的成就。"②

这说明了我国马克思主义哲学在突出大众化的理解维度时首先注意到解决理论主体和对象相匹配的问题。从一般的意义上来说，马克思主义哲学大众化的主体是马克思主义理论，对象是广大的人民群众，是广大产于革命实践的人，在确定了这两个重要因素之后，如何展开马克思主义哲学大众化的建构就成了理论界主要探讨的问题。从三四十年代注重历史唯物主义与辩证唯物主义的体系化建构方式转变到新中国成立之后的实践哲学的建构方式反映了马克思主义哲学在展现大众化维度时的实事求是的基本原则，

---

① 艾思奇：《艾思奇文集》(第一卷)，人民出版社，1981年，第139页。
② 冯契：《中国近代哲学的革命进程》，上海人民出版社，1989年，第415页。

实事求是的发展马克思主义哲学，进一步深化对于马克思主义哲学大众化的理解才能真正体现马克思所说的哲学不仅是解释世界的理论，同时更加能够改变世界。

而对于中国的马克思主义哲学发展而言，改变意味着在马克思主义哲学理论的自身发展中注入更多的自我特色。在这个意义上，马克思主义哲学中国化即是马克思主义哲学民族性、时代性和大众性三重维度共同筑造的理论形态，民族性、时代性、大众性恰似数学理论中的坐标轴，抛物线和无数的坐标，它们共同构成了一个恒等的方程式，这个恒等的方程式表达了一个理论研究的实事求是的真理，即理论联系实际。因为在我们切实的传播和研究马克思主义哲学时，不仅要依据时代的特征赋予马克思主义哲学一种前提性的认知，还需要时刻注重马克思主义哲学中国化的对象的特殊性，也就是注重以中国特色为轴心的发展尺度，而马克思主义哲学更应该深入实践领域发挥作用，否则理论就只能是理论，只能是困窘于人类主体思维之中的僵化的东西，而这种不能拥有面向现实世界能力的理论必定不是马克思主义哲学中国化的初衷与目的。

因此不难看出，基于马克思主义哲学中国化的基本立足点才能合理地展开德国古典哲学在中国的合理研究。德国古典哲学在中国的发展及研究逐渐形成了自我学术范式，在努力实现对话的意义上回应马克思主义哲学中国化发展的民族性、时代性与大众性。这种回应虽然不是清晰可见的，但却着实隐含在德国古典哲学推进马克思主义哲学中国化发展理路中的意图之中。在这一意义上德国古典哲学对马克思主义哲学中国化的发展起到了重要的推进作用。

德国古典哲学在其同样作为异质文化进入中国时，与马克思主义哲学的交织为中国的马克思主义哲学研究提供了一种新的向度，即学术向度。学术向度并不是指纯理论的学术研究，而是在符合马克思主义哲学中国化的三重维度下更大限度地满足时代问题挑战的中国化的拓展，显示马克思主义哲学中国化研究在一般与特殊辩证发展目标下的自我主张。吴晓明教授曾指出："中国今天的学术总体上也还处于对外部学术的'学徒状态'，一般来说也还是采用外部反思的方式。我的判断是，今天中国学术界的状况，比起'二十八个半布尔什维克'，也许有过之而无不及。只不过那时的教条来自苏联，而今天的抽象原则来自西方。外部反思的方式是学术上'学徒状态'确定无疑的标志。"①而所谓的"学徒状态"对马克思主义哲学中国化的发展是极为不利的。事实正是如此，改革开放以来中国人在学习研究马克思主义哲学方面的学徒状态值得反思。

不可否认在日丹诺夫发表了关于西方哲学的讲话之后，极大地激发了中国的马克思主义哲学研究者们试图寻找一种与政治相结合的新途径。在一定程度也上使得德国古典哲学研究与马克思主义哲学相分离而走出了纯学术研究的状态，而造成马克思主义哲学中国化的研究保守的符合了唯物主义立场，失去了更多面向人的复杂问题的机会。回顾那一时期，苏联学者对西方哲学史问题曾深深地影响着一代哲学研究者的视域，我国学者李立三曾经翻译出版《日丹诺夫同志关于西方哲学史的发言》(1948年)、《论哲学史诸问题及目前哲学战线的任务》(1949年)以及《日丹诺夫在关于亚历山大洛夫著"西欧哲学史"一书讨论会上的发言》(1954年)中都曾提及日丹诺夫代表的苏联学者在研究西方哲学史方面的主要立场，即马克思主义的唯物论立场，日丹诺夫指出："科学的哲学史，是科学的唯物主义世界观及其规律底胚胎、发生与发展的历史，唯物主义既然是从唯物主义派别斗争中生长和发展起来的，那末，哲学史也就是唯物主义与唯心主义的斗争的历史。"②

---

① 吴晓明：《中国学术如何走出"学徒状态"》，《文汇报》，2014年第12期。

② ［苏］日丹诺夫：《日丹诺夫在关于亚历山大洛夫著"西欧哲学史"一书讨论会上的发言》，李立三译，人民出版社，1954年，第4页。

日丹诺夫的批判着重说明了马克思与以前哲学家的联系而忽视马克思主义在哲学史上的特殊意义与革命意义,导致对西方哲学史的理解即是"对哲学史的非马克思主义的解释"①,因此以日丹诺夫为代表的苏联模式的西方哲学史研究主要侧重于阐释马克思主义在西方哲学史中的关键地位,以唯物主义与唯心主义的斗争史叙述哲学的变革发展, 这样的理念实际上恰好符合当时中国社会的实际需求而成为一种流行。在这种西方哲学史研究的背景下,德国古典哲学的研究也逐渐转移立场,体现出了中国特殊时期时代性的特点。虽然以政治意识的表达方式彰显的时代性的马克思主义哲学中国化内涵带有一定的片面性, 简单化地贯彻政治意图所体现的理论发展原则对于包括马克思主义哲学在内的哲学学科的发展具有一定的阻碍作用。然而时代的发展是动态的,哲学在时代中的研究也应该在动态的过程中形成合理的认识。如果说新中国成立初期的政治局面和需求的影响使得马克思主义哲学的时代性体现为对政治意图的注解,那么改革开放之后随着德国古典哲学研究的深入, 马克思主义哲学在社会的新形势中也逐渐走出了对自我的真正图解。

马克思主义哲学中国化具有了以学术向度发展的新的理解方式, 总体上,马克思主义哲学中国化的研究在几个维度的拓展中实现了辩证的发展。如前面曾提到的在德国古典哲学中国研究中展开的马克思主义哲学研究说明了我国马克思主义哲学中国化研究的现状。马克思主义哲学中国化越来越需要在一般思想背景与特殊思想背景的辩证融合中实现对自我理论的拓展,而在这个意义上,德国古典哲学的发展研究确实能够给予我们一个合理的支撑点,因为在其断裂的生长中始终与马克思主义哲学中国化相互交织。对德国古典哲学进行深入挖掘意味着以另一种角度进行马克思主义哲学中

① ［苏］日丹诺夫:《日丹诺夫在关于亚历山大洛夫著"西欧哲学史"一书讨论会上的发言》,李立三译,人民出版社,1954年,第8页。

国化的反思，正是在德国古典哲学研究中哲学的中国化研究走出了"断裂——自我主张"的学术向度,合理地启示着马克思主义哲学中国化的理论发展。在这个意义上,我们需要认真梳理德国古典哲学如何"自觉"的走向学术向度的中国化道路,尝试性解答在这种探索中的马克思主义哲学中国化学术路向的合理之处和积极意义。

三、站在社会主义文化强国建设目标的格局中审视

德国古典哲学的研究及发展根植于社会主义文化强国建设的战略目标之中,跳出单一思潮的研究,需要回到哲学社会科学的研究初心,结合新时代中国特色社会主义的发展要求,进一步凝聚理论研究聚焦点,突显理论发展的现实意义。

建设社会主义文化强国是实现社会主义现代化强国目标的内在要求,习近平总书记强调社会主义的全面建设需要不断凝聚文化的精神力量,加强新时代社会主义文化建设的战略定位。深刻理解习近平总书记关于建设社会主义文化强国的战略诠释及其重要意义, 有利于加强文化建设强国语境分析及实践途径的探索, 厘清文化建设在社会主义全局战略中的推进思路,夯实文化强国价值引领与阵地建设的实践统一,凝聚文化与社会主义各领域协调发展的价值共生点。习近平总书记在党的十九大报告中指明:"要坚持中国特色社会主义文化发展道路,激发全民族文化创新创造活力,建设社会主义文化强国。"①推动建设社会主义文化强国是全面建成小康社会,实现社会主义现代化的内在要求。"文化强国"的提出不仅回应了一个民族应该传承与发展什么样的文化的美好愿景, 更加回答了新时期如何传承和发

---

① 《党的十九大报告学习辅导百问》,党建读物出版社、学习出版社,2017年,第32页。

展先进文化的现实途径。社会主义的现代化发展离不开优秀文化的精神源泉、离不开文化中人民的价值追求,更加离不开具有全局性的文化建设的强国自觉,文化强国建设是社会主义建设中具有鲜明战略地位的重要内容。

(一)建设社会主义文化强国的现实原则

为什么要建设文化强国,以及建成什么样的文化强国是习近平总书记关于建设社会主义文化强国的思想出发点,立足于现实原则,强调社会主义文化强国的建设的时代背景及内在需求,习近平总书记总结性地概括指出:"要坚持为人民服务、为社会主义服务,坚持百花齐放、百家争鸣,坚持创造性转化、创新性发展,不断铸就中华文化新辉煌。"①时代性特征是文化自身发展以及文化促进文明形态发展的重大前提。文化从其整体性上具有意识形态的社会功能,因此表现为文化既是人创造的,同时也根据人们所处的社会环境在一定程度上改造社会形态中的具体事物。文化与物质生产生活相互制约、物质生产生活为文化的产生和发展提供可允许的范围和基础,文化又成为人们从事物质生产、加深现实生活精神层次的重要载体。

总的来说,文化产生于人对于他所处的社会形态的本质需求,是他所处的社会形态诸多要素的综合标准化产物。从文化与社会形态的辩证关系中不难看出,文化是国家软实力的表现,一方面体现在文化浸润于社会发展的诸多领域当中;另一方面文化软实力的一个硬逻辑就是没有文化逐渐从隐性到显性再到刚性的过程,就不会有持续性的、开放性的、认同性的文明发展,就不会出现思想潮流的有力倾向。正如习近平总书记强调文化是一个国家、一个民族的灵魂,文化强国强调以民族性、时代性为底座的内在之强,推动文化内容、文化框架、文化产业等外化之强,从而真正形成文化的真自信。

---

① 习近平:《决胜全面建成小康社会 夺取新时代中国特色社会主义伟大胜利》,载《党的十九大报告辅导读本》,人民出版社,2017年,第40~41页。

因此文化强国必须首先理解文化建设与社会整体发展的内在关联，也就是时代背景下我们所需要建设的文化的基本目标。

在此意义上，建设社会主义文化强国就始终与中国社会发展的实践立场息息相关。党的十八大以来习近平总书记多次发表重要讲话，强调以文化与立德树人相统一的文化发展路径是突出一个民族的灵魂、凝聚文化正能量的重要战略议题，建设社会主义强国就是要不断地在时代进程中、在现实的观照中逐步深化文化建设与社会主义现代化建设的深层内联，突出文化强国建设的具体目标是要通过文化的创新发展实事求是地解答现实问题，以"脚力、眼力、脑力、笔力"的文化创作逻辑展现中国文化精神、传播中国声音、传导中国力量。

文化的价值应与国家命运相结合，"一切有价值、有意义的文艺创作和学术研究，都应该反映现实、关照现实，都应该有利于解决现实问题、回答现实课题"①。文化强国是在不断以明德、立德的价值追求构筑中国特色社会主义的应用内涵，文化强国的建设为社会主义总体建设提供推进力，而这种推进力必须在强调人民立场的前提下加以实现。文化强国建设不仅关涉中国特色社会主义建设事业，更加反映了人文自信问题，文化强国的重要战略地位需要站在实现中华民族伟大复兴的高度来认识，需要立足于鲜明的实践立场，立足于能够持续推进文化强国发展以及内联文化与人的全面发展本质关系的人民立场来认识。

正如习近平总书记在2014年北京文艺座谈会上强调"人民是文艺创作的源头活水"，深刻地捕捉到了人民是文化的最初需求者也是最大的运用者，强调把握这个重要的主体，顺应时代、顺应规律地不断推进文化强国的内生动力。文化强国必须强调人文的"自我强化"以及国家、民族整体的"向

---

① 《习近平谈治国理政》(第三卷)，外文出版社，2020年，第324页。

外强化",也就是顶层理念照应下文化发展的主动、自觉的回应,从而形成价值观的贯通。正如习近平总书记注重文化承载的民族、国家、社会的内涵,以自身的言行不断扩大推行中国文化的当代影响力,并将一系列理念贯彻于社会主义核心价值观的树立与培育当中,凸显了人化文化对于文化强国建设的人文作用力。

中国优秀传统文化中素有"与民同乐"(孟子)的思想,将诗、书、礼、乐融入劳动人民的日常价值供给当中,因此在文化的成就方面强调一定的社会功能与审美效用,即一方面文化应该表现人的道德修养,另一方面文化是在"人民性"的意义上才能够具有社会的促进功能。这个"人民性"不仅是文化素材的重要来源,更是判断文化价值的最终标准。习近平总书记在谈论新时代文化建设工作时也经常强调"以人民为中心"的基本导向,指明以人民为中心发展文化的鲜明立场,强调"巩固党的群众基础和执政基础,不能说只要群众物质生活好就可以了,精神上丧失群众基础,最后也要出问题"①。在充分共享物质财富的同时也要看到巩固和完善精神文明建设,努力创造可供人民群众共享的文化生活,提升人民群众精神生活的获得感,这也是实现人民对美好生活向往的重要内涵之一。

"以人民为中心"的建设社会主义文化强国还关系着人民群众共同的思想基础与国家的政治安全,马克思主义指出"人民群众是历史的创造者",什么样的人民群众创造什么样的历史,而文化恰恰是人民群众思想基础的反映。在中国特色社会主义建设中要牢牢把握正向的思想领域的领导权,在满足人民群众的精神生活的真切需求的同时保证旗帜鲜明、道路明确,这就要求社会主义文化强国建设努力实现党性与人民性的统一,在思想领域的党性与人民性内在交织、相互推动与约束的发展条件下,形成特色优势与可持

---

① 中共中央宣传部:《习近平新时代中国特色社会主义思想三十讲》,学习出版社,2018年,第213页。

续的文化创新态势。在新时期,文化工作者也应顺应时代需求,深刻地理解自身的使命,正如习近平总书记提出哲学社会科学研究者必须坚持"以人民为中心的研究导向",时代的文艺创造要坚持"以人民为中心的创作导向",以"人民性"的工作原则为基本出发点,创造性、创新性的展开文化的相关工作,同时注重在文化传播中坚守"党性",不断推进优势文化在社会主义建设当中的根基性、创生性与长期性的影响效应。

"以人民为中心"的文化强国战略立场需要以文化建设的实践维度加以落实。在社会主义建设的各个领域,文化的价值引领在一定程度上起到了推动相关产业繁荣发展的景象,注重文化价值引领是高质量建设社会主义现代化强国的必经之路。文化价值的引领立足于人民同时将文化的共享成果积极回馈人民,例如党的十八大以来生态文化的产业发展与广泛推行,从"绿水青山就是金山银山"的文化价值理念到文化故乡、乡土产业等蓬勃发展,文化与生产力发展关联的日益加深,体现了文化建设实践方面对文化强国战略的有效充实。中国特色社会主义道路的发展需要我们不断以文化的自信凝聚"更基本、更深沉、更持久的力量",也需要我们不断地发展"更基础、更广泛、更深厚"的文化承载力、感召力以及向心力,文化强国强调文化可以强国,强国更加需要人的文化作为积淀,以人民的文化作为发端,更加以人民自觉的文化自信形成实力,树立文化可以强国的自信,使面向人的文化在不畏挑战,勇于创新的向度中走向文化强国与社会主义现代化的共建。

(二)文化"战略话语"的阐释力问题

当今世界的文化格局正发生重大变化,中国无疑是占据主要地位的文化大国,面对与日俱增的文化更新和文化竞争,如何提升文化领域的话语影响力与引导力关系着意识形态建设工作,关系着社会主义建设的繁荣稳定。

习近平总书记在党的十九大报告中指出要"推动中华优秀传统文化创造

性转化、创新性发展"，一方面坚持深挖优秀传统文化当中的思想精髓，把握文化根与脉，注重提炼优秀传统文化中的精神内核，不断提升文化影响力与传播效果；另一方面发挥文化主体的创新性，结合时代声音，做注重引领风尚的时代性文化导航。在"两创"的目标要求中，积极探索摒除教条化、概念化、简单化地发展优秀传统文化的正确道路，从有利于治国理政、道德建设的现代维度，深化文化建设的话语提炼，创新发展具有重要文化价值符号意义。

习近平总书记指出："包括儒家思想在内的中国优秀传统文化中蕴藏着解决当代人类面临的难题的重要启示……中华优秀传统文化的丰富哲学思想、人文精神、教化思想、道德理念等，可以为人们认识和改造世界提供有益启迪，可以为治国理政提供有益启示，也可以为道德建设提供有益启发。"[1]文化的传统不是简单的时间概念，也并不局限于经典之义，历史越是向前推进，文化的传统意义越是突出地表现为"既成文化和未成文化的统一"，文化的传统与历史的文化发展、文化的现代问题、文化的未来定位必然是统一在一起并相互交织成为更加具有现实意义的、更加宽广的文化传统。文化"是以它'过去'为基础、'现在'为问题源和背景、'未来'为本位的统一过程。从这种意义上来说，我们不能把中国文化传统看作是既定的、不再生长的僵死的存在。中国文化传统同样呈现为中国文化本体与不同时间、不同空间的文化变体相互作用、相互转化的过程，这种相互作用、相互转化促使中国文化传统的不断生长"[2]。要注重中国传统文化内在生命力也就是把握住了创造性转化的根基、立足点以及出发点，注重继承优秀传统文化为"道"，创新发展为"义"。

另一方面，也应注意文化场域的变化，也就是文化的发展不仅具有纵向

---

① 习近平：《在纪念孔子诞辰2565周年国际学术研讨会暨国际儒学联合会第五届会员大会开幕会上的讲话》，《人民日报》，2014年9月25日。

② 丁立群：《文化自信的哲学省思》，《天津社会科学》，2018年第5期。

的场域,也具有横向的场域,应在文化全球化的关系中考虑文化战略话语的挑战与机遇。全球化格局不断加深的今天,传统文化与现代文化在当今世界时空交叉,逐渐出现了不可避免的异质与疏离,面对文化多层级的现实情况,抓住全球化文化发展环境开放的现实机遇,加强文化交流,打造文化互通平台是建立文化自信,加强中国文化话语权的重要途径。此外,文化全球化潜在性地影响着人们的生活方式和价值取向,在文化全球化的进程中不容忽视文化霸权的存在。

美国当代著名的国际政治理论家塞缪尔·亨廷顿曾提出"文明冲突论",他认为:"未来世界冲突的焦点将会集中在西方与伊斯兰-儒家国家关系中,儒家思想作为中国传统文化的核心价值观,将是美国在西太平洋乃至整个亚太地区最大的潜在威胁。"[①]然而这种文化观并没有真正以人类性的文化整体发展为目标,对于冲突的强调实际上延续了西方国家霸权的文化观。与此不同,中国传统文化中素有"和而不同"的发展理念,这恰恰体现了站在中华民族的视阈中积极融合文化的传统与文化的现代自觉,这种自觉包括尊重传统文化内涵以及现代的文化内容之间的重要不同。同时在这种视域融合中,传统文化与现代之"和"也反映了中华文化的先进属性与理念,文化越是具有包容性,文化本身的属性才越是鲜明与独特。

习近平总书记提出的"构建人类命运共同体"的价值理想,强调世界文化发展的共同性,提出文化既相互联系,又相互依存,你中有我、我中有你,无论从历史维度还是现实维度,必须同时处理好世界文化发展当中的多样性,而不是取消异质文化。这种文化价值观保障了文化的建设是基于多种文化激荡的同时,保持文化内在坚守的自信形态。可以看出习近平总书记关于建设社会主义文化强国的认识拓展了全球化的文化发展视野,不仅仅强调

---

① [美]塞缪尔·亨廷顿:《文化的冲突与世界秩序的重建》,新华出版社,1998年,第5页。

文化本土的自我创新生长，同时在文化引进来与走出去的双重路径当中，突出文化自信与文化包容双重维度。

同时，任何文化发展的理念都需要进行现实的普及和务实的战略部署。党的十八大以来文化强国理念进入顶层设计领域并在实现发展中得以落实。主要体现在：第一，对社会主义核心价值观的培育和践行。习近平总书记对社会主义核心价值观的培养提出标准："要使核心价值观的影响像空气一样无所不在、无时不有。培育和践行社会主义核心价值观，要与人们日常生活紧密联系起来，使人们在实践中感知它、领悟它，达到'百姓日用而不知'的程度，使之成为人们日常工作的基本遵循。"[①]第二，对优秀传统文化的弘扬，既要加强研究阐释工作，也要注重践行，重视现实中对传统文化遗产的保护，将弘扬传统文化的意识积极融入现代生活。第三，对意识形态工作的领导权、管理权、话语权的把握，加强党与宣传思想工作的全面领导，明确统一领导的文化建设及宣传工作是开拓文化发展新格局的根本保证，习近平总书记强调"宣传思想工作就是要巩固马克思主义在意识形态领域的指导地位，巩固全党全国人民团结奋斗的共同思想基础"[②]。把握好文化建设中正确的政治方向是建设好、维护好、发展好新时期文化建设工作的基本。第四，对公共文化服务体系的完善，文化惠民更要惠及民众日常生活的提升，从文化的获得感评价中倒逼改革。第五，对全民族的文化文明素质的要求，积极正向传播中国价值与文明导向等。

从中华文明延续至今的传统文化到革命时期的红色文化，再到社会主义先进文化一脉相承又与时俱进，文化强国建设突显了"战略话语"的阐释

---

① 中共中央宣传部：《习近平总书记系列重要讲话读本》，学习出版社、人民出版社，2016年，第92页。

② 《习近平在全国宣传思想工作会议上强调 胸怀大局把握大势着眼大事努力把宣传思想工作做得更好》，《人民日报》，2013年8月21日。

力。从通过文化的方式凝练中国问题,到以中国问题出发用文化的视角提升精神家园的构建与认识,中国的文化建设始终在积极回应文化挑战的同时不断凸显中国文化的强国内涵,呈现了"全球化"语境中的创新路径。习近平总书记强调要建设社会主义文化强国在文化发展与建设方面表达了始终坚持的几个"和而不同":传统与现代的"和而不同",本土与外来的"和而不同",理念与务实的"和而不同"。社会主义文化强国的建设需要在"和而不同"中化解文化发展当中的矛盾,需要在挑战与机遇中不断寻找文化强国的合理路径。

（三）提升文化强国建设的思维锤炼与共识

建设社会主义文化强国从总体的战略要求中体现了鲜明的中国逻辑,蕴含了以全局性、系统性的科学方法提升文化建设的战略思维。2012年习近平在参观"复兴之路"大型图片展时,提出实现中国梦的"三个必须",即"必须走中国道路、必须弘扬中国精神、必须凝聚中国力量"。实际上这"三个必须"也蕴含了文化强国建设的中国逻辑:社会主义文化强国的建设必须立足于中国特色社会主义道路,以社会主义文化的独特品格与内在精神,用社会主义文化的聚合力,凝聚中国精神,共同繁荣发展。

建设社会主义文化强国必须走好中国道路。习近平总书记在2014年中央全面深化改革领导小组第二次会议上讲话指出:"要紧紧围绕建设社会主义核心价值体系、建设社会主义文化强国,完善文化管理体制和文化生产经营机制,建立健全现代公共文化服务体系、现代文化市场体系来做好工作,以此推动社会主义文化大发展大繁荣。"[1]改革开放40余年,我国社会主义文化建设以坚持中国道路为基本原则,在各方面取得了显著成效。文化事业改

---

① 《习近平主持召开中央全面深化改革领导小组第二次会议强调　把抓落实作为推进改革工作的重点　真抓落实干蹄疾步稳务求实效》,《人民日报》,2014年3月1日。

革方面,走过了计划经济条件下的传统文化管理体制,正走在社会主义市场经济现代化文化治理体系的探索与发展道路上,大大加强了文化与政治、文化与社会、文化与经济等融合发展的双向驱动机制,文化的发展呈现出多层次、开放性的格局。坚持中国道路的文化建设与发展,不仅从观念上扭转了文化发展的结构性认知,同时在实践中探索出了符合自身规律的发展路径。比如,文化产业逐渐成为国民经济支柱性产业,文化产业的整体竞争力显著提高。

文化对于生产力的促进一方面来自文化在社会、经济生活中的隐形作用,从而文化对于社会效益与经济效益的转化加大了产业形式的多样化选择,共同推进了社会的整体发展;强化文化环境的生态治理,促进文化产业与文化价值性的融合,健全和管理文化交流的网络平台为建设社会主义文化强国提供了重要阵地,习近平总书记指出互联网既是"最大变量"也是"最大正能量",要积极推动网络平台的正面作用,以此为契机推动有效的文化交流合作,推广中华优秀传统文化,将文化元素融入城市发展当中;此外,不容忽视的是文化体制改革,是解放和发展文化生产力的根本途径,是拉动经济社会发展的新引擎,是加强和改善党对意识形态工作领导的重要方式。

目前我国的文化体制改革强调转变职能的创新机制,文化治理应运而生,体制机制的改革也在加快进行。同时,新时期文化建设又提出新的要求,要求不断推动文化相关法律法规的推进与完善,文化成果评价体系建设等。新时代对于社会主义文化强国建设的倡导更加有的放矢,凝聚文化发展中的问题,逐步在建设发展中提升文化与人民需求、与社会发展的正向对接,让老百姓从文化的现代发展中提升更多的获得感,比如我国逐步加大对公共文化设施的建设,博物馆、图书馆、文化站、文艺表演团体数量的成倍增长为进一步发展文化事业提供了基础与保障。习近平总书记关于建设社会主义文化强国重要论述中体现的文化建设必须坚持中国道路的认识具有丰富的历史性思维、创新性思想、实践性思路,是我们结合实际的精神文明建设需求、文化产业繁荣目标等着力实现以文化强国,丰富发展强国文化的重要依据。

　　社会主义文化强国建设必须弘扬中国精神。习近平总书记关于建设社会主义文化强国重要论述传达出了对增强全民族文化自信,弘扬中国精神的强烈诉求。习近平总书记曾做出特别阐释:"中国有坚定的道路自信、理论自信、制度自信,其本质是建立在5000多年文明传承基础上的文化自信。"①文化自信是中华民族强大的精神支柱,也是我们能够自觉地坚定道路自信、理论自信、制度自信的底气,文化自信体现了中华民族自我精神的坚实落地。加强社会主义文化强国的建设就是加强中华民族内在精神的自由绽放,也是提升文化价值认同的基本坚守。而从中国文化向外的作用力来说,建设社会主义文化强国具有更加深远的意义,正如习近平总书记指出:"把跨越时空、超越国度、富有永恒魅力、具有当代价值的文化精神弘扬起来,把继承传统优秀文化又弘扬时代精神、立足本国又面向世界的当代中国文化创新成果传播出去"②,这是当代中国文化建设与发展的时代使命与责任担当。在文化时代化的自我革新中,关键要处理好"守"与"变","内"与"外"的关系,保持文化自觉发展的定力,坚定地走好突出文化自信的建设道路,以开放从容的心态参与世界文明对话。

　　建设社会主义文化强国必须凝聚中国力量。马克思主义唯物史观强调社会存在决定社会意识,正如马克思所说:"物质生活的生产方式制约着整个社会生活、政治生活和精神生活的过程。不是人们的意识决定人们的存在,相反,是人们的社会存在决定人们的意识。"③人们的生活基础、人们的现

---

① 《习近平谈文化自信》,《人民日报》(海外版),2016年7月13日。
② 习近平:《建设社会主义文化强国 着力提高国家文化软实力》,《人民日报》,2014年1月1日。
③ 《马克思恩格斯文集》(第二卷),人民出版社,2009年,第591页。

实需求决定了文化的发展形态，同时正是文化本身在一定意义上统一着社会存在与社会意识。文化建设的前提就是尊重文化的社会存在维度。社会主义文化的建设首先需要以中国人的独特现实世界作为基本视角才能够使文化具有统一社会存在于社会意识的现实功能，才能够凝聚共识，形成推进社会发展的合力。

社会主义的文化建设需要以中国人的独特发展需求为目标，以中国人的独特文化传播途径为承载方式，体现中国文化的独特性，唯有这种独特性才是真正影响社会意识，形成价值合力的关键因素。建设社会主义文化强国的意义也在于正面推动文化力量的形成，实现文化力量的凝聚必须注重"最大公约数"，也就是"确立反映全国各族人民共同认同的价值观'最大公约数'"[①]，从最大的向心力与凝聚力的建设需求出发塑造和发展文化的应有样态，在根植于社会主义伟大实践的思考中拓宽文化建设层级，努力在自身的历史文化、自我的奋进历程、自觉的时代问题中彰显文化的相契合。

总的来说，建设社会主义文化强国是基于社会存在而进行的现实领域的实践活动，这种实践活动从根本上无形地铸造了中国人的精神世界，影响着物质世界的创造，在此意义上，强调文化强国建设就是强调文化的聚合力，就是以建设文化为现实指导不断地凝聚中国力量，形成持续推进社会主义繁荣发展的合力。社会主义的文化强国强就强在有着鲜明的"中国特色"，即毫不隐晦地指明了必须从实际出发、从实践本身出发探讨我们究竟需要建设什么样的文化强国以及怎样建设文化强国，毫不犹豫地指出了建设社会主义文化强国与不断达成伟大中国梦的紧密关联。建设社会主义文化强国需要从历史性思维、创新性思想、逻辑性思路把准文化建设的价值导向，积极回应文化领域现实挑战的重要理论依据。在这一进程中，哲学的发展同

---

① 中共中央宣传部：《习近平新时代中国特色社会主义思想三十讲》，学习出版社，2018年，第196页。

样需要不断结合社会主义建设的内在要求与精神文明建设的现实需求,丰富发展社会主义文化强国建设的重要实践指导。

参考文献

一、中文著作

1.《马克思恩格斯全集》(第 25 卷),人民出版社,1974 年。

2.《马克思恩格斯全集》(第 41 卷),人民出版社,1982 年。

3.《邓小平文选》(第三卷),人民出版社,1993 年。

4.《习近平谈治国理政》(第三卷),外文出版社,2020 年

5.艾思奇:《艾思奇文集》,人民出版社,1981 年。

6.蔡尚思:《中国现代思想史资料简编》(第一卷),浙江人民出版社,1982 年。

7.蔡元培:《蔡元培美学文选》,北京大学出版社,1983 年。

8.陈寅恪:《全明馆丛稿二编》,上海古籍出版社,1980 年。

9.戴晖:《从人道主义世界观到现代对世界的反省:费尔巴哈、马克思和尼采》,南京大学出版社,2006 年。

10.邓晓芒:《思辨的张力——黑格尔辩证法新探》,商务印书馆,2008 年。

11.董仲其:《早期马克思与费尔巴哈:1845 年春止》,四川省社会科学院出版社,1988 年。

12.冯契:《中国近代哲学的革命进程》,上海人民出版社,1989 年。

13.郭刚:《中国早期马克思主义的传播——梁启超与西学东渐》,人民出版社,2010 年。

14.郭湛波:《近五十年中国思想史》,山东人民出版社,1997 年。

15.韩水法:《理性的命运:启蒙的当代理解》,北京大学出版社,2013 年。

16.贺麟:《黑格尔学述》,商务印书馆,1936 年。

17.贺麟:《文化与人生》,商务印书馆,2005 年。

18.贺麟:《五十年来的中国哲学》,上海人民出版社,2012 年。

19.侯成亚、张桂权、张文达编译:《张颐论黑格尔》,四川大学出版社,2000 年。

20.黄见德:《西方哲学东渐史》,人民出版社,2006 年。

21.季羡林:《文化的冲突与融合》,北京大学出版社,1997 年。

22.姜丕之:《黑格尔〈小逻辑〉浅释》,上海人民出版社,1980 年。

23.康有为:《诸天讲》,中华书局,1990 年。

24.李达:《李达文集》(第一卷),人民出版社,1980 年。

25.李广昌:《民族主体性的觉解:马克思主义哲学中国化的想象力》,中国社会科学出版社,2010 年。

26.李景源:《21 世纪的马克思主义哲学创新》,江苏人民出版社,2010 年。

27.李秋零主编:《康德著作全集》,中国人民大学出版社,2003 年。

28.李维武:《中国哲学的传统更新》,人民出版社,2012 年。

29.李泽厚:《批判哲学的批判——康德述评》,人民出版社,1979 年。

30.李泽厚:《中国现代思想史论》,生活·读书·新知三联书店,2008 年。

31.梁启超:《饮冰室合集》,中华书局,1989 年。

32.梁漱溟:《东西文化及其哲学》,商务印书馆,1999 年。

33.林代昭、潘国华:《马克思主义在中国——从影响的传入到传播》,清华大学出版社,1983 年。

34.刘放桐:《马克思主义哲学与现代西方哲学研究》,北京师范大学出版社,2012 年。

35.楼宇烈、张西平:《中外哲学交流史》,湖南教育出版社,1998 年。

36.牟宗三:《现象与物自体》,吉林出版集团有限公司,2010 年。

37.牟宗三:《智的直觉与中国哲学》,中国社会科学出版社,2008 年。

38.孙利天:《让马克思主义哲学说中国话》,武汉大学出版社,2010 年。

39.孙正聿主编:《中国高校哲学社会科学发展报告:1978—2008.哲学》,广西师范大学出版社,2008 年。

40.王福生:《求解"颠倒"之谜:马克思与黑格尔理论传承关系研究》,中国社会科学院出版社,2010 年。

41.王国维:《王国维学术经典集》,江西人民出版社,1997 年。

42.王南湜:《马克思主义哲学中国化的历程及其规律研究》,师范大学出版社,2012 年。

43.王中江:《20 世纪西方哲学东渐史:进化主义在中国》,首都师范大学出版社,2007 年。

44.忻剑飞、方松华:《中国现代哲学原著选》,复旦大学出版社,1989 年。

45.邢贲思:《中国哲学五十年》,辽海出版社,1999 年。

46.徐长福:《马克思主义研究的学术化探索》,社会科学文献出版社,2010 年。

47.杨河、邓安庆:《康德黑格尔哲学在中国》,首都师范大学出版社,2002 年。

48.杨寿堪、王成兵:《实用主义在中国》,首都师范大学出版社,2001 年。

49.杨祖陶：《德国古典哲学逻辑进程》，武汉大学出版社，2003 年。

50.叶秀山、王树人：《西方哲学史》(学术版)，凤凰出版社、江苏人民出版社，2004 年。

51.尹德树：《文化视阈下马克思主义在中国的早期传播与发展》，人民出版社，2013 年。

52.俞吾金：《问题域的转换：对马克思和黑格尔关系的当代解读》，人民出版社，2007 年。

53.袁贵仁、杨耕：《当代学者视野中的马克思主义哲学》(中国学者卷)，北京师范大学出版社，2008 年。

54.张君劢、胡适、梁启超：《科学与人生观》，中国致公出版社，2009 年。

55.张君劢：《杜里舒教授学说大略》，商务印书馆，1923 年。

56.张申府：《张申府学术论文集》，齐鲁书社，1985 年。

57.张世英：《论黑格尔的逻辑学》，上海人民出版社，1981 年。

58.张世英：《天人之际——中西哲学的困惑与选择》，人民出版社，1995 年。

59.赵敦华：《西方哲学的中国式解读》，黑龙江人民出版社，2002 年。

60.郑昕：《康德学述》，商务印书馆，1984 年。

61.中共中央宣传部：《习近平新时代中国特色社会主义思想三十讲》，学习出版社，2018 年。

62.中共中央宣传部：《习近平总书记系列重要讲话读本》，学习出版社、人民出版社，2016 年。

63.中国人民大学国际中国哲学与比较哲学研究中心译：《康德与中国哲学智慧》，中国人民大学出版社，2009 年。

64.中国社会科学院哲学研究所编：《中国哲学年鉴》(1982)，中国大百科全书出版社，1982 年。

65.中国社会科学院哲学研究所编：《中国哲学年鉴》(1983)，中国大百科全书出版社,1983 年。

66.中山大学西学东渐文献馆主编:《西学东渐研究》(第二辑),商务印书馆,2009 年。

二、中文译著

1.[苏]奥则尔曼:《德国古典哲学是马克思主义的理论来源之一》,马兵译,人民出版社,1956 年。

2.[法]德里达:《书写与差异》,张宁译,生活·读书·新知三联书店,2001 年。

3.[英]赫胥黎:《天演论》,严复译,商务印书馆,1981 年。

4.[美]亨廷顿:《文化的冲突与世界秩序的重建》,新华出版社,1998 年。

5.[德]康德:《纯粹理性批判》,邓晓芒译,人民出版社,2004 年。

6.[德]康德:《康德书信百封》,李秋零编译,上海人民出版社,2006 年。

7.[美]罗蒂:《后形而上学希望》,张国清译,上海译文出版社,2003 年。

8.[美]罗蒂:《哲学和自然之镜》,李幼燕译,生活·读书·新知三联书店,1987 年。

9.[英]罗素:《西方哲学史》,商务印书馆,2005 年。

10.[俄]普列汉诺夫:《反对哲学中的修正主义》,刘若水译,生活·读书·新知三联书店,1961 年。

11.[苏]日丹诺夫:《日丹诺夫在关于亚历山大洛夫著"西欧哲学史"一书讨论会上的发言》,李立三译,人民出版社,1954 年。

三、期刊论文

1.车玉玲:《马克思主义哲学研究范式:创新与转换——第七届马克思哲

学论坛综述》,《马克思主义与现实》,2008 年第 3 期。

2.陈卫平:《西方哲学的中国化与当代中国哲学的建构》,《学术月刊》,2004 年第 7 期。

3.陈先达:《论马克思主义哲学创新之路》,《哲学动态》,2014 年第 1 期。

4.陈晏清、杨谦:《马克思主义哲学中国化的实践版本和理论版本》,《哲学研究》,2006 年第 2 期。

5.戴茂堂:《超越自然主义的美学革命——康德"审美判断力批判"的现象学解读》,《哲学研究》,2007 年第 11 期。

6.丁东红:《百年康德哲学研究在中国》,《世界哲学》,2009 年第 4 期。

7.丁立群:《文化自信的哲学省思》,《天津社会科学》,2018 年第 5 期。

8.杜维超:《马克思主义在我国传播阶段划分的新视角——以新中国建立为分野》,《重庆教育学院学报》,2011 年第 4 期。

9.高清海、孙利天:《论 20 世纪西方哲学变革的主题与当代中国哲学的走向——转向现实生活世界的哲学变革》,《江海学刊》,1994 年第 1 期。

10.高清海:《中华民族的未来发展需要有自己的哲学理论》,《吉林大学社会科学学报》,2004 年第 2 期。

11.郭建宁:《论马克思主义中国化、时代化、大众化》,《学术探索》,2012 年第 2 期。

12.韩庆祥:《走向面对"中国问题"的马克思主义哲学》,《学术研究》,2007 年第 8 期。

13.韩秋红、史巍:《我们还可以在何种意义上理解西方哲学史》,《江海学刊》,2008 年第 4 期。

14.韩秋红:《西方哲学中国化的研究范式》,《东北师大学报》(哲学社会科学版),2013 年第 5 期。

15.贺来:《重思马克思哲学与德国古典哲学关系的真实意义》,《哲学动态》,2013 年第 6 期。

16.胡静:《"既不要康德,更不要黑格尔"——许苏民谈德国古典哲学》,《社会科学文摘》,2017 年第 12 期。

17.胡适:《杜威先生与中国》,《觉悟》,1921 年第 7 期。

18.黄裕生:《德国古典哲学的主题及其与马克思主义的多重关系》,《江苏科技大学学报》(社会科学版),2012 年第 4 期。

19.黄枬森:《〈批判哲学的批判〉一书简评》,《哲学研究》,1980 年第 5 期。

20.江怡:《"分析哲学"是什么以及能做什么》,《学术月刊》,2012 年第 10 期。

21.江怡:《重新审视德国古典哲学的意义》,《华中科技大学学报》,2016 年第 2 期。

22.金岳霖:《批判实用主义者杜威的世界观》,《哲学研究》,1955 年第 2 期。

23.李维武:《从 20 世纪中国哲学的视域看马克思主义哲学中国化》,《学术月刊》,2003 年第 11 期。

24.凌瑾芳:《对康德哲学的评价问题》,《汉江论坛》,1961 年第 5 期。

25.刘放桐:《当代哲学走向:马克思主义与现代西方哲学的比较研究》,《天津社会科学》,1999 年第 6 期。

26.刘放桐:《实用主义与中国现代的政治和文化冲突》,《学习与探索》,2004 年第 2 期。

27.刘晶芳:《五四运动与马克思主义在中国的传播》,《史学集刊》,2009 年第 3 期。

28.罗红兵:《面向问题融通创新——全国第八届马克思哲学论坛综述》,《湖北社会科学》,2008 年第 12 期。

29.欧阳康:《提升马克思主义哲学的当代价值要求建构其当代形态,马克思哲学的当代价值综论》,《中国社会科学》,2001 年第 5 期。

30.齐卫平:《五四运动前后马克思主义在中国传播的两个阶段比较研

究》,《河南师范大学学报》(哲学社会科学版),2003 年第 5 期。

31.史巍:《西方哲学中国化的基本规律》,《东北师大学报》(哲学社会科学版),2013 年第 5 期。

32.孙麾:《马克思的本体论思想及其当代意义——第二届"马克思哲学论坛"述要》,《中国社会科学》,2002 年第 5 期。

33.孙麾:《马克思主义政治哲学:阐释与创新——第六届马克思哲学论坛概述》,《天津社会科学》,2006 年第 6 期。

34.孙利天:《朴素地追问我们自己的问题和希望——中国哲学、西方哲学和马克思主义哲学会通的基础》,《吉林大学社会科学学报》,2005 年第 3 期。

35.孙伟平、张羽佳:《马克思主义哲学中国化:问题与进路》,《哲学研究》,2006 年第 6 期。

36.孙伟平:《马克思主义哲学中国化的路径选择——从"结合论"走向"创建论"》,《哲学动态》,2007 年第 4 期。

37.孙正聿:《对作为"范式"的哲学教科书的检讨与反思》,《河北学刊》,2008 年第 2 期。

38.汤一介:《西方哲学冲击下的中国现代哲学》,《文史哲》,2008 年第 2 期。

39.唐艳:《读不完的康德经典,道不尽的哲学智慧》,《衡水学院学报》,2018 年第 4 期。

40.汪信砚、陈立新:《反对教条主义与推进马克思主义哲学中国化》,《武汉大学学报》(人文科学版),2005 年第 2 期。

41.汪信砚:《"马克思主义哲学中国化"辨误》,《哲学研究》,2008 年第 10 期。

42.汪信砚:《当代中国马克思主义哲学的研究范式》,《中国社会科学》,2008 年第 2 期。

43.汪信砚:《西学东渐与马克思主义哲学中国化》,《中国社会科学》,2012

年第 7 期。

44.王南湜:《马克思哲学的近康德阐释上期——其意谓与必要性》,《社会科学辑刊》,2014 年第 4 期。

45.王树人:《散论黑格尔哲学研究——〈黑格尔哲学新研究〉一书译者序》,《哲学研究》,1989 年第 9 期。

46.王向清:《学术层面马克思主义哲学中国化的逻辑进程》,《学习论坛》,2008 年第 1 期。

47.王元明:《实用主义在中国》,《哲学动态》,2000 年第 3 期。

48.温纯如:《德国古典哲学精神与马克思主义哲学发展》,《马克思主义研究》,2004 年第 1 期。

49.吴家华:《论马克思主义哲学的世界性、民族性、阶级性的关系》,《思想理论教育导刊》,2001 年第 12 期。

50.吴昕炜:《结合西方马克思主义哲学推进马克思主义哲学中国化研究——葛兰西哲学对马克思主义哲学中国化研究的启示》,《马克思主义研究》,2014 年总第 14 卷。

51.吴艳东、李强:《马克思主义在中国的早期传播与大众化》,《湖北大学学报》(哲学社会科学版),2008 年第 5 期。

52.谢地坤:《再论西学东渐与现代中国哲学》,《哲学动态》,2012 年第 2 期。

53.杨河:《20 世纪康德黑格尔哲学在中国的传播和研究》,《厦门大学学报》(哲学社会科学版),2001 年第 1 期。

54.杨祖陶:《德国古典哲学研究的现代价值》,《哲学研究》,2001 年第 4 期。

55.余慧元:《康德向现象学的逼近——从〈纯粹理性批判〉到〈判断力批判〉》,《江苏社会科学》,2003 年第 3 期。

56.俞吾金:《我国的黑格尔研究评述》,《复旦大学学报》(社会科学版),1984 年第 5 期。

57.俞吾金:《形而上学发展史上的三次翻转——海德格尔形而上学之思的启迪》,《中国社会科学》,2009 年第 6 期。

58.张汝伦:《他者的镜像:西方哲学对现代中国哲学研究的影响》,《哲学研究》,2005 年第 2 期。

59.张世英:《现象学口号"面向事情本身"的源头——黑格尔的〈精神现象学〉——胡塞尔与黑格尔的一点对照》,《江海学刊》,2007 年第 2 期。

60.章行严:《新时代之青年》,《东方杂志》,第 16 卷第 11 号,1919 年 11 月。

61.赵敦华:《中国哲学现代形态的可能性条件》,《学术月刊》,2008 年第 3 期。

62.郑师渠:《五四前后外国名哲来华讲学与中国思想界的变动》,《近代史研究》,2012 年第 2 期。

63.周婷:《康德"三大批判"新版出版座谈会举行》,《哲学动态》,2004 年第 4 期。

64.邹诗鹏:《正视当代西方哲学的洁难推进马克思哲学研究》,《江汉论坛》,2000 年第 8 期。

四、其 他

1.《习近平在全国宣传思想工作会议上强调 胸怀大局把握大势着眼大事努力把宣传思想工作做得更好》,《人民日报》,2013 年 8 月 21 日。

2.习近平:《建设社会主义文化强国 着力提高国家文化软实力》,《人民日报》,2014 年 1 月 1 日。

3.《习近平主持召开中央全面深化改革领导小组第二次会议强调 把抓落实作为推进改革工作的重点 真抓落实干蹄疾步稳务实求效》,《人民日报》,2014 年 3 月 1 日。

4.习近平:《在纪念孔子诞辰 2565 周年国际学术研讨会暨国际儒学联合会第五届会员大会开幕会上的讲话》,《人民日报》,2014 年 9 月 25 日。

5.《习近平谈文化自信》,《人民日报》(海外版),2016 年 7 月 13 日。

6.陈来:《纠结于启蒙与学术之间》,《中国社会科学报》,2013 年 8 月 9 日。

7.眉睫:《梅光迪与新文化运动》,《中华读书报》,2013 年 11 月 27 日。

8.吴晓明:《中国学术如何走出"学徒状态"》,《文汇报》,2014 年 12 月 12 日。

9.张政文:《关于德国古典哲学的当代理解》,《光明日报》,2007 年 6 月 16 日。